2019年国家社科基金资助项目（编号：19BJY194）

九州文库

中国特色自由贸易港政策供给研究

罗晋京 唐建荣 著

九州出版社
JIUZHOUPRESS

图书在版编目（CIP）数据

中国特色自由贸易港政策供给研究／罗晋京，唐建荣著 . -- 北京：九州出版社，2025.4. -- ISBN 978-7-5225-3842-6

Ⅰ. F752

中国国家版本馆 CIP 数据核字第 2025P5J050 号

中国特色自由贸易港政策供给研究

作　　者	罗晋京　唐建荣　著
责任编辑	陈春玲
出版发行	九州出版社
地　　址	北京市西城区阜外大街甲 35 号（100037）
发行电话	（010）68992190/3/5/6
网　　址	www.jiuzhoupress.com
印　　刷	三河市华东印刷有限公司
开　　本	710 毫米×1000 毫米　16 开
印　　张	20
字　　数	384 千字
版　　次	2025 年 4 月第 1 版
印　　次	2025 年 7 月第 1 次印刷
书　　号	ISBN 978-7-5225-3842-6
定　　价	98.00 元

序　言

　　自由贸易港一般指允许外国商品免税进口，允许外国船舶自由进出，允许外汇自由兑换，并且免除关税的特定区域。这种区域通常具有高度的经济自由度和便利化程度，旨在促进国际贸易和投资。中国特色自由贸易港的建设可以追溯到20世纪八九十年代，当时，中国开始设立经济特区，通过以点带线、由线及面的方式，逐步拓展对外开放的广度和深度。1986年，时任厦门市委常委、常务副市长的习近平同志，在调研当时国际上自贸港建设的经验后，系统提出了在厦门实行自贸港的政策建议。进入21世纪，中国加入世贸组织后，对外开放进入了新的历史阶段。党的十九大提出了"探索建设自由贸易港"的战略部署，进一步明确了自由贸易港的建设方向。党的二十大报告更是明确提出"加快建设海南自由贸易港"。

　　在海南探索中国特色自由贸易港建设是习近平总书记亲自谋划、亲自部署、亲自推动的重大国家战略。海南自由贸易港的建设目标是打造全球最高水平的开放平台，实现高度自由、高度便利和高度法治，具体措施包括"零关税、低税率、简税制、强法治"等，已出台《中华人民共和国海南自由贸易港法》，尽力建立全球最便捷、高效的贸易投资便利化环境，构建"最大自由+最严格法治"的治理模式。

　　未来，具有中国特色的海南自由贸易港将继续深化改革开放，以制度集成创新为核心，服务国家重大战略。海南自由贸易港将发挥其区位和地理优势，构建"泛南海经济合作圈"，推动服务贸易和海洋产业发展，成为"一带一路"建设的重要节点。

　　基于以上背景和意义，本书作为国家社会科学基金项目研究成果，全面系统地分析了中国特色自由贸易港的政策供给与需求，客观地评价了部分政策效果，有助于引导海南制定符合国家战略和自由贸易港发展规律的政策，助力实现中国特色自由贸易港的建设目标，以更好展现社会主义制度的优越性，增强民族凝聚力。

　　本书作者均为海南大学教授，持续关注海南自由贸易港建设并参与相关课题研究及政策评估工作，我本人有幸参与了自由贸易港前期政策的研究制定工作，非常清醒地认识到，政策研究工作需要紧跟时代形势，不断总结提升。鉴于此，我坚信，作为本地专家学者，他们将继续为中国特色自由贸易港政策理论构建贡献应有智慧。

　　欣然为序，以资鼓励！

海南大学党委常委、副校长　高佃恭

前　言

一、研究背景及意义

（一）研究背景

2018 年 4 月 13 日，习近平总书记在庆祝海南建省办经济特区 30 周年大会上郑重宣布，党中央决定支持海南全岛建设自由贸易试验区，支持海南逐步探索、稳步推进中国特色自由贸易港建设，分步骤、分阶段建立自由贸易港政策和制度体系（简称习近平总书记"4·13"重要讲话）。次日新华社受权发布的《中共中央　国务院关于支持海南全面深化改革开放的指导意见》（中发〔2018〕12 号，简称中央 12 号文件）对海南全面深化改革开放的战略定位是"全面深化改革开放试验区、国家生态文明试验区、国际旅游消费中心、国家重大战略服务保障区"（简称"三区一中心"），到 2020 年、2025 年和 2035 年的发展目标以及发展举措等作出了具体明确要求。如何贯彻落实习近平总书记"4·13"重要讲话和中央 12 号文件精神，在制定出台推进中国特色自贸港建设政策（本书有时简称"海南自贸港政策"）方面充分体现中国特色，符合海南发展定位，撷取新加坡、迪拜、中国香港等国家或地区自由贸易港建设经验，已然成为摆在学术界、理论界面前亟须研究的课题。

本书如果能够提供正确的理论指导，促使海南制定出台符合国家战略要求和自由贸易港发展规律的政策，为全国提供更多可复制可推广的经验，那么本书也算是为实现中国特色自由贸易港"打造新时代中国特色社会主义新亮点，彰显中国特色社会主义制度优越性，增强中华民族的凝聚力和向心力"的目标贡献了自己的绵薄之力。

（二）研究理论和现实意义

自由贸易港政策供给的研究，不仅有助于我们更好地理解和把握自由贸港的发展规律，还为我国自由贸易港的建设和管理提供了理论指导和实践参考。

1. 研究自由贸易港政策供给，有助于深入了解其政策体系。自由贸易港的政策涵盖产业、贸易、投资、税收、金融和人才等多方面，这些政策相互关联并影响。通过理论研究，我们能更好地理解各政策之间的关系，为完善我国自由贸易港政策体系提供参考。

2. 研究自由贸易港政策供给，有助于发现并解决其在发展过程中的问题。这项研究帮助我们识别政策供给与实际需求之间的差异，为政策制定者提供针对性的建议。

3. 研究自由贸易港政策供给，有助于推动其建设和政策管理。通过研究，我们可以为政策制定者提供有针对性的建议，促进自由贸易港的建设和政策管理，并为政策实施提供借鉴案例。

综上所述，自由贸易港政策供给的研究具有重要的理论和实践意义。通过研究自由贸易港政策供给，我们可以更好地理解和把握自由贸易港的发展规律，为我国自由贸易港的建设和政策制定提供理论指导和实践参考。

二、主要内容

自贸港是设在一国（或地区）内，但位于关税管辖之外，货物、资金和人员进出自由的特定区域，其中绝大多数商品免征关税，是目前全球开放水平最高的特殊经济功能区。[①] 本书的研究对象是具有中国特色的自由贸易港政策供给体系。自 2018 年 4 月 13 日习近平总书记宣布在海南建设中国特色自由贸易港以来，海南陆续出台了一系列政策，涉及人才引进、房地产调控、车辆限牌、营商环境优化、江东新区开发和总部经济发展等多个领域。这些政策得到了社会各界的积极响应，也引起了一些质疑。因此，如何更好地执行、评估和改进已出台的政策，为未来政策制定提供坚实基础，成为本书主要的研究方向。

本书认为，中国特色自由贸易港政策是国家为实现特定区域内建设自由贸易港目标而采取的一系列行为准则。自贸港政策包括产业、投资、贸易、财政和税收等方面，是一系列法规、方案、条例和办法的集合。自由贸易港政策供给旨在实现现代产业体系建设、一流营商环境建设、深化改革开放和生态文明建设等目标，推动国家建立高水平、具国际影响力的自由贸易港的过程。本书主要围绕中国特色自由贸易港政策供给展开深入研究。

---

① 汪洋. 推动形成全面开放新格局 [N]. 人民日报，2017-11-10 (4).

1. 中国特色自由贸易港政策属于公共政策，并具有自由贸易港属性。因此，本书先探讨公共政策理论和自由贸易港理论。根据这些理论，进一步研究中国特色自由贸易港政策系统和政策过程。

2. 中国特色自由贸易港政策供给是一个系统工程，有必要进行政策环境分析和政策需求分析。

3. 中国特色自由贸易港政策内容包括产业政策、投资政策、贸易政策、财政政策、税收政策、保障政策等。政策形式包括政策数量、政策制定主体、政策文本等。

4. 对中国特色自由贸易港政策影响因素分析包括内外部环境、条件的结合分析。

5. 中国特色自由贸易港政策供给工具包括法律工具、行政工具、经济工具和沟通工具。

6. 中国特色自由贸易港政策供给传导路径包括政策制定、政策实施、政策评估、政策监控和政策终结等各个阶段。

在研究过程中，本书特别关注产业政策、配套政策和保障政策这三个层面。

1. 产业政策方面，中央12号文件明确要求海南自由贸易港的建设应聚焦产业发展方向，即不以转口贸易和加工制造为重点，而以发展旅游业、现代服务业和高新技术产业为主。因此，海南应围绕这三大主导产业科学制定产业政策，推动全岛经济高质量发展，服务国家战略目标。

2. 配套政策方面，为促进产业发展，相关政策涵盖贸易、投融资、财政税收、金融、出入境和人才等领域。中央12号文件要求海南在内外贸、投融资、财政税务、金融创新和出入境等方面探索更加灵活的政策体系、监管模式和管理体制，打造更高层次的开放新高地，优化营商环境，增强辐射作用。各项配套政策应以推动产品、资本、人才、信息和技术等要素的自由流动为核心，确保政策制定的公开、公平、公正，并注重各配套政策间的有效衔接，依法行政。

3. 保障政策方面，中央12号文件提出的改革政策措施，如需调整现行法律或行政法规，须经全国人大或国务院统一授权后实施。中央有关部门根据海南自由贸易试验区和自由贸易港建设需要，及时向海南省下放相关管理权限，赋予其充分的改革自主权。这些部门要切实支持和落实中央12号文件中的任务和政策措施，并与海南省合作制定实施方案。保障政策包括《中华人民共和国海南自由贸易港法》和《海南自由贸易港优化营商环境条例》等。《中华人民共和国海南自由贸易港法》规定，国家将在海南岛全岛设立海南自由贸易港，分阶段建立自由贸易港的政策和制度体系，以实现贸易、投资、跨境资金流动、人员进出、运输往来自由便利以及数据安全有序流动。海南自由贸易港的建设和管理活动应遵循本法规定，如本法未规定的，适用其他有关法律法规。海南自由贸易港建设应体现中国特色，借鉴国际经验，围绕海南战略定位，发挥海南的独特优势，推进改革创新，加强风险防范，贯彻创新、协调、绿色、开放、共享的新发展理念，坚持高质量发展、总体国家安全观和以人民为中心的原则，实现经济繁荣、社会文明、生态宜居和人民幸福。

　　本书以产业政策为中心，在产业政策中更加突出主导产业政策，围绕产业政策而制定对外贸易、投融资、财政税收、金融、人才、监管等配套政策，为保证产业政策和配套政策的落地而制定保障政策，以上政策的制定需要在学习借鉴国际自由贸易港建设经验的基础上，不断进行理论和实践的检验。

目　录
CONTENTS

第一章

中国特色自由贸易港政策概述

第一节　政策与公共政策

一、政策的定义

根据《辞海》的定义，政策是国家、政党为实现一定历史时期的路线和任务而规定的行为准则。①

政策，英文作 policy，其含义有广、狭义之分。从广义上说，政策可被界定为人们为实现某一目标而采取的行动方案。中文辞书，如《现代汉语词典》对"政策"一词的解释是：国家政权机关或政党为了实现政治、经济、文化上的目的，根据历史条件和当前情况制定的一套措施和办法。这个定义将政策主体确定为公共权力机关或政党，因此已经赋予它"公共政策"概念的根本特征。显然，这是狭义的"政策"概念。因此，一般意义上的决定、决策、对策、政策，具有共同或共通的含义；而特殊意义上的决定、决策、对策、政策，即当主体被限定为国家、政府、公共权力机关时，指的都是公共政策。②

有学者认为，政策是国家机关、政党及其他政治团体在特定时期为实现或服务于一定社会政治、经济、文化目标所采取的政治行为或规定的行为准则，

---

① 辞海（缩印本）［M］. 上海：上海辞书出版，1980：1465.
② 宁骚. 公共政策学［M］. 3版. 北京：高等教育出版社，2018：110-111.

它是一系列谋略、法令、措施、办法、方法、条例等的总称。① 该政策的定义直接等于公共政策的定义。

有学者认为，公共政策是公共权力机关经由政治过程所选择和制定的，为解决公共问题、达成公共目标、实现公共利益的方案。②

还有学者认为，公共政策是指国家权威机构、政党及其他政治团体在特定时期为实现公益性诉求，围绕特定的目标而制定和执行用以分配和调控社会关系、利益资源等的政治行为或规定的行为准则。公共政策本质上是对社会资源和利益的分配，是一系列的措施、方法、办法、条例、法规等的总称。③

以上定义大同小异，基本上认同公共政策的主体（制定主体）为公共权力机关，公共政策属政治行为或规定的行为准则。

很显然，本课题所研究的中国特色自由贸易港政策，其政策制定的主体基本上是国家、政府、公共权力机关，因此，中国特色自由贸易港政策属于公共政策的范畴，也即狭义的"政策"。本书亦从公共政策的角度对中国特色自由贸易港政策展开研究。

二、公共政策的分类

政策按照不同标准，可以分为分配性政策、调节性政策、自我调节性政策和再分配性政策；总政策、基本政策、具体政策；政治政策、经济政策、社会政策、文化政策等。④

有研究者提出，公共政策的分类并无定式，根据不同的标准，可以做不同的分类，按政策层级标准来划分，公共政策可分为元政策、基本政策、具体政策（宏观政策和微观政策）。元政策是规范和引导政策过程中政策制定、执行、评估行为的准则或指南，是"关于政策的政策"。它是所有政策的原则、基础和标准。基本政策是对某个领域和某个社会内容进行明确规定且长期稳定的国家政策，它不同于元政策的理论性和方向性。在一定时期内不会出现重大变化。元政策侧重于价值陈述，为所有的政策提供价值判断的标准；基本政策侧重于

---

① 陈振明. 政策科学：公共政策分析导论［M］. 2 版. 北京：中国人民大学出版社，2003：43.
② 宁骚. 公共政策学［M］. 3 版. 北京：高等教育出版社，2018：113
③ 杨道田. 公共政策学［M］. 上海：复旦大学出版社，2015：3.
④ 陈振明. 政策科学：公共政策分析导论［M］. 2 版. 北京：中国人民大学出版社，2003：47-48.

目标陈述，为特定领域内的所有具体政策规定总目标。具体政策则是在元政策的框架下，依据基本政策的指导原则而制定，用于干预和管理具体的经济社会活动。所有不属于元政策和基本政策范畴的政策都可归入具体政策。具体政策具有一些共同的特点：涉及面广、形式多样；针对性强、内容翔实；时效性强、变动性大；执行性强、操作性强；需求性与创新性并存等。①

还有研究者认为，政策根据制定主体的不同，其可以划分为党的政策和国家的政策；根据国家效力范围的不同，可以划分为全局性政策和局部性政策；根据国家政策层次的不同，可以划分为基本政策、具体政策和元政策；根据政策所起作用性质的不同，可以划分为鼓励性政策和限制性政策；根据政策所调控领域的不同，可以划分为经济政策、科技政策、教育政策、社会政策、外交政策、军事政策；等等。其中，每个领域的政策又都与若干具体的问题相关，例如，经济政策就经常涉及货币管理、税收、通货膨胀、就业、土地资源、农业发展等方面内容。②

参考以上公共政策的分类标准，中国特色自由贸易港政策多数属于具体政策、鼓励性政策和经济政策，具有具体政策和经济政策的特点。例如，主要涉及全面改革开放、社会治理和环境保护等问题，形式多样；主要针对海南全岛、内容翔实；政策制定和执行时效性强、变动性大；执行性和可操作性强；政策的需求性与创新性并存。

三、公共政策系统

公共政策系统是公共政策运行的载体，也是公共政策过程的基础。

有学者指出，系统是指各要素按照某种有规律的相互影响和相互制约的形式联结起来的各种事物的一个集合体。按某些西方学者的观点，公共政策系统就是"政策制定过程所包含的一整套相互联系的因素，包括公共机构、政策制度、政府官僚机构以及社会总体的法律和价值观"。公共政策系统是一个由政策主体、政策客体等政策子系统构成的有机整体，并不断地与外部环境进行着物质、信息和能量交换，具有整体性、动态性和开放性。从系统发生论的途径看，政策系统是公共政策科学研究的一项重要内容，是研究公共政策过程的前提和

① 罗红. 公共政策理论与实践［M］. 沈阳：沈阳出版社，2014：11-12.
② 陈刚. 公共政策学［M］. 武汉：武汉大学出版社，2011：12-14.

出发点。①

还有学者认为，政策系统是由政策主体、政策客体及其与政策环境相互作用而构成的社会政治系统。政策系统是政策运行的载体，是政策过程展开的基础，对政策系统的研究是进一步研究政策过程的前提和出发点。②

由此可见，研究中国特色自由贸易港政策亦应坚持系统论的观点，将自贸港政策放在有机和相互关联的大系统中，不仅要重视政策主体和政策客体，而且还应关注政策环境，各政策子系统之间、子系统与整个系统之间、政策系统与外部环境之间都应实现和谐互动，否则会反过来影响到自贸港政策的制定、执行等效果。

四、公共政策的运行

政策主体、客体与环境以及政策系统的各个子系统之间相互联系和相互作用，使得政策系统呈现为一个动态的运行过程。从系统论的观点看，政策系统的运行可以理解为一个持续的输入、转换、输出的过程。首先，政策环境将各种要求和支持传导给政策主体，从而输入政策系统中。这里所说的要求指的是个人和团体为了满足自身利益而向政策系统提出采取行动的主张；支持则是指团体和个人遵守选举结果、缴纳税收、遵从法律，以及接受权威性的政策系统为满足要求而做出的决定或采取的行动。这些要求和支持通过政策系统内部转换，最终转化为具体的政策方案输出，作用于环境，引起环境的变化，从而产生新的要求。这些新的要求再反馈到政策系统中，进一步影响政策输出的过程。在这种循环往复中，政策便源源不断地产生，政策系统的运行得以持续进行。③

从系统发生论的观点出发，我们可以把公共政策看作政策主体、客体与环境相互作用的产物。政策系统的运行实质上就是政策主体、客体与环境相互作用的过程，它是由信息、咨询、决断、执行和监控等子系统所构成的一个有机大系统。其实际运行则表现为政策制定、执行、评估、监控和终结等环节所组成的活动过程。④

① 杨道田. 公共政策学 [M]. 上海：复旦大学出版社，2015：23.
② 陈振明. 政策科学：公共政策分析导论 [M]. 2版. 北京：中国人民大学出版社，2003：41.
③ 陈振明. 政策科学：公共政策分析导论 [M]. 2版. 北京：中国人民大学出版社，2003：67.
④ 杨道田. 公共政策学 [M]. 上海：复旦大学出版社，2015：37.

参考公共政策运行的研究成果，本书将中国特色自由贸易港政策过程或政策运行界定为由政策制定、执行、评估、监控和终结等环节组成的活动过程。

第二节　中国特色自由贸易港政策界定及其特点

一、中国特色自由贸易港政策的定义

虽然目前研究公共政策的论述很多，研究自贸港政策的文章也不少，但很少直接对中国特色自由贸易港政策概念进行界定。由于自贸港政策主要属于经济政策范畴，本书先梳理相关经济政策的定义。

一般认为，经济政策是国家或政府为了达到充分就业、价格水平稳定、经济快速增长、国际收支平衡等宏观经济政策的目标，为增进经济福利而制定的解决经济问题的指导原则和措施。[①]

关于经济政策的定义，国内外学者有以下几种不同的表述：经济政策是国家或政府有意识地去解决各种经济问题的行动方针；是政府以对经济生活施加影响为目的而采取的行动；是政府为达到自己的目的在经济事务中的有意识的干预。上述定义虽各有特点，但大多是从政府影响和解决经济问题所采取的行动方针、准则和措施的角度来谈的。这些虽然也是经济政策的重要内容，但是却忽略了经济政策的目标和任务，这主要是与当今世界许多研究经济政策的学者的理论认识有关。因为目前大多数学者认为，经济政策主要是为了说明经济政策的主体行为及其应有的方针、规范而组成的知识，研究政策目标实现的可能性和基本方法，而不是一门提出目标的科学。我们对经济政策的定义主张表述为：经济政策，也称为国民经济政策。它是国家或政府在一定时期所确定的经济目标、任务、行动和措施，是国家有意识地去解决各种经济问题的行动指南。[②]

美国经济学家杰奎琳·默里·布鲁克斯教授认为经济学就是针对问题提出政策选择，他的《经济问题与政策》一书对经济学进行研究，该书只用了经济

---

① 经济政策 [EB/OL]. 百度百科 2021-09-15.

② 蔡荣生. 经济政策学 [M]. 北京：经济日报出版社，2005：2.

学最基本的供需曲线解释了美国国内、国际等一系列现实问题，包括国内的犯罪、毒品、环境、教育、歧视、贫穷、住房、医疗和社保等，以及国际的贸易、贫困、农业、垄断与竞争、失业与通胀、税收与举债、政府宏观经济政策和全球化市场等。

概括以上研究成果可得出，首先，经济政策是一种国家或政府行为；其次，经济政策总是为了实现特定的目标（主要是经济发展方面）；最后，经济政策是一种政治行为或行为准则。综上，本书认为国家或政府为了实现特定的经济发展目标而采取的政治行为或规定的行为准则称为经济政策。

以我国的实践为例，《中华人民共和国国民经济和社会发展第十一个五年规划纲要》第四十七章①提出的调整和完善经济政策措施包括如下内容。

根据公共财政服从和服务于公共政策的原则，按照公共财政配置的重点要转到为全体人民提供均等化基本公共服务的方向，合理划分政府间事权，合理界定财政支出范围。公共财政预算安排的优先领域是：农村义务教育和公共卫生、农业科技推广、职业教育、农村劳动力培训、促进就业、社会保障、减少贫困、计划生育、防灾减灾、公共安全、公共文化、基础科学与前沿技术以及社会公益性技术研究、能源和重要矿产资源地质勘查、污染防治、生态保护、资源管理和国家安全等。

充分发挥税收的调节作用，完善和制定鼓励资源节约型和环境友好型社会建设、促进就业和再就业、促进科技发展和增强自主创新能力、促进文化体制改革，以及振兴装备制造业和其他产业健康发展的税收政策。

凭借社会主义集中力量办大事的优势，在经济发展和财力增加基础上逐步增加中央政府投资规模。完善政府投资管理体制，整合政府投资，改进投资方式，加强项目监管。

加强和改进产业政策工作，增强对国内产业发展、对外贸易和利用外资的统筹，加强信贷、土地、环保、安全、科技等政策和产业政策的配合，采用经济手段促进产业发展。加强对高技术产业和装备制造业薄弱环节的扶持，重点支持研究开发，培育核心竞争力。按照适度偏紧原则调控高耗能产业规模，控制生产能力盲目扩张。按照引导产业集群发展、减少资源跨区域大规模调动的原则优化产业布局，促进主要使用海路进口资源的产业在沿海地区布局，主要

---

① 中华人民共和国国民经济和社会发展第十一个五年规划纲要［EB/OL］中国政府网，2006-03-14.

使用国内资源和陆路进口资源的产业在中西部重点开发区域布局。实施品牌战略，支持拥有自主知识产权和知名品牌、竞争力强的大企业发展成为跨国公司。实施中小企业成长工程。

从以上"十一五"规划中明确提及的经济政策来看，其中主要包括财政政策、税收政策、投资政策、产业政策、对外贸易政策等方面，为制定自贸港政策的内容提供了参考。

综合上文关于公共政策和经济政策的界定，本书认为中国特色自由贸易港政策是国家为了实现在特定区域建设中国特色自由贸易港的目标而采取的政治行为或规定的行为准则。自贸港政策主要包括产业政策、投资政策、贸易政策、财政政策、税收政策等，是一系列的法规、方案、条例、办法等的总称。

二、中国特色自由贸易港政策的特点

有研究者提出，建设中国特色自由贸易港，其主要特点包括：一是货物、资本、人员、信息等全要素自由流动，构建有效的市场；二是发挥政府积极作用，加强风险防控体系建设，塑造有为的政府。①

如上文所述，自贸港政策除了具有公共政策的一般特点，即政策制定和执行时效性强、变动性大；执行性和可操作性强；政策的需求性与创新性并存等，还具有其鲜明的特点，本书主要概括如下。

（一）坚持党的全面领导

这是海南自贸港政策与其他资本主义制度的自由港或自贸港最大的区别之一。《海南自由贸易港建设总体方案》要求，坚持用习近平新时代中国特色社会主义思想武装党员干部头脑，认真贯彻落实党中央、国务院决策部署，增强"四个意识"，坚定"四个自信"，做到"两个维护"。建立健全党对海南自由贸易港建设工作的领导体制机制，充分发挥党总揽全局、协调各方的作用，加强党对海南自由贸易港建设各领域各方面各环节的领导。以党的政治建设为统领，以提升组织力为重点，全面提高党的建设质量，为海南自由贸易港建设提供坚强政治保障。加强基层党组织建设，引导广大党员发挥先锋模范作用，将基层党组织打造成为海南推动自由贸易港建设的坚强战斗堡垒。因此，坚持党的全面领导是海南自贸港政策必须遵守的政治方向。

---

① 陈浩. 中国特色自由贸易港研究［D］. 北京：中共中央党校，2019：139-140.

（二）坚持以人民为中心

坚持以人民为中心是海南自贸港建设的"中国特色"之一。党的二十大报告强调了坚持以人民为中心的发展思想，即维护人民根本利益，增进民生福祉，不断实现发展为了人民、发展依靠人民、发展成果由人民共享，让现代化建设的成果更多更公平地惠及全体人民。习近平总书记在庆祝海南建省办经济特区30周年大会上的讲话中也强调，海南要坚持以人民为中心的发展思想，不断满足人民日益增长的美好生活需要，让改革发展成果更多更公平地惠及人民。改革开放的每一次突破和深化，每一个新生事物的产生和发展，以及每一个领域和环节经验的创造和积累，都源于亿万人民的智慧和实践。没有人民支持和参与，任何改革都不可能取得成功。因此，必须充分尊重人民意愿，形成广泛的共识，唤起人民对改革的积极支持和参与。在深化改革过程中，要始终坚持人民主体地位，发挥群众的首创精神，紧紧依靠人民推动改革开放。同时，要坚持从人民群众普遍关注、反映强烈、反复出现的问题中查找体制机制弊端，找准深化改革的重点和突破口。《海南自由贸易港建设总体方案》指出，坚持党的集中统一领导，坚持中国特色社会主义道路，坚持以人民为中心，践行社会主义核心价值观，确保海南自由贸易港建设正确方向。因此，无论是从国家层面还是从海南自贸港的层面，它们都十分强调自贸港建设以人民为中心，尊重人民意愿，让人民参与和支持，发展成果让人民共享。

（三）坚持中央统筹、部门支持、省抓落实的工作机制

中国特色自由贸易港建设是一项复杂的系统工程，没有成熟的经验可借鉴，制定并实施海南自贸港政策更是涉及中央和地方诸多部门，其上下协调的难度可想而知。所以，《海南自由贸易港建设总体方案》专门规定了"推进海南全面深化改革开放领导小组"这么一个专门协调中央各部门的专门机构，在"推进海南全面深化改革开放领导小组"的指导下，以海南省作为政策制定、实施的主体，全力推进海南自由贸易港建设各项工作。推进海南全面深化改革开放领导小组办公室牵头成立指导海南推进自由贸易港建设工作小组，由国家发展改革委、财政部、商务部、中国人民银行、海关总署等部门分别派出干部驻海南实地指导开展自由贸易港建设工作，有关情况及时上报领导小组。国务院发展研究中心组织对海南自由贸易港建设开展全过程评估，牵头设立专家咨询委员会，为海南自由贸易港建设建言献策。

（四）把制度集成创新放在突出地位

2021年6月，习近平总书记对海南自由贸易港建设作出重要指示指出，要把制度集成创新摆在突出位置，解放思想、大胆创新，成熟一项推出一项，行稳致远，久久为功。2022年4月10日至13日，习近平总书记先后来到三亚、五指山、儋州等地，深入科研单位、国家公园、黎族村寨、港口码头等进行调研。习近平总书记指出，推进自由贸易港建设是一个复杂的系统工程，要做好长期奋斗的思想准备和工作准备，要继续抓好海南自由贸易港建设总体方案和海南自由贸易港法贯彻落实，把制度集成创新摆在突出位置。

（五）坚持底线思维，强化风险意识

《海南自由贸易港建设总体方案》要求，坚持稳扎稳打、步步为营，统筹安排好开放节奏和进度，成熟一项推出一项，不急于求成、急功近利。深入推进简政放权、放管结合、优化服务，全面推行准入便利、依法进行过程监管的制度体系，建立与国际接轨的监管标准和规范制度；加强重大风险识别和系统性风险防范，建立健全风险防控配套措施；完善重大疫情防控体制机制，健全公共卫生应急管理体系；开展常态化评估工作，及时纠偏纠错，确保海南自由贸易港建设方向正确、健康发展。

（六）生态环境保护贯穿自贸港建设全过程

2022年4月，习近平总书记在海南考察时强调："海南热带雨林不是光属于海南，是属于全国人民的，是属于地球的，是国宝。""自然界的命运和人类息息相关。我们是在为历史、为民族做这件事。要跳出海南看这项工作。""绿水青山是水库、粮库、钱库、碳库。""全中国只有这么一个热带雨林国家公园。下一步要干的事，就是把国家的大目标和我们的小目标连在一起，在保护中发展，生态保护、绿色发展、民生改善相统一。"[①]

《海南自由贸易港建设总体方案》第30条规定，创新生态文明体制机制。深入推进国家生态文明试验区（海南）建设，全面建立资源高效利用制度，健全自然资源产权制度和有偿使用制度；建立热带雨林等国家公园，构建以国家公园为主体的自然保护地体系。《中华人民共和国海南自由贸易港法》第3条规定的"贯彻创新、协调、绿色、开放、共享的新发展理念"和《中华人民共和国海南自由贸易港法》第5条规定，海南自由贸易港实行最严格的生态环境保

---

① "探索试验蹚出来一条路子"：记习近平总书记赴海南考察调研［EB/OL］. 新华网，2022-04-15.

护制度，坚持生态优先、绿色发展，创新生态文明体制机制，建设国家生态文明试验区。

以上总书记的重要讲话、文件和法律充分体现了自贸港建设过程中重视生态环境保护、绿色发展和推行生态文明建设的理念。

三、中国特色自由贸易港政策的要求

海南自贸港政策通常包括政策目标和实现目标的手段，因此，政策具有以下要求。

（一）引导自贸港建设往"经济繁荣、社会文明、生态宜居、人民幸福"的道路发展

从政策的定义可知，公共政策有强烈的目标性，都是政党或政府为实现特定的政治、经济、社会、文化等目标而采取的政治行为或行为准则，中国特色自由贸易港政策亦不例外，也具有明显的目标性，并且其建设目标以法律的形式固定下来，即直接由《中华人民共和国海南自由贸易港法》来规定。

《中华人民共和国海南自由贸易港法》第三条规定，海南自由贸易港建设，应当体现中国特色，借鉴国际经验，围绕海南战略定位，发挥海南优势，推进改革创新，加强风险防范，贯彻创新、协调、绿色、开放、共享的新发展理念，坚持高质量发展，坚持总体国家安全观，坚持以人民为中心，实现经济繁荣、社会文明、生态宜居、人民幸福。

因此，海南自贸港的各项政策均符合"经济繁荣、社会文明、生态宜居、人民幸福"这个中国特色自由贸易港的建设目标。

（二）各项政策更符合产业发展需要，企业和群众所盼

政策除了应具有强烈的目标性要求，亦应具有科学性，否则将产生负面的效果。从海南 1988 年建省办大特区到建设全世界最大的自由贸易港的经历来看，海南对自身产业发展进行过积极探索，既有成功经验，亦有失败的教训。有发展农业的产业政策，亦有优先发展新型工业的产业政策，再到国际旅游岛政策等，不一而足。习近平总书记在 2022 年 4 月考察海南工作时指出："过去争论很多啊，上个大的石化基地，上个钢铁项目，搞个先进制造业基地。经过30 年持续摸索，决定就抓这几样：旅游业、现代服务业、高新技术产业、热带特色高效农业。"①

---

① "探索试验蹚出来一条路子"：记习近平总书记赴海南考察调研［EB/OL］. 新华网，2022-04-15.

因此，我们应牢记习近平总书记语重心长的重要讲话。海南自贸港经过三十年的积极探索，决定以发展旅游业、现代服务业、高新技术产业、热带特色高效农业为主导，那么，出台的政策就应更符合产业发展，尤其是主导产业发展，关注企业和群众所需所盼，上下沟通联动，这样才更具有科学性。

（三）完善配套措施，增强政策可操作性

政策除了具有目标性、科学性，还应具有可操作性，这方面的经验教训也比较深刻。

2022 年 4 月 26 日，中共海南省第八次党代会报告指出，必须坚持解放思想、敢闯敢试、大胆创新，把制度集成创新摆在突出位置，强化改革措施的系统性、协同性。在总结五年工作成绩的同时，存在的问题主要表现在：制度集成创新能级还不够高，部分政策设计还不够精准，经济发展质量效益还不够好，市场主体对营商环境还不够满意，绿水青山转化为金山银山的路径还不够多，风险防控还存在薄弱环节，人民群众获得感还不够强，基层组织的作用发挥还不够充分，干部队伍能力作风还存在短板，部分领域腐败问题还易发多发。

从以上海南省第八次党代会报告概况存在的问题来看，"制度集成创新能级还不够高，部分政策设计还不够精准"被放在最前面的位置，可见其重要性。因此，应注意完善政策配套措施，确保政策落地见效。

第三节　中国特色自由贸易港政策分类和功能

一、中国特色自由贸易港政策分类

中国特色自由贸易港政策基本上属于经济政策的范畴，当然也会涉及社会政策、环境政策等方面。对于经济政策的分类，学术界进行了充分探讨。

有研究者认为，经济政策属于公共政策范畴。对经济政策的分类，应该符合公共政策分类的一般要求。同时，经济政策的内涵与作用又决定了它与其他公共政策的区别，因而在分类时体现出它的特殊性。综合起来看，对经济政策的分类主要可以从以下几方面进行。

1. 按经济政策的层次，分为元政策、总政策、基本政策和具体政策。这是经济政策最基本的分类方式，也是所有公共政策最基本的分类方式。

2. 按经济政策的性质，分为改造型经济政策和调整型经济政策；创新型经济政策和重申型经济政策；鼓励型经济政策和限制型经济政策。

3. 按经济政策目标的影响程度，分为战略型经济政策与战术型经济政策。

4. 按经济政策目标的多寡，可以分为单目标经济政策和多目标经济政策两种类型。单目标经济政策是指为解决单一问题所制定的经济政策，其特点是目标具体、针对性强，通常集中在解决一个主要经济问题上。多目标经济政策则是为解决多个经济问题而设计的政策，其目标相对复杂且多元。这种政策通常需要在多个经济指标之间进行平衡和权衡，以达到多方面的经济发展和改善。

5. 按经济政策的改革程度，可以分为激进型经济政策和保守型经济政策两种类型。激进型经济政策是指对先前的经济政策目标和手段进行突破性改变的经济政策。这种政策要求决策者敢于创新、勇于进取，以应对复杂和深层次的经济挑战。激进型政策可能涉及重大的体制改革、政策大调整或者全新的经济发展路径，其目的在于推动经济结构的转型升级，提高经济增长的质量和效率。保守型经济政策则是相对激进型政策而言，主要是维持或微调先前的经济政策方向和手段。这种政策偏向于稳定和逐步改进现有经济政策框架，避免过度冒险或颠覆性改变，以确保经济运行的稳定性和可预测性。保守型政策可能更多地注重于在现有政策基础上的小幅度调整，以应对当前的经济状况和挑战，避免可能带来过大风险的变革。

6. 按经济政策阶段性特征，分为初始经济政策和反馈经济政策，初始经济政策是最初制定的经济政策，反馈经济政策是在初始经济政策基础上进行调整和修正后的经济政策。

7. 按经济政策的内容和作用领域，分为金融政策、能源政策、工业政策、交通运输政策、商业政策、贸易政策、财税政策、农业政策、水利政策等。

8. 按影响范围，分为国内经济政策和国际经济政策；国内经济政策又分为宏观、中观、微观经济政策。

9. 按经济目的，分为经济增长、经济稳定、最优资源配置等政策。

10. 按经济体制，分为计划经济政策和市场经济政策。

11. 按社会再生产过程，分为生产、流通、分配、消费等政策。①

还有研究者将经济政策分为五大类：宏观政策（也就是总量管理政策）、行

---

① 蔡荣生. 经济政策学 ［M］. 北京：经济日报出版社，2005：6-12.

业性政策、监管政策、基础设施与公用事业政策、结构性改革政策等。①

以上分类主要从国家的层面进行分析，自贸港政策不能照搬照抄国家层面的经济政策。根据课题研究需要，本书主要从政策的层级和政策的内容两个角度进行分类。

1. 从政策的层级角度看，参照前文关于公共政策和经济政策的分类，海南自贸港政策可以分为元政策、基本政策和具体政策。党的二十大报告、习近平总书记关于海南自贸港建设的系列批示指示精神等属于自贸港政策的元政策，是衡量、评估其他自贸港政策的依据。《中华人民共和国海南自由贸易港法》《中共中央　国务院关于支持海南全面深化改革开放的指导意见》和《海南自由贸易港建设总体方案》属于基本政策范畴。除此以外的其他自贸港政策都属于具体政策。

2. 从政策内容的角度看，首先，海南自贸港政策主要属于经济政策。根据研究需要，从政策内容这个角度分析，可将中国特色自由贸易港政策分为产业政策、贸易政策、投资政策、金融政策、人才政策、税收政策、保障措施等。

这种分类方法亦得到官方的认可。海南自由贸易港官方网站显示，将海南自贸港政策分为税收政策、贸易政策、投资政策、金融政策、人才政策、运输政策、产业政策、其他政策。②

2021 年 6 月 20 日发布的《海南自由贸易港建设白皮书（2021）》（由中共海南省委自由贸易港工作委员会办公室编写）中，附录二《海南自由贸易港政策文件目录》按顶层设计、贸易政策、投资政策、金融政策、人才政策、运输政策、产业政策、税收政策、法律法规、保障措施等十方面对 2020 年 6 月 1 日至 2021 年 5 月 30 日中央和海南省发布的自贸港政策进行了分类。

二、中国特色自由贸易港政策功能

有研究者认为，从整体上说，社会的公共政策系统对社会的存在、运行和发展起着引导、协调、控制、分配的作用。③

还有学者认为，公共政策的功能就是其在实施过程中所发挥的功效和作用，

---

① 张文魁. 经济学与经济政策 [M]. 北京：中信出版集团，2018：81-83.
② 该政策划分参照海南自由贸易港官方网站的划分标准。
③ 罗红. 公共政策理论与实践 [M]. 沈阳：沈阳出版社，2014：15.

主要体现为导向功能、规范功能、分配功能和象征功能。[①]

还有研究者认为，依据公共政策作用的对象，则可将其功能归纳为五种，即导向功能、调控功能、管制功能、规范功能、分配功能。[②]

参考已有的研究成果，本书认为自贸港政策具有导向、规范、分配和协调功能。

（一）导向功能

自贸港政策的导向功能就是引导人们朝着实现自贸港目标努力。建设中国特色自由贸易港是党中央的一项重要决策，制定并发布《海南自由贸易港建设总体方案》是党和政府的一项政治行为。《海南自由贸易港建设总体方案》明确指出，到2025年，初步建立以贸易自由便利和投资自由便利为重点的自由贸易港政策制度体系；营商环境总体达到国内一流水平，市场主体大幅增长，产业竞争力显著提升，风险防控有力有效，适应自由贸易港建设的法律法规逐步完善，经济发展质量和效益明显改善。到2035年，自由贸易港制度体系和运作模式更加成熟，以自由、公平、法治、高水平过程监管为特征的贸易投资规则基本构建，实现贸易自由便利、投资自由便利、跨境资金流动自由便利、人员进出自由便利、运输来往自由便利和数据安全有序流动等；营商环境更加优化，法律法规体系更加健全，风险防控体系更加严密，现代社会治理格局基本形成，成为我国开放型经济新高地。到21世纪中叶，全面建成自由贸易港。

2025年、2035年和21世纪中叶三个阶段的自由贸易港建设目标比较明确和具体，它引导、激励全社会为实现这样的目标而奋力开拓、砥砺前行。

（二）规范功能

规范功能是政策自身表现出来的、对人们的行为或关系产生的影响。规范功能之所以能有效发挥其作用，首先要制定出相关规则，以规则来指导、约束人们的行为。

公共政策的规范功能是指公共政策在社会实际生活中为保证社会的正常运转所起的规范作用。迄今为止，人类社会对人们的行为进行规范的手段或方式主要有法律、公共政策和伦理道德，这三种手段或方式都具有鼓励和惩罚的特征。即遵循规定的行为通常会受到鼓励或奖赏，而违反规定的行为则可能会受

[①] 陈刚．公共政策学［M］．武汉：武汉大学出版社，2011：14.

[②] 杨道田．公共政策学［M］．上海：复旦大学出版社，2015：6.

到限制、惩罚或道德责备。它们共同构成了社会对人们行为进行规范和引导的重要机制，有助于维护社会秩序和推动社会进步。①

2020年11月11日，财政部、海关总署、国家税务总局联合发布《关于海南自由贸易港原辅料"零关税"政策的通知》（简称《通知》）。《通知》规定"零关税"原辅料仅限海南自由贸易港内企业生产使用，接受海关监管，不得在岛内转让或出岛；因企业破产等原因，确需转让或出岛的，应经批准及办理补缴税款等手续；以"零关税"原辅料加工制造的货物，在岛内销售或销往内地的，需补缴其对应原辅料的进口关税、进口环节增值税和消费税，照章征收国内环节增值税、消费税；"零关税"原辅料加工制造的货物出口，按现行出口货物有关税收政策执行；相关部门应通过信息化等手段加强监管，防控可能的风险，及时查处违规行为，确保原辅料"零关税"政策平稳运行；海南省相关部门应加强信息互联互通，共享航空器、船舶等监管信息。

海南自贸港"零关税"政策规范了相关企业进口用于生产自用、以"两头在外"模式进行生产加工活动或以"两头在外"模式进行服务贸易过程中所消耗原辅料的行为，违反"零关税"政策的行为将受到相关部门查处，有可能承担行政乃至刑事责任。

（三）分配功能

有学者认为，对社会公共利益进行分配是公共政策的本质特征。分配社会资源是指在社会中合理有效地分配各种公共资源，以满足社会成员的需求和利益，解决社会中的各种利益关系和分配问题。这一过程涉及决策者需要在公平和效率之间找到平衡，并确定具体的分配对象和方式。每一项具体政策都会涉及"把利益分配给谁"这样一个问题，换句话讲，就是都要面临一个"政策使谁受益的问题"。②

在自贸港政策中，相关财税政策比较集中地反映了分配原则。例如，2020年6月23日，财政部、国家税务总局发布的《关于海南自由贸易港高端紧缺人才个人所得税政策的通知》规定，"对在海南自由贸易港工作的高端人才和紧缺人才，其个人所得税实际税负超过15%的部分，予以免征。享受上述优惠政策的所得包括来源于海南自由贸易港的综合所得（包括工资薪金、劳务报酬、稿酬、特许权使用费四项所得）、经营所得以及经海南省认定的人才补贴性所得"。

① 杨道田. 公共政策学［M］. 上海：复旦大学出版社，2015：8.
② 杨道田. 公共政策学［M］. 上海：复旦大学出版社，2015：8.

税收属于社会公共资源，税收政策属于收入分配政策，该项政策将社会公共资源在高端紧缺人才和普通个人中进行分配，对在海南自由贸易港工作的高端人才和紧缺人才进行倾斜，既体现了政策的分配功能，也具有导向功能，将引导更多岛外优秀人才到海南自贸港工作、创业，也可鼓励引导更多本地居民成为高端紧缺人才。

（四）协调功能

公共政策协调功能有时也被称之为调控功能，也就是政策需要对不同目标群体的利益冲突和矛盾进行调节和控制，使之符合政策目标的要求。

政策目标群体之间难免会产生不同的利益诉求，进而导致利益冲突或矛盾，需要公共权力机关制定政策加以协调和平衡，以维护社会正常秩序。

例如，海南自贸港建设涉及贸易投资自由便利、资金流动自由便利等，必然涉及中央部委权限和海南自贸港管理权限的不协调或冲突。为解决这种矛盾和冲突，《海南自由贸易港建设总体方案》提出，在推进海南全面深化改革开放领导小组指导下，海南省要切实履行主体责任，加强组织领导，全力推进海南自由贸易港建设各项工作。中央和国家机关有关单位要按照本方案要求，主动指导推动海南自由贸易港建设，进一步细化相关政策措施，制定出台实施方案，确保政策落地见效。推进海南全面深化改革开放领导小组办公室牵头成立指导海南推进自由贸易港建设工作小组，由国家发展改革委、财政部、商务部、中国人民银行、海关总署等部门分别派出干部驻海南实地指导开展自由贸易港建设工作，有关情况及时上报领导小组。由以上政策的实施机制可以看出，海南自贸港政策不仅需要在中央部委和海南省之间进行协调，而且在中央各部委之间也要进行协调，以免出现"政策打架"现象，确保政策实施达到预期目标。

小　结

1. 政策有广义、狭义之分。广义的政策是人们为实现某一目标而采取的行动方案；具体到狭义的定义，政策是指在特定时期，政党、政府等公共权力机构为实现或服务于特定的社会政治、经济、文化目标而采取的政治行为或规定的行为准则。中国特色自由贸易港政策属于公共政策的范畴，本书亦从公共政策的角度对中国特色自由贸易港政策展开研究。

2. 从类型划分看，中国特色自由贸易港政策属于经济政策。

3. 研究中国特色自由贸易港政策亦应坚持系统论的观点，把自贸港政策放在有机和相互关联的大系统中，不仅要重视政策主体和政策客体，而且还应关注政策环境，各政策子系统之间、子系统与整个系统之间、政策系统与外部环境之间都应实现和谐互动，否则会反过来影响到自贸港政策的制定、执行等效果。

4. 本书将中国特色自由贸易港政策过程或政策运行定义为由政策制定、执行、评估、监控和终结等环节组成的活动过程。

5. 中国特色自由贸易港政策是国家为了实现在特定区域建设中国特色自由贸易港的目标而采取的政治行为或规定的行为准则。自贸港政策主要包括产业政策、投资政策、贸易政策、财政政策、税收政策等，是一系列的法规、方案、条例、办法等的总称。

6. 中国特色自由贸易港政策特点：坚持党的全面领导；坚持以人民为中心；坚持中央统筹、部门支持、省抓落实的工作机制；把制度集成创新放在突出地位；坚持底线思维，强化风险意识；生态环境保护贯穿自贸港建设全过程。

7. 中国特色自由贸易港政策要求：引导自贸港建设往"经济繁荣、社会文明、生态宜居、人民幸福"的道路发展；各项政策更符合产业发展需要、企业和群众所盼；完善配套措施，增强政策可操作性。

8. 从政策的层级角度看，海南自贸港政策可以分为元政策、基本政策和具体政策。党的二十大报告、习近平总书记关于海南自贸港建设的系列批示指示精神等属于自贸港政策的元政策，是衡量、评估其他自贸港政策的依据。《中华人民共和国海南自由贸易港法》《中共中央　国务院关于支持海南全面深化改革开放的指导意见》和《海南自由贸易港建设总体方案》属于基本政策范畴。除此以外的其他自贸港政策都属于具体政策。从经济政策内容这个角度出发，可进一步将中国特色自由贸易港政策分为产业政策、贸易政策、投资政策、金融政策、人才政策、税收政策、保障措施等。

9. 中国特色自由贸易港政策具有导向、规范、分配和协调等功能。

第二章

相关理论及其应用

第一节　公共政策理论

有论著对公共政策理论进行研究，认为公共政策的基本理论包括公共政策的概念、特征、类型、运行规律、功能和中国改革政策产生的历史渊源等内容。[①]

还有的论著没有指明"公共政策理论"，而是以"概说"或"概述"等展开研究。例如，陈刚编著的《公共政策学》第一章导论包括第一节公共政策与第二节公共政策学。第一节公共政策概说包括公共政策内涵，政策制定与行政决策的区别和联系，公共政策的基本特征、类型、功能。第二节公共政策学的形成和发展包括什么是公共政策学、公共政策学的形成与发展、当代中国的公共政策学等。[②] 杨道田编著的《公共政策学》第一章导论包括第一节公共政策概述、第二节西方公共政策学的发展历程、第三节我国公共政策研究发展的现状。第一节公共政策概述包括公共政策的内涵和本质、基本特征、主要功能等。[③]

有研究者认为，公共政策可以表述为政策活动者在既定的体制环境中发现特定社会问题后，抉择和实施某种解决方案并进行效果评估，以决定继续实施

---

① 罗红.公共政策理论与实践 [M].沈阳：沈阳出版社，2014：1-21.

② 陈刚.公共政策学 [M].武汉：武汉大学出版社，2011：1-23.

③ 杨道田.公共政策学 [M].上海：复旦大学出版社，2015：1-16.

还是修改方案的循环活动。因此，公共政策学综合运用各种知识方法研究公共政策系统和政策过程，探求公共政策的实质、原因和结果。具体而言，公共政策学的核心知识包括四个板块，共涵盖九个部分。第一板块是导论，概述公共政策的构成、类型及功能等。第二板块是政策系统，包括公共政策的主体（政策制定者及其他政策活动者）、客体（公共政策问题和目标群体）以及公共政策体制（政府体制和决策方法）。第三板块是政策过程，包括政策议程、制定、执行、评估等阶段环节以及整体上的周期（生命周期、政治周期）与变迁（创新、扩散、学习等）。第四板块是政策分析，包括分析的模式和技术性方法。①

还有研究者指出，公共政策的教学与研究主要有两种较为常见的方式，一种是过程性研究，一种是实体性研究。公共政策的过程性研究，顾名思义，研究的是公共政策的过程，将整个政策过程分解为一个一个步骤加以研究，首先是发现和界定问题，交给政府，由政府纳入政策议程寻求解决的途径；政府形成备选方案，选择方案；然后是实施、评估和修正政策方案。在此基础上，对政策过程的各个阶段分别加以研究，形成各种理论与模型，这些理论与模型，帮助我们描述和理解公共政策。实体性地研究公共政策，包括许多方面，如经济发展政策、人口政策和环境政策等。②

在我国公共政策理论研究存在的问题方面，有学者认为，虽然近年来我国公共政策的理论与实证研究取得了重要的进步，通过引进、消化和吸收国外政策分析的理论和方法成果，跟踪该领域的最新趋势，在中国现实政策尤其是经济社会政策问题等方面的研究上取得了显著的进展。然而，存在的问题也相当突出。例如，公共政策的理论体系较为陈旧，研究方法规范性较弱，更多倾向于抽象的理论建构和演绎推论，而实证的问题研究和具体的政策方案研究相对较少。这就迫切需要我们强化公共政策的理论与实证研究，以我国的政策系统、政策过程以及政策实践作为研究对象，立足于我国现实的重大经济社会政策问题，重点关注转型期新旧体制之间的摩擦、利益多元化、资源与环境限制等多重约束条件下我国公共政策的制定和执行所面临的挑战，并对其进行分析、评估和判断。③

---

① 朱光喜，董明明. 理论本土化：公共政策学课程思政建设的基本路径［J］. 教育观察，2022，11（13）：33.
② 毛寿龙. 公共政策的秩序维度：一个纯理论的思考［J］. 中国行政管理，2022（12）：100-101.
③ 杨道田. 公共政策学［M］. 上海：复旦大学出版社，2015：21.

参考以上公共政策研究成果，本书对中国特色自由贸易港政策供给研究一方面从政策的内容方面进行分析，选取产业政策、贸易政策、投资政策、金融政策、财政政策、金融政策、人才政策、保障政策等方面进行分析；另一方面从政策的运行过程展开，分析自贸港政策的制定、实施、评估、监控和终结等情况。

第二节　自由贸易港理论

自由贸易港理论属于学术界较新领域，目前没有形成主流观点，本书仅就一些研究成果进行梳理。

陈浩在其博士论文《中国特色自由贸易港研究》中提出，自由贸易港建设是中国经济发展的重要创新，要借鉴先进经验，遵循经济规律。而中国特色自由贸易港与西方自由港或自由区毕竟不同，这是一条没有人走过的路。任何经济理论都有前提条件，传统的西方经济学无法完全支撑中国特色自由贸易港建设，必须进一步解放思想，结合发展实际开展理论创新。因此，本书从交易成本、政府管制理论、全球价值链和国际分工理论、新制度经济学等方面探讨中国特色自由贸易港建设的经济学基础。简单来说，中国自由贸易港建设要解决的主要经济问题，即政府与市场的关系。[①]

李世杰主编的《自由贸易港概论》一书分为上篇（理论篇）、中篇（经验篇）和下篇（实践篇）。其中，理论篇分为第一章自由贸易相关理论（包括国际贸易理论、经济一体化理论和自由贸易园区理论）和第二章自由贸易港（自由港）的产生与发展（包括自由港的历史变迁、世界自由港的发展、自由港的分类、中国特色自由贸易港的形成）。[②] 该书基本上将自由贸易相关理论和自由港的产生与发展作为自由贸易港理论。

既然自由贸易港理论还是正在发展中的理论，本书主要从自由贸易港的定义、历史演变、分类和中国特色自由贸易港的建设目标等方面进行探讨。

---

① 陈浩. 中国特色自由贸易港研究［D］. 北京：中共中央党校，2019：25-26.
② 李世杰. 自由贸易港概论［M］. 济南：山东大学出版社，2021：3-50.

一、对自由贸易港的界定

袁诚认为，首先自由贸易港不局限于传统意义上的海港，空港、内陆港、无水港均可。其次，自贸区和自由贸易港不同，自贸区侧重于货物流通方面的开放，而自由贸易港则是全方位的开放，包括货物流通、货币流通、人员流通、信息流通以及更重要的法律和监管方面的全方位变革。

有研究者提出，关于自由贸易港的概念，目前广为接受的说法是："设置在国家与地区境内、海关管理关卡之外，允许境外货物、资金自由进出的港口区。"自由贸易港作为正式的专业术语经历了三次重要的概念发展和演变。2013年11月，党的十八届三中全会出现"自由贸易园（港）区"用词；2017年3月30日，国务院正式提出"探索设立自由贸易港区"，至此，自由贸易港的概念呼之欲出；直到2017年10月18日，党的十九大报告正式提出自由贸易港概念："要推动形成全面开放新格局，赋予自贸试验区更大改革自主权，探索建设自由贸易港。""自由贸易港"一词才真正显性化。2018年4月13日，习近平总书记在海南明确提出"支持海南逐步探索、稳步推进中国特色自由贸易港建设，分步骤、分阶段建立自由贸易港政策和制度体系"，自由贸易港自此成为当今中国的热度词汇之一。[①]

有研究者提出，中国特色自由贸易港是设在中国境内关外，货物、资金、人员、信息等全要素自由聚集，市场对资源配置起决定作用，同时政府、社会及公民个体合作共治，治理高度现代化的特定区域，目标是打造政府与市场协同、公平与效率兼顾的开放新高地。[②]

从以上定义可以得出，研究者基本统一的定义是：自由贸易港属于国家划定的特定的区域，该区域属于境内关外，货物、资金、人员、信息等要素在自由贸易港内自由便利流动。

二、自由港的演变历史

一般认为，1547年意大利宣布在热那亚湾建立的雷格亨自由港为世界上第一个以"自由港"命名的自由贸易港。自由港产生的社会背景是海关和关税的出现一定程度抑制了国际贸易和商业的发展。

---

① 李世杰. 自由贸易港概论［M］. 济南：山东大学出版社，2021：48.
② 陈浩. 中国特色自由贸易港研究［D］. 北京：中共中央党校，2019：139.

有学者认为，世界自由贸易港区经历了漫长的发展和演变的过程，它的雏形最早可以追溯到古代希腊时期。13世纪，随着欧洲海关和关税制度的建立，欧洲便出现了旨在促进商业活动的自由贸易港区，如1228年法国的马赛港开辟了自由港区；13世纪末，基于"汉萨同盟"又形成了以汉堡港为核心的包括德意志北部和北欧诸自由港口城市联合体在内的"自由贸易联盟"。到1547年，意大利在热那亚湾建立了世界上第一个以"自由港"正式命名的雷格亨自由港，从此，开启了自由贸易港区长达470年的代际演变过程。①

还有的著述认为，在大航海时代航运业快速发展和资本主义盛行的背景下，诸多受自由贸易学说影响的欧洲国家宣布本国的一些港口城市为自由港，如意大利的那不勒斯和威尼斯、法国的敦刻尔克、丹麦的哥本哈根等地，自由港的数量在持续增加，功能也在不断扩充。第二次世界大战后，世界经济高速复苏且国际贸易发展迅速，全世界先后建立了100多个自由港和2000多个与自由港有相似内涵和功能的特殊经济区。自由港绝大部分位于沿海港口，有的也位于内陆地区，例如，内陆国瑞士设有20个自由港。自由港的范围大小不一，有的自由港包括港口及其所在城市区域，例如，中国香港就是自由港市。世界绝大部分自由港属于有限自由港，会对少数指定出口商品征收关税或实施不同程度的贸易限制，如直布罗陀、汉堡、中国香港、新加坡、槟榔屿、吉布提等。随着时代的变化，自由港也由早期单一的"转口贸易型"进一步发展出了"工商型""旅游购物型"和"综合型"等紧跟时代步伐的类型。②

从自由贸易港的历史演变过程可以发现，首先，自贸港的设立多数属于政府行为，直接由政府宣布某些港口为自由港。其次，自由港的"自由"主要针对的是关税，是促进贸易和商业发展的"自由"。

三、自由贸易港的分类

根据地理范围划分，自由港可分为三类，首先是将港口及其所在城市地区全部划归为非关税区的自由贸易港市，这种类型是最为完整的自由贸易港，政府干预少，外商可以自由从事相关业务和居留，所有居民和旅客都可享受相关优惠政策和税收，开放程度高，如新加坡、中国香港等；其次是将港口所在岛

---

① 刘恩专.世界自由贸易港区发展经验与政策体系 [M].上海：格致出版社，上海人民出版社，2018：9.
② 李世杰.自由贸易港概述 [M].济南：山东大学出版社，2021：33-34.

屿整体开发建设为自由贸易岛，这类自由贸易港通常兼具工商业中心和旅游购物胜地的双重定位，如纳闽（马来西亚）、巴淡岛（印度尼西亚）等。最后是只包括港口及其所在城市部分区域的自由贸易港，其自由化程度低于前两类，如苏比克港湾（菲律宾）、科隆自由贸易港（巴拿马）等。按照开发目标划分，自由港可以分为两种类型：一种是纯粹工商实体型，专注于发展工商业活动，如货物贸易、物流等，旨在吸引国际企业和投资；另一种是宏观经济环境促进型，不仅包括经济活动，还注重于创造良好的宏观经济环境，如提供税收优惠、金融自由等政策措施，促进区域经济的全面发展。按照主要功能划分，分为贸易型自由港、工贸型自由港、综合性自由港等。按照政府干预程度划分，分为有限自由港和完全自由港。按照涵盖的地理范围大小划分，分为港区模式、港产模式和港城模式。按照港口形态和区域特点划分，分为海港型、陆港型和空港型。①

　　自由贸易港的分类对中国特色自由贸易港建设具有借鉴意义。《中共中央国务院关于支持海南全面深化改革开放的指导意见》中指出，在海南全岛建设中国特色自由贸易港，海南自由贸易港建设要体现中国特色，符合海南发展定位，学习借鉴国际自由贸易港建设经验，不以转口贸易和加工制造为重点，而以发展旅游业、现代服务业和高新技术产业为主导，更加强调通过人的全面发展，充分激发发展活力和创造力，打造更高层次、更高水平的开放型经济。可见，海南自贸港在面积为 3.39 万平方公里的海南岛本岛建设，为目前世界最大自由贸易港，其范围既包括城市和农村，也包括海港、空港和陆港，情况更加复杂多样。因此，海南自贸港属于开放程度较高、综合性较强的自由贸易港。

四、中国特色自由贸易港的建设目标

　　有研究者认为，自由贸易港是传统自由港在国内探索实践的同等概念，类似自由区在国内冠以海关特殊监管区域一样，在略有差异的名称下，其概念所代表的政策制度核心是基本相同或十分接近的。当然，如果对自由贸易港概念重新定义并注入远超出传统自由港的新内涵，则自由贸易港成为明显有别于传统自由港的一个专有名称也是成立的。②

---

① 李世杰. 自由贸易港概述［M］. 济南：山东大学出版社，2021：36-45.
② 吴蓉，何万篷. 中国特色自由贸易港政策制度体系创新的基点与内涵探讨［J］. 海关与经贸研究，2020，41（1）：99.

有著述认为,本书中提到的"自由港"与"自由贸易港"的概念有所区别。西方国家在完成工业革命后开始向外殖民侵略,地中海、波斯湾、印度洋、东南亚、拉美等区域的沿海港口受殖民统治时被辟为"自由港",其中包括直布罗陀、丹吉尔、亚丁、吉布提(市)、新加坡(市)、槟城以及中国香港、中国澳门等,因此"自由港"含有殖民主义的历史烙印。第二次世界大战后,许多国家或地区在摆脱殖民统治后兴办自由贸易区,部分地区习惯性地沿袭了历史上"自由港"的称呼和运行模式。①

诚然,中国特色自由贸易港与历史上的"自由港"有一定联系,也有明显区别,其区别主要表现在"中国特色"方面,也跟中央给海南设定的自贸港建设目标密切相关。

(一)对接国际高水平经贸规则,主动适应国际经贸规则和全球治理体系改革新趋势

《海南自由贸易港建设总体方案》要求,坚持高起点谋划、高标准建设,主动适应国际经贸规则重构新趋势,充分学习借鉴国际自由贸易港的先进经营方式、管理方法和制度安排,形成具有国际竞争力的开放政策和制度,加快建立开放型经济新体制,增强区域辐射带动作用,打造我国深度融入全球经济体系的前沿地带;深入推进商品和要素流动型开放,加快推动规则等制度型开放,以高水平开放带动改革全面深化。

有研究者认为,海南的区位优势更适宜全域自由贸易港的开放模式。全域自由贸易港与"境内关外"的自由贸易园区相比,具有面积更大、发展空间更广阔的特点,同时,也面临着更高的监管难度和开放风险。海南拥有优越的自然生态环境,适宜居住、工作和旅游,其独特的岛屿特点、广阔的面积和优越的区位条件为形成与全球自由贸易港接轨的国际标准规则提供了有利条件。例如,海南自由贸易港将实现商品、货物、人员、资金的自由流动,进出口商品享受免税政策,企业经营低税率等优势。这种政策框架将为全球贸易投资者创造一个成本更低、交易更自由的市场化、法治化、国际化的营商环境。与其他省份相比,海南开放的风险更加可控,有利于打造国内最高水平的对外开放平台。②

---

① 李世杰. 自由贸易港概述 [M]. 济南:山东大学出版社,2021:32.
② 迟福林. 策论海南自由贸易港 [M]. 海口:海南出版社,2020:78.

（二）促进生产要素自由便利流动，实现贸易和投资自由便利化

《海南自由贸易港建设总体方案》明确要求，"以贸易投资自由化便利化为重点，以各类生产要素跨境自由有序安全便捷流动和现代产业体系为支撑，以特殊的税收制度安排、高效的社会治理体系和完备的法治体系为保障，在明确分工和机制措施、守住不发生系统性风险底线的前提下，构建海南自由贸易港政策制度体系"。由此可见，贸易投资自由化、便利化是政策设计的重点，"各类生产要素跨境自由有序安全便捷流动"是中国特色自由贸易港建设的支撑。

有研究者指出，自由贸易港主要特点是货物、资本、人员、信息等全要素自由流动，构建有效的市场。自贸港区域优势明显，主要位于重点沿海港口或其周围区域设定的封闭地带，可以利用优越的区位优势在全球贸易中发挥枢纽作用；贸易高度便利化，开放水平最高。海关仅监管国家禁止和限制入境的少数商品，对进出港区的全部或大部分货物免于监管且免征关税，实行比区域外更为优惠的税收制度，并且准许在自由港内开展货物自由储存、展览、拆散、改装、重新包装、整理、加工和制造等业务活动，同时依托信息化技术和大数据推动口岸监管制度化，大幅提升海关信息化监管水平，形成"一线放开、区内自由、二线管住"的监管体系；投资高度便利化。不仅货物自由进出，资金、人员也可自由流动。大部分投资项目不受管制，税制简单而且税率低，外汇可自由兑换，离岸金融广泛开展，能够实现人流、货物、资金、信息的自由流动；属于特殊经济功能区，具有高度发展自主权。自由贸易港是在对外贸易关系和其他事务（如人员、资金流动与监管）上具有相对独立性的区域，是从经济发展角度试行特殊政策，成为国内外优质要素叠加区域，实现了资源内外双向匹配。因此，在区域内社会经济事务中具有更大的自主权；法制健全，为企业提供稳定的保障。很多国家都为本国自由贸易港或自由贸易区专门立法，明确区域内各项制度措施，保障投资者合法权益。①

根据《海南自由贸易港建设总体方案》，对于货物贸易政策，实行以"零关税"为基本特征的自由化便利化制度安排；对服务贸易，实行以"既准入又准营"为基本特征的自由化便利化政策举措。对于投资自由便利政策，大幅放宽海南自由贸易港市场准入，强化产权保护，保障公平竞争，打造公开、透明、可预期的投资环境，进一步激发各类市场主体活力。对于跨境资金流动自由便利政策，坚持金融服务实体经济，重点围绕贸易投资自由化、便利化，分阶段

---

① 陈浩. 中国特色自由贸易港研究［D］. 北京：中共中央党校，2019：140.

开放资本项目,有序推进海南自由贸易港与境外资金自由便利流动。对于人员进出自由便利政策,根据海南自由贸易港发展需要,针对高端产业人才,实行更加开放的人才和停居留政策,打造人才集聚高地。在有效防控涉外安全风险隐患的前提下,实行更加便利的出入境管理政策。对于运输来往自由便利政策,实施高度自由便利开放的运输政策,推动建设西部陆海新通道国际航运枢纽和航空枢纽,加快构建现代综合交通运输体系。对于数据安全有序流动政策,在确保数据流动安全可控的前提下,扩大数据领域开放,创新安全制度设计,实现数据充分汇聚,培育发展数字经济。

(三)建设法治化、国际化、便利化一流营商环境

根据《海南自由贸易港建设总体方案》的安排,到 2025 年,海南自贸港营商环境总体达到国内一流水平;到 2035 年,营商环境更加优化。由此可见,持续优化营商环境是海南自贸港建设的主要目标之一,也是中国特色自由贸易港政策所要实现的重要目标。

党的二十大报告指出,稳步扩大规则、规制、管理、标准等制度型开放。推动货物贸易优化升级,创新服务贸易发展机制,发展数字贸易,加快建设贸易强国。合理缩减外资准入负面清单,依法保护外商投资权益,营造市场化、法治化、国际化一流营商环境。

《海南省优化营商环境行动计划(2018—2019 年)》明确提出,"为全面贯彻落实习近平总书记在庆祝海南建省办经济特区 30 周年大会上的重要讲话和《中共中央　国务院关于支持海南全面深化改革开放的指导意见》精神,加快形成法治化、国际化、便利化营商环境,推动海南自由贸易试验区和中国特色自由贸易港建设,结合海南实际,制订本行动计划"。

《海南省创一流营商环境行动计划(2020—2021 年)》指出,为加快形成法治化、国际化、便利化营商环境,进一步激发各类市场主体活力和创造力,加快推进海南自由贸易港建设,结合海南实际,制订本行动计划。

《海南自由贸易港进一步优化营商环境行动方案(2022—2025 年)》指出,为落实党中央、国务院关于深化"放管服"改革、优化营商环境的决策部署,全面落实《海南自由贸易港优化营商环境条例》,围绕最低市场准入、最简权力清单、最优审批服务、最有效监管"四最"目标,聚焦优化政务服务环境、市场环境、贸易投资环境、法治环境、人文生态环境和强化市场主体生产经营的要素保障,实施一批优化营商环境"领跑行动",打造法治化、国际化、便利化

和公平、透明、可预期的营商环境，结合我省实际，制定本行动方案。

海南从 2018 年至 2022 年已制定三个优化营商环境的行动计划或行动方案，并于 2021 年 9 月 30 日公布《海南自由贸易港优化营商环境条例》，把营商环境建设放在特别重要的位置。

（四）加快建设具有世界影响力的中国特色自由贸易港，让海南成为新时代中国改革开放的示范

我国从改革开放以来不同时期的实际出发，积极借鉴世界自由贸易港区建设和发展的成功经验，创建了经济特区、经济技术开发区、保税区、出口加工区、保税港区、综合保税区、跨境经贸合作区和境外经济合作区等一批具有中国特色的特殊开放区域体系，特别是中国自由贸易试验区的建立和发展，把特殊开放区域体系建设推向了一个崭新的阶段，围绕投资、贸易、金融和政府改革等进行的一系列制度创新，极大地丰富了世界自由贸易港区的功能和建设发展的模式。①

《海南自由贸易港建设总体方案》提出，到 21 世纪中叶，全面建成具有较强国际影响力的高水平自由贸易港。可见，建设具有世界影响力的中国特色自由贸易港是自贸港政策追求的终极目标，也是对接国际高水平经贸规则、实现贸易和投资自由化便利化、建设国际一流营商环境的综合体现。

对于什么是"中国特色"，研究者将其概括为坚持政府积极作用，加强风险防控体系建设，塑造有为的政府，包括坚持党的领导，发挥各级党组织和党员的先进性作用，这是最鲜明的"中国特色"之一。中国特色自由贸易港的"自由"是贸易投资高度便利化，不是西方鼓吹的意识形态自由化；制度设计更为灵活，不受区域面积、港口类型等限制；以制度创新为核心，不仅仅局限于经济体制改革，也包括社会治理创新等方面；推进治理现代化改革，加快党政机构改革，探索扁平化管理体制，提高行政效率；要明确中央各部委与自由贸易港管理机构之间的关系，赋予地方政府更大的改革自主权，鼓励自由贸易港"大胆闯、自主试"。此外，中国自由贸易港既包括城市，也包括农村。因此，要科学设计城乡发展定位，促进城镇化发展，推动城乡融合发展，尤其注重农村地区开放型产业建设，积极鼓励科技创新，坚持以创新引领自由贸易港发展；

---

① 刘恩专. 世界自由贸易港区发展经验与政策体系 [M]. 上海：格致出版社，上海人民出版社，2018：29.

发挥政府积极作用，加强风险防控体系建设。①

　　还有研究者认为，目前，我国自贸试验区的战略目标已基本达成，但中国对外开放的脚步并没有停止，建设自由贸易港势在必行。在新时代，我国大力"推动形成全面开放新格局"，目标指向世界经济，而不仅仅是中国经济本身。因此，中国特色自由贸易港的建设意义绝不仅仅是区域本身或者是中国经济可持续发展，更在于通过中国的开放，为世界各国创造更有活力的市场和更广阔的发展空间。中国特色自由贸易港不仅是为了形成中国对外开放的新高地、新样板，更是站在构建人类命运共同体的高度，以全球治理、全球经济可持续发展为目标，为世界经济全球化和贸易新格局提供中国方案。②

　　中国特色自由贸易港建设应遵循"宜少不宜多，求精不求快"的原则，至少在 2035 年以前，重点建设好海南自由贸易港，精雕细琢，切实创新治理体制，明确政府、市场、社会三者的边界和职能，突出市场在资源配置中的决定性作用，同时更好地发挥政府和社会的作用，防范金融和安全风险。全国除海南外其他区域仍以自由贸易试验区建设为主，尽快形成可复制推广的经验，最终在全国形成"自由贸易港最优、自由贸易试验区引领、其他区域复制推广"的"金字塔"式发展模式。2035 年以后，如果各地自贸区建设卓有成效，可根据需要选择标杆区域过渡到自由贸易港、陆上丝绸之路经济带自由贸易港（陕西）、京津冀自由贸易港、长江经济带自由贸易港（武汉）以及特殊功能自由贸易港，如上海金融自由贸易港、舟山国际油品自由贸易港等。③

第三节　中国特色自由贸易港政策系统

一、政策系统概述

政策系统是指一个由政策主体和其他利益相关者，以及将他们与政策客体、

①　陈浩．中国特色自由贸易港研究［D］．北京：中共中央党校，2019：140．
②　殷文伟，张川．中国特色自由贸易港的应有内涵与升级路径［J］．理论月刊，2021（6）：：63．
③　陈浩．中国特色自由贸易港研究［D］．北京：中共中央党校，2019．

政策环境联系起来的政策支持系统、政策反馈系统等所组成的有机整体。①

公共政策可视为一个复杂系统，由主体系统、支持系统和反馈系统组成，与其客体系统（如公众和社会问题）以及外部环境（如政治和经济因素）频繁地进行互动和能量交换，共同影响政策的生成、持续和演变。具体来说，当政策主体的主观意愿、价值取向等，客体的诉求、需要等，以及构成外在环境的政治、经济等要素发生重大改变时，公共政策就可能有所变动和调整。这种变动和调整从短期来看可能体现为政策的创新和扩散，而从长期来看则体现为政策变迁。②

综合已有研究成果，本书倾向于认为中国特色自由贸易港政策系统由政策主体、政策客体和政策环境等要素构成。

政策系统与政策体系的联系和区别：与政策系统比较相近的概念是政策体系，政策体系则是不同政策单元之间和同一政策内部的不同要素之间形成的有机联系体。首先，政策体系强调政策的整体性，即各种政策之间形成有机联系的一个整体。其次，政策体系强调政策的层次性，即在一个政策系统内存在高层次政策和低层次政策的区别，它们之间又是有机联系在一起的，高层次政策是低层次政策的基础，而低层次政策则是高层次政策的具体化。

例如，自贸港政策提出"1+N"政策体系的概念。这个1指的是《海南自由贸易港建设总体方案》，N指代除"总体方案"以外的各项具体政策，包括产业政策、贸易政策、投资政策、金融政策、税收政策、人才政策等。其实，每项具体政策当中，都可能存在高层次政策和低层次政策之分。

例如，根据《海南日报》的报道，2021年至2022年，在中央及国家有关部委的大力支持下，海南专注于实施"1+N"政策体系及推进海南自贸港建设重点任务。为了加快进程，海南建立了"一月一会"制度，并成立了多个工作专班和北京前方工作组。在这些措施的作用下，海南共推动出台150多项政策文件以支持自贸港建设和改革开放措施的实施。2021年《中华人民共和国海南自由贸易港法》颁布实施，150多项政策密集出台，由"贸易+投资+财税金融+人才+航运航空+数据流动"等搭建的海南自由贸易港政策体系初步形成，自由贸易港"四梁八柱"政策框架体系基本建立。③

---

① 宁骚. 公共政策学［M］. 3版. 北京：高等教育出版社，2018：155.
② 宁骚. 公共政策学［M］. 3版. 北京：高等教育出版社，2018：156.
③ 海南紧盯"1+N"政策体系及自贸港建设重点任务［EB/OL］. 海南省人民政府官网，2021-12-21.

又如，新闻媒体就曾报道，海南自贸港 2021 年建立的'1+N'货币信贷政策体系调整信贷结构，推动信贷总量合理增长，有效提升金融服务实体经济和自贸港建设能力。①

二、政策主体

政策主体（政策活动者）一般可以界定为直接或间接地参与政策制定、执行、评估和监控的个人、团体或组织。②

还有学者认为，政策主体是指在特定政策环境中直接或间接参与公共政策的制定、实施、评估的个人、团体或组织，他们能自觉地认识公共政策并能动地参与政策过程。公共政策主体主要包括立法机关、行政机关、司法机关、政党、利益集团、思想库、大众媒体和公民个人等。③

政策主体与客体、主体与环境之间存在紧密联系。例如，从人的角度看，公共政策发生作用的对象是社会成员或社会团体。我们把这些受规范、制约的社会成员称为目标群体。公共政策主、客体的区分只是具有相对的意义：由于公共政策系统及其运行过程的高度复杂性，在某些情况下，公共政策的主体可以作为客体而存在；而在另一些情况下，公共政策的客体也可以作为主体而存在。另外，在现代民族国家里，人民群众既是国家主权的拥有者，同时也是国家治理的对象。无论是作为个体还是作为群体，民众往往兼具公共政策主体与客体双重角色。④

政策主体与政策环境的关系。政策主体首先需要以实事求是的态度认识和把握环境，并深入了解它的各种优势和弊端。基于这些认知，他们预测某项政策实施的可行性，并评估政策运行过程中可能遇到的各种问题，其中包含的哲学含义是：政策主体在政策系统的运行过程中应当充分发挥自己的主观能动性和主体作用，但必须以尊重政策环境的实际情况为基本前提。否则，不仅政策在一开始制定时就是错误的，而且，政策方案即使是正确的，也会因在执行过

---

① 海南自贸港"1+N"货币信贷政策体系取得成效［EB/OL］. 中国新闻网，2021-11-26.
② 陈振明. 政策科学：公共政策分析导论［M］. 2 版. 北京：中国人民大学出版社，2003：49.
③ 杨道田. 公共政策学［M］. 上海：复旦大学出版社，2015：23-24.
④ 罗红. 公共政策理论与实践［M］. 沈阳：沈阳出版社，2014：47.

程中受阻而无法达到政策目标，与预期的政策效果相差甚远，甚至背道而驰。①

自由贸易港政策主体可分为中央层面（中共中央、国务院及国家各部委）和地方层面（中共海南省委、省政府及各厅局）两种。《海南自由贸易港建设总体方案》提出，在中央层面成立"推进海南全面深化改革开放领导小组"，在地方层面由海南省履行主体责任，中央主要部委，包括国家发展改革委、财政部、商务部、中国人民银行、海关总署等，派出干部驻海南实地指导开展自由贸易港建设工作。本书统计了从 2020 年 6 月 1 日至 2021 年 5 月 30 日中央和地方所发布的自贸港政策共 143 件，其中，中央层面（包括国务院各部委）发布的政策 37 件，占比 26%；海南省（包括各厅局）发布政策 93 件，占比 65%；其他主体发布 13 件，仅占 9%。从政策制定数量看，海南省确实发挥了主体责任，对中国特色自由贸易港建设起到了积极的推动作用。

三、政策客体

政策客体指的是政策所发生作用的对象，包括政策所要处理的社会问题（事）和所要发生作用的社会成员（人）两方面。②

公共政策客体是指公共政策所针对的对象，包括公共政策要处理的社会问题和所要发生作用的社会成员（目标群体）两方面。一方面，公共政策的直接作用对象是社会问题，公共政策的制定是围绕社会问题而展开的，以解决社会问题、实现社会利益最大化为目标。只有先界定好社会问题和政策问题，才有可能制定出良好的公共政策。另一方面，公共政策是通过调整和规范社会成员的行为来达成政策目标的，社会成员即目标群体就构成了公共政策的间接客体。③

政策主体与客体的关系。当一个政策系统建立起来时，政策主体和政策客体构成了这个系统的两个相互依存、不可分离的组成部分。政策主体依赖于政策客体的存在，而政策客体的类型、性质、内容和规模的差异也决定了政策主体的特征和行为方式。随着历史条件的变化，政策客体在政策执行过程中的地位和作用也在不断变化，这最终影响到政策主体的职能和行为。同时，政策主

---

① 陈振明．政策科学：公共政策分析导论［M］．2 版．北京：中国人民大学出版社，2003：61．

② 陈振明．政策科学：公共政策分析导论［M］．2 版．北京：中国人民大学出版社，2003：50．

③ 杨道田．公共政策学［M］．上海：复旦大学出版社，2015：29．

体和政策客体之间是相互影响、相互作用的关系，彼此的变化和调整都会影响到整个政策系统的运作和效果。①

《海南自由贸易港建设总体方案》一共分为四部分，分别是：第一部分总体要求，第二部分制度设计，第三部分分步骤、分阶段安排，第四部分组织实施。第二部分制度设计是主要内容，也是《海南自由贸易港建设总体方案》要着重解决的问题。第二部分具体内容包括：（1）贸易自由便利；（2）投资自由便利；（3）跨境资金流动自由便利；（4）人员进出自由便利；（5）运输往来自由便利；（6）数据安全有序流动；（7）现代产业体系；（8）税收制度；（9）社会治理；（10）法治制度；（11）风险防控体系。以上十一方面被视为海南自贸港的政策客体，即政策所发生作用的对象，也就是政策所要处理的社会问题。

四、政策环境

政策环境就是影响政策产生、存在和发展的一切因素的总和。②

科斯认为，没有恰当的制度，任何有意义的市场经济都是不可能的。③

公共政策是环境的产物，受到自然和社会的各种因素的制约和影响。离开了公共政策得以产生的外部环境，就不可能对其进行分析和研究。同时，政策系统也向环境输出公共政策产品，造成政策环境的变化，两者之间互相交流物质、能力和信息，相互影响。④

政策客体与政策环境之间存在高度的融合和相互转化关系。一方面，政策客体在接受政策主体及其制定的政策作用之后，展现出所达到的政策效果。这些政策效果通常就是政策的预期目标，有些是有形的，有些是无形的。这些效果往往构成政策环境的一部分，并重新回到政策系统的运行过程，并对政策系统的运行过程产生影响。如国家的货币政策，假设国家的经济运行中出现了投资过热，投资规模超过了一定的限度，中央银行就会采取高利率的货币政策，迫使投资减少，有效地控制投资规模，这种货币政策的效果就会成为其他经济

---

① 陈振明．政策科学：公共政策分析导论［M］．2 版．北京：中国人民大学出版社，2003：61.

② 陈振明．政策科学：公共政策分析导论［M］．2 版．北京：中国人民大学出版社，2003：52.

③ COASE R H. The Institutional Structure of Production［J］. The American Economic Review, 1992, 82（4）：713-719.

④ 杨道田．公共政策学［M］．上海：复旦大学出版社，2015：33.

政策制定和运行过程中的环境因素。另一方面，政策环境也在一定的条件下成为政策客体。如管理体制是政策环境，当政府针对管理体制中的弊端采取一系列的改革政策时，管理体制就成为政策客体。由此可见，政策客体与政策环境在一定条件下是能够相互转化的。①

从前文所讨论的内容来看，海南自贸港政策客体一共包括贸易自由便利、投资自由便利、跨境资金流动自由便利、人员进出自由便利、运输往来自由便利、数据安全有序流动、现代产业体系、税收制度、社会治理、法治制度、风险防控体系十一方面，其中，税收制度、社会治理、法治制度、风险防控体系等都可以构成政策环境。

综上，本书认为中国特色自由贸易港政策环境是影响海南自贸港政策产生、存在和发展的一切自然生态、政治、经济、社会文化等因素的总称。

五、政策与法律的关系

政策和法律都是调整人们行为的主要规范和准则，也是现代国家制度当中不可或缺的基本内容，二者关系密切。

针对二者之间的联系，有研究者认为，政策是法的来源和动力，并且对法的制定和执行具有方向性的引导作用；法为政策提供保障，定型化为法律的政策具有更强的稳定性和连续性。②

以中共海南省第八次党代会提出的"一本三基四梁八柱"战略框架来看，框架中的"三基"：《中共中央　国务院关于支持海南全面深化改革开放的指导意见》和《海南自由贸易港建设总体方案》（简称《总体方案》）均属于政策文件范畴，而《中华人民共和国海南自由贸易港法》（简称《海南自由贸易港法》）属于法律范畴。海南自贸港政策在《总体方案》中基本得到体现，而《海南自由贸易港法》则是将《总体方案》中的政策上升为国家立法，是对《总体方案》的深化和法治化，是政策的法律化，二者既有联系又有区别。

二者联系具体表现为八方面：一是两者制定的目的均为建设高水平的中国特色自由贸易港；二是两者在"贸易自由便利、投资自由便利、跨境资金流动自由便利、人员进出自由便利、运输往来自由便利、数据安全有序流动、简税

---

① 陈振明．政策科学：公共政策分析导论［M］．2版．北京：中国人民大学出版社，2003：61-62.

② 宁骚．公共政策学［M］．3版．北京：高等教育出版社，2018：132.

制"等方面保持高度一致；三是两者的实施（适用）范围主要为海南岛全岛及海南自由贸易港建设和管理活动；四是两者都提出加快发展以旅游业、现代服务业、高新技术产业以及热带特色高效农业为核心的重点产业，构建现代产业体系，以及推进国际旅游消费中心建设和旅游与养老养生、健康医疗、文化体育等深度融合，打造旅游新业态新模式，同时着重提出了人才支撑；五是两者均提出了政府机构改革和"服务型"政府建设，规范政府在服务方面的标准，加快建设新时代关于预防和化解社会矛盾的机制，从而将社会治理智能化、智慧化水平提高，构建系统完备、科学规范、运行有效的海南自由贸易港治理体系；六是两者均提出了与自由贸易港建设的具体情况相结合，从海南的实际需要出发，遵循宪法规定，按照法律、行政法规的基本原则，立足自由贸易港建设实际，制定经济特区法规；七是两者均对全岛封关运作作出了部署和规定；八是两者均提出了对土地管理进行深化改革，建立集约节约用地制度，对标准以及存量建设用地盘活处置政策体系作出评价，实行严格的进出境环境安全准入管理制度，提升在面临突发生态环境事件时的应急准备与响应能力，以防范和化解重大风险等。

（一）政策合法化和政策法律化

有研究者认为，政策的合法化是指法定主体为使政策方案获得合法地位而依照法定权限和程序所实施的一系列审查、通过、批准、签署和颁布政策的行为过程。[①]

政策文本的法律化就是有立法权的国家机关将有些成熟、稳定的政策上升为法律的过程，也称政策立法。它实际上就是一种立法过程，它遵循的就是立法程序。政策立法的主体，一为立法机关，二为有权将一般的行政决策上升为行政法规的那些行政机关。从政策立法的政策范围来说，并不是所有的政策都要法律化，而是那些有立法必要的、比较成熟和稳定的政策。政策中只有那些对国家和社会来说事关重大的政策，那些有必要用法律的形式予以加强和固定化的政策，那些实行了相当长一段时间从而较为成熟、完善和稳定的政策，才有必要上升为法律。从政策制定过程本身来看，政策文本的法律化是政策合法化的一种极其重要的形式。[②]

---

① 陈振明. 政策科学：公共政策分析导论［M］. 2 版. 北京：中国人民大学出版社，2003：197.

② 宁骚. 公共政策学［M］. 3 版. 北京：高等教育出版社，2018：282.

由此可见，政策合法化和政策法律化有些许不同，前者是政策获得法定认可，取得其应有效力的过程，而后者则是将政策这种形式转变为法律形式的一种立法过程。前者外延比较大，后者包含在前者的活动之中。例如，《海南自由贸易港法》可以认为是政策文本（包括《海南自由贸易港建设总体方案》《中共中央　国务院关于支持海南全面深化改革开放的指导意见》等自贸港政策）的法律化。

如果政策法制化是建设法治政府、建设法治社会的重要表现，那么反向运行，也即法律政策化就未必受到欢迎了。

曾有学者指出，越来越多的重要法律的内容是在党和国家的政策形成和确立过程中得以明确的。立法与决策在形式和内容上的交织，使得许多法律从一开始就是为了政策而制定和颁布的，我们把这种倾向称为"法律的政策化"。对于政策与法律在我国社会现实生活中的关系，可以用"如果说政策是个巨人，那么法律只是它的影子"来表述。在倡导法治的条件下，税收法律的政策化的弊端主要包括：其一，税收政策的大量存在已经对税收法定主义原本的法律稳定性和当事人的可预测性产生了重大冲击。这导致纳税人无法进行合理的预期，进而严重影响了经济主体的自由和理性选择。同时，这种情况增加了税收成本和市场交易成本，使税法在宏观方面的功能难以充分有效地发挥。其二，长期的政策权威阻碍了法律权威的发育。税收法律的政策化，是无法适应市场经济的发展和我国加入世界贸易组织的客观要求的，市场经济需要的是稳定的、公开的、明确的、长期起作用的、富有权威的法律制度。其三，这不利于发扬民主。社会主义法律是广大人民群众共同意志的体现。在社会主义国家，人民当家作主，法律应当经过人民参与和民主程序产生。[1]

（二）政策和法律的区别

从法学研究的角度来看，法律与政策（尤其是政党政策）存在明显区别：1. 法律与政策体现的意志不同。党的政策是党的意志的体现，保障了党内全体成员的利益。法律是国家意志的体现，维护掌握政权的统治阶级的利益。2. 法律与政策的表现形式不同。在现代国家，法律通常采用制定法的形式，可以是法典式的（如刑法典、民法典），也可以是单行法规式的，这些法律文件具有具体的条文和详细的规定，以确保法律的具体执行和适用。相比之下，政策通常采用诸如纲领、决议、指示、宣言、命令、声明、会议纪要、党报社论、领导

---

① 张富强. 税法学［M］. 北京：法律出版社，2007：132.

人的讲话或报告、一般性的口号等形式。其内容比较原则、概括，很少以具体的条文来表述。3. 法律与政策在制定机关和程序上有所不同。法律是由国家专门的立法机关或者具备立法权能的机关按照法律程序制定的，其立法权限和程序均有严格而复杂的规定。4. 法律与政策在调整范围和方式上也存在差异。从范围上看，政策调整的社会关系要比法律广泛得多，而法律通常只调整那些对国家和社会有较大影响的社会关系领域，如政治关系、经济关系、民事关系和行政管理关系等。法律一般调整较为稳定的社会关系，偏重于对既有的社会关系的确认、保护或控制。相反，政策作为应对手段，不仅要处理既有的问题，还要对正在形成或将出现的问题做出反应，因此需要采取灵活多样的措施，以适应社会情势不断发展的需要。政策往往由原则性的规定组成，只规定行动的方向而不规定行为的具体规则。5. 法律与政策在稳定性方面有显著差异。相对而言，法律具有较高的稳定性，一旦制定便需在相对稳定的状态下存在一段时间。政策则更为灵活，其内容可能随时随地发生变化。法律依靠其稳定性来维护其权威性、效力、实效和尊严，而政策则依赖其应对性和灵活性来确保在调整社会生活和社会关系时的有效性。由此可以进一步推论，法律本质上具有保守性和顺应性，它是一种不宜频繁变更的规则体系。法律的这一特性确保了规则的稳定性和可预测性，使其能够有效地维护社会秩序和保障公民权益。一旦同那些激变的、革命性的社会力量发生冲突时它就立刻显示出其保守和阻止社会变化的特性。此时，法律要么做出让步，要么被彻底推翻，成为社会革命的对象。与此相对照，政策有较大的灵活性，政策的及时应对作用使它在重大的社会危机面前保有较大的应变能力和调控能力，反而可能避免为这种危机付出大的代价。因此，这两种社会规范各自具有其独特的优势和不足。6. 法律与政策的保障实施力量不同。政策主要依靠宣传教育和纪律保证实施。法律则是以国家强制力保证实施，法律可以对任何违反者实施制裁，具有普遍的适用性。①

　　以《海南自由贸易港法》和《总体方案》为例，二者的区别主要有：第一，《海南自由贸易港法》使用的是法言法语，须经过严格的立法程序才能出台，具有长期性、稳定性和成熟性；而《总体方案》使用的是政策术语，具有阶段性、灵活性和及时性，能随着环境变化适时动态调整。第二，从篇幅和体例来看，《海南自由贸易港法》六千多字，语言简洁，采用的是法律的立法体例；而《总体方案》一万多字，篇幅将近《海南自由贸易港法》的两倍，内容

---

① 高其才. 法理学［M］. 2版. 北京：清华大学出版社，2011：389-391.

详细。第三，《海南自由贸易港法》属于后颁布的法律文件，弥补了《总体方案》的某些空白之处。如《海南自由贸易港法》第二十九条："货物由海南自由贸易港进入内地，原则上按照进口征税；但是，对鼓励类产业企业生产的不含进口料件或者含进口料件在海南自由贸易港加工增值达到一定比例的货物，免征关税。具体办法由国务院有关部门会同海南省制定"，这一重要规定在《总体方案》中未提及。第四，《总体方案》对海南自贸港建设提出了三个时间段的发展目标，以及对其他相关执行标准提出了明确要求，而《海南自由贸易港法》仅仅是对相关事项作出原则性的规定等。

由此可见，虽然政策和法律联系紧密，但它们毕竟属于不同的学科范畴，政策在体现国家意志性、表现形式、调整范围、制定程序、稳定程度、实施强制性等方面与法律存在明显区别。

六、中国特色自由贸易港政策体系的探索

对构建中国特色自由贸易港政策制度体系问题，过去一段时间存在三类基本的思考：一是升级型。把自由贸易港作为中国目前正在推进的自由贸易试验区的更高一级形式，认为从海关特殊监管区域（保税区等），到自由贸易试验区，下一步再到自由贸易港，是开放模式的逐步升级过程。倾向于把着力点放在"更"字上，主张在自贸试验区基础上赋予更大自由，实行更加开放，提供更多便利等。二是对标型。把自由贸易港建设作为国际上自由港制度的引进与复制过程，认为世界上成功发展的自由港有一个"标准配置"的政策与制度，倾向于把着力点放在寻找"标杆"与对标学习上。三是优惠型。把自由贸易港的发展作为地方（区域性）经济发展争取国家支持的一条"政策稀缺"通道，认为自由贸易港的活力来源于特殊的定位和独特的优惠，倾向于把着力点放在特色产业的布局和优惠政策的设计争取上。上述三种思考，都有其一定的合理性，也都有较大的局限性。[①]

从 2020 年 6 月 1 日中共中央、国务院公布《海南自由贸易港建设总体方案》以来，海南全省上下对中国特色自由贸易港政策体系进行了探索，包括前文所提及的"1+N"政策体系等。直到 2022 年 4 月 26 日，中国共产党海南省第八次代表大会提出，全面落实"一本三基四梁八柱"战略框架，即坚持以习近

---

① 吴蓉，何万篷. 中国特色自由贸易港政策制度体系创新的基点与内涵探讨 [J]. 海关与经贸研究，2020，41（1）：103.

平总书记关于海南工作的系列重要讲话和指示批示为根本遵循，以《中共中央国务院关于支持海南全面深化改革开放的指导意见》《海南自由贸易港建设总体方案》《中华人民共和国海南自由贸易港法》为制度基石，以全面深化改革开放试验区、国家生态文明试验区、国际旅游消费中心、国家重大战略服务保障区为目标定位，以政策环境、法治环境、营商环境、生态环境、经济发展体系、社会治理体系、风险防控体系、组织领导体系为稳固支撑，在全面建设社会主义现代化国家、实现第二个百年奋斗目标的新征程上书写海南精彩篇章。

在海南自贸港构建的"一本三基四梁八柱"中，"一本"属于元政策的范畴，"三基"属于基本政策，"四梁"是政策目标，而"八柱"中的政策则是偏重于具体政策，所以"一本三基四梁八柱"构成有机的、协调的政策体系，为中国特色自由贸易港建设提供了多层次、全方位政策保障。

第四节　中国特色自由贸易港政策的运行

有专家指出，参考国外学者的看法，结合我国政策实践的情况，我们将政策系统的运行看作由政策制定、政策执行、政策评估、政策监控和政策终结等环节所组成的过程。①

还有专家指出，政策系统的各个子系统在内部关系上是相互联系、相互依存、相互作用的，同时政策系统与对象系统和外部环境也在持续不断地进行互动和能量交换，因此政策系统的生存始终表现为动态的运行过程。其中，政策系统与环境、主体与客体之间的矛盾构成政策运行的动力源泉。由此，它的运行也表现为信息不断地输入、转换、输出的系统过程。在输入过程中，政策环境把种种要求和支持传输给政策主体；在转换过程中，这些要求和支持变成政策方案；在输出过程中，政策作用于环境，引起环境变化，产生新的要求；而这种新的要求反馈到政策系统，进一步导致下一轮政策输出。这种周期性的运转使政策系统的运行得以持续。

---

① 陈振明.政策科学：公共政策分析导论［M］.2版.北京：中国人民大学出版社，2003：68.

政策系统的运行分为如下步骤：

第一步，利益输入。政策系统的运行始于政策问题的形成。政策问题的提出实际上是民众或相关利益群体反映和表达自身利益的诉求和愿望的过程，这些诉求和愿望被输入政策系统中。政策输入分为两种：一种是内输入，即由处于政策系统内部的公共权力机关或公职人员主动进行利益诉求的认定和利益符号的输入；另一种是外输入，指由处于政策制定系统外部的社会组织或个体，通过与公共权力机关的某种互动，将利益诉求表达出来并使其进入政策系统的过程。民众和利益相关者的利益表达可以通过两条渠道进行，即体制内表达和体制外表达。

第二步，利益综合。公共政策是人们为了应对特定的公共问题并实现共同利益而制定的行动计划或策略。应该说，各社会成员在通过政策系统来实现其利益要求这点上，有着一致的利害关系。然而，他们通过各种渠道输进政策系统的利益诉求却是纷繁复杂，甚至相互冲突的。因此，在政策系统制定政策时，除了考虑到社会的整体利益，还必须充分考量社会成员之间利益的一致性和互补性。政策系统对各种利益关系的充分考量和综合平衡，即为利益综合。

第三步，政策形成。各政策子系统在利益综合原则的基础上，采用多种有效的方法、工具和手段，收集和分析政策相关信息，制定备选政策方案；最终决策者通过对各备选方案的审议，在全局与局部、民主与科学、公平与效率、完美性与可行性之间进行考量和权衡，最终做出政策抉择。

第四步，政策发布。政策决策一旦最终完成，便会按照法定或惯例的方式，比如，举行信息发布会、发布文件或白皮书等，由政策系统正式向公众予以政策宣告。

第五步，政策执行。公共政策利益的分配功能最终是通过政策执行来实现的。在政策执行过程中，要充分考量并适当调整各政策行为者之间的利益关系。这是因为在政策实施过程中，如果一些群众感到自身利益受损，他们可能会反对政策的执行，要求修改或调整政策中对其不利的部分，从而对政策执行产生影响。

第六步，政策反馈。在政策系统运行过程中，反馈系统随时将政策执行情况反馈给直接主体系统，而间接主体系统则试图在每一个环节上影响公共政策，从而使政策系统的运行过程更为复杂化。①

---

① 宁骚. 公共政策学 [M]. 3 版. 北京：高等教育出版社，2018：162-163.

政策周期理论则把政策制定、政策执行、政策评估、政策监控和政策终结的过程视为一个政策周期。①

政策通常包括制定政策目标和实现目标的手段。政策的制定和执行可以看成是互动的过程。本书认为，中国特色自由贸易港政策运行过程包括政策制定、政策执行、政策评估、政策监控和政策终结的全过程。该运行过程亦可看成是中国特色自由贸易港政策供给路径，即从供给侧出发，探讨自贸港政策是如何被制定出来，然后得到执行、评估、监控和终结的运动轨迹。

小　结

1. 中国特色自由贸易港政策既属于公共政策，又具有自由贸易港特性，因此，其理论基础主要参考公共政策理论和自由贸易港理论。

2. 参考公共政策理论，本书对中国特色自由贸易港政策供给的研究，一方面从政策的内容进行分析，选取产业政策、贸易政策、投资政策、金融政策、财政政策、人才政策、保障政策等方面进行分析；另一方面从政策的运行过程展开，分析自贸港政策的制定、实施、评估、监控和终结等情况。

3. 自由贸易港理论属于学术界较新领域，目前没有形成主流观点。一般认为，自由贸易港属于国家划定的特定的区域，该区域属于境内关外，货物、资金、人员、信息等要素在自由贸易港内自由便利流动。从自由贸易港历史演变的过程可以发现，首先，设立自贸港多数属于政府行为，直接由政府宣布某些港口为自由港。其次，自由港的"自由"主要针对的是关税，是促进贸易和商业发展的"自由"。海南自贸港在面积为 3.39 万平方公里的海南岛本岛建设，为目前世界最大自由贸易港，既包括城市和农村，也包括海港、空港和陆港，情况更加复杂多样。因此，海南自贸港属于开放程度较高、综合性较强的自由贸易港。海南自贸港建设目标包括：对接国际高水平经贸规则，主动适应国际经贸规则和全球治理体系改革新趋势；促进生产要素自由便利流动，实现贸易和投资自由化便利化；建设法治化、国际化、便利化一流营商环境；加快建设

---

① 陈振明. 政策科学：公共政策分析导论［M］. 2 版. 北京：中国人民大学出版社，2003：336.

具有世界影响力的中国特色自由贸易港，让海南成为新时代中国改革开放的示范。

4. 中国特色自由贸易港政策系统由政策主体、政策客体和政策环境等要素构成。海南自贸港政策主体可分为中央（中共中央、国务院及国家各部委）和地方层面（中共海南省委、省政府及各厅局）两种。从政策制定数量看，海南省确实发挥了主体作用，对中国特色自由贸易港建设起到积极推动作用。海南自贸港政策客体包括贸易自由便利、投资自由便利、跨境资金流动自由便利、人员进出自由便利、运输往来自由便利、数据安全有序流动、现代产业体系、税收制度、社会治理、法治制度及风险防控体系等。政策环境是影响海南自贸港政策产生、存在和发展的一切自然生态、政治、经济、社会文化等因素的总称。

5. 政策和法律都是调整人们行为的主要规范和准则，也是现代国家制度体系中不可或缺的基本内容，二者关系密切。政策在体现国家意志性、表现形式、调整范围、制定程序、稳定程度、实施强制性等方面与法律存在明显区别。

6. 中国特色自由贸易港政策体系被描述为"一本三基四梁八柱"。其中，"一本"指以习近平总书记关于海南工作的重要讲话和指示批示作为根本遵循；"三基"指以《中共中央　国务院关于支持海南全面深化改革开放的指导意见》《海南自由贸易港建设总体方案》和《中华人民共和国海南自由贸易港法》为制度基石；"四梁"则以全面深化改革开放试验区、国家生态文明试验区、国际旅游消费中心、国家重大战略服务保障区为发展目标定位；"八柱"指依靠政策环境、法治环境、营商环境、生态环境、经济发展体系、社会治理体系、风险防控体系、组织领导体系来稳固支撑整体建设。在海南省构建自由贸易港的"一本三基四梁八柱"战略框架中，"一本"属于元政策的范畴，"三基"属于基本政策，"四梁"是政策目标，而"八柱"中的政策则是偏重于具体政策，所以"一本三基四梁八柱"构成有机的、协调的政策体系，为中国特色自由贸易港建设提供了多层次、全方位政策保障。

7. 中国特色自由贸易港政策运行过程涵盖政策制定、政策执行、政策评估、政策监控及政策终结的全过程。该运行过程亦可看成是中国特色自由贸易港政策供给路径，即从供给侧出发，探讨自贸港政策是如何被制定出来，然后得到执行、评估、监控和终结的运动轨迹。

第三章

中国特色自由贸易港政策环境及政策需求分析

第一节　中国特色自由贸易港政策环境分析

一、海南自贸港政策环境的定义

有研究者指出，从系统论的观点来看，所有的事物都可以被看作一个相对独立的系统，它处于更大的系统之中并构成这个更大的系统的子系统。如果系统是开放的，而不是封闭的，那么它会具有可分辨而又可渗透的界限。这种界限既能够使系统与其环境区别开来，确保其具有一定程度的自主性和独立性，同时又意味着系统与其环境之间存在着双向的影响与被影响关系。作为系统之外又与其相关联的事物、境况及条件，环境是系统生存和维持的基础，而系统要发挥效能就必须不断与其环境交换人员、信息、能量、材料等。对不同的系统来说，环境的内容不同，环境中最重要的影响因素亦不同。任何系统都置身于一定的环境之中，并且在一定的环境中运行、演化，故不存在没有环境的系统。正因为这样，要更好地认识某个系统，就必须结合其环境来展开研究。也正因为这样，要更好地完善某个系统，就必须根据环境的变化来对其进行相应的调控。如果只把系统看作封闭的并"只集中注意它的内部作业，不考虑其环境的影响，这样是比较简单些，但这会导致错误的结论"①。

国内有学者认为政策环境是构成政策系统的一个更大的"超系统"；也有学

---

① 陈刚. 公共政策学［M］. 武汉：武汉大学出版社，2011：49-50.

者认为政策环境是行政生态的一部分，强调政府与其环境的互动和动态平衡；还有学者将政策环境理解为提供政策的需求和输入的因素，探讨需求输入同政策中枢决策系统的政策输出之间的关系，这些看法都有一定的道理。在这里，我们把政策环境界定为影响公共政策产生、发展和终结的一切因素的总和。①

还有学者认为，公共政策是环境的产物，受到自然和社会的各种因素的制约和影响。没有公共政策生成的外部环境，就无法对其进行分析和研究。同时，政策系统也向环境输出公共政策产品，造成政策环境的变化，两者之间互相交流物质、能量和信息，相互影响。根据系统论的观点，政策行动的需求源于环境中存在的问题和冲突，这些需求通过利益集团、官员以及其他政策行动者传递到政治系统中。与此同时，环境限制和制约着决策者的行动。政策系统与政策环境相互影响、相互作用。就其关系而言，政策环境决定和制约政策系统，起着主导作用；政策系统反过来会改善和塑造政策环境，具有反作用。由此，我们可以从两个角度来考察公共政策的环境：一方面，把公共政策系统视为因变量，研究公共政策环境对公共政策制定、执行、监控等过程的影响；另一方面，把公共政策系统视为自变量，探讨公共政策系统的输出，即公共政策对环境的作用和影响。所谓公共政策环境，指的是影响公共政策产生、存在和发展的所有因素的综合体。从系统论的角度看，凡是对公共政策产生作用和影响的因素皆可归为公共政策环境。②

本书赞成以上研究成果，中国特色自由贸易港政策环境亦应从系统论的角度出发展开研究。政策环境是影响政策制定、执行、评估、监控和终结的一切因素的总和，对政策的产生、运行和终止发生影响和作用的因素均可归于政策环境的范畴。

二、海南自贸港政策环境的分类

美国行政学家安德森在其《公共决策》中概括出了地理特点、人口统计要素、政治文化、社会结构和经济体制等环境构成，并提到在一国在进行外交政策和国防政策制定时，他国亦成为环境的重要组成部分。中国台湾学者朱志宏则在《公共政策》一书中区分了内社会环境和外社会环境，"其中包括文化的、制度的、社会的、经济的、政治的、心理的，甚至自然的因素"。在本章中，我

---

① 陈刚. 公共政策学 [M]. 武汉：武汉大学出版社，2011：49-50.
② 杨道田. 公共政策学 [M]. 上海：复旦大学出版社，2015：33.

们将重点考察自然环境、经济与社会环境、政治与文化环境、国际环境对政策制定的影响，它们共同构成了政策环境的主要内容。①

公共政策是政策环境的产物，二者之间存在辩证统一的关系。它们相互联系、相互依存、相互影响、相互作用。在这种关系中，环境对政策起主导作用，决定并制约着政策的形成和执行；而政策则通过改变和塑造环境，产生反作用，进一步影响环境的发展和演变。政策环境的构成因素有政治环境、经济环境、自然环境、文化环境、全球与国际环境等。②

海南成为中国第一个自由贸易港是出乎意料的。这可以从学者们之前的研究中看出。从中国香港、迪拜、新加坡等自由贸易港经验看，大家都倾向于认为上海或者广东更有基础首先建设自由贸易港。海南虽然地理优势明显，但经济基础相对较差，高素质人才匮乏，甚至没有成为前三批自由贸易试验区。但认真比较，海南建设自由贸易港的优势也很多。相比于东南沿海发达地区，海南几乎是"一张白纸"，零基础起步，不怕试错，也不存在打碎"瓶瓶罐罐"的成本代价。同时，海南面积很大，因为是岛屿而具有"天然围栏"，减轻了修建海关监管设施的压力。在国家战略中，海南又占据相当重要的地位，一旦自由贸易港建成，海南将成为"一带一路"的门户和全球制度开放高地。③

从现有研究来看，大多数学者都赞同政策环境包括自然地理、经济、政治、社会文化和国际环境等因素。综合以上研究成果，本书结合宏观环境分析方法PESTLE，即从政治、经济、社会文化、科学技术、自然生态和法律等多方面对环境因素进行分析。因此，本书对中国特色自由贸易港政策环境的分析将从国际环境、国内环境、海南的政治和法治环境、海南的经济发展环境、海南的社会文化环境、海南的科技发展环境等方面展开。

三、中国特色自由贸易港政策和国际环境

党的二十大报告指出，世界百年未有之大变局加速演进，新一轮科技革命和产业变革深入发展，国际力量对比深刻调整，我国发展面临新的战略机遇。同时，世界面临世纪疫情带来的深远影响，全球化逆流加剧，单边主义和保护主义抬头，全球经济复苏乏力，局部冲突频发，全球性问题日益加剧，世界进

---

① 陈刚. 公共政策学 [M]. 武汉：武汉大学出版社，2011：50.
② 罗红. 公共政策理论与实践 [M]. 沈阳：沈阳出版社，2014：47-51.
③ 陈浩. 中国特色自由贸易港研究 [D]. 北京：中共中央党校，2019：142.

入了新的动荡变革期。在这样的背景下，我国改革发展稳定面临着深层次矛盾，党的建设特别是党风廉政建设和反腐败斗争面临顽固性和多发性问题，外部压力也有可能随时升级。我国发展进入战略机遇和风险挑战并存的局面，不确定难预料因素增多，各种"黑天鹅""灰犀牛"事件随时可能发生。

从国际来看，创新创业在全球范围内进入高度密集活跃期，人才、知识、技术、资本等创新资源在全球流动的速度、范围和规模将达到空前水平。科技创新在应对人类共同挑战、实现可持续发展中的作用越来越大。新一轮科技革命和产业变革蓄势待发，以5G、4K、AI、大数据、物联网等为代表的新一代信息技术正引领人类社会加速迈入数字经济时代，推动生产生活方式发生颠覆性变革。以绿色、智能、泛在为特征的群体性技术突破，重大颠覆性创新不时出现，成为重塑世界经济结构和竞争格局的关键。

四、中国特色自由贸易港政策和国内经济环境

1. 从全国范围来看，我国正加快构建新发展格局，重点推动高质量发展。党的二十大报告指出，高质量发展是全面建设社会主义现代化国家的首要任务，也是党执政兴国的首要任务。在没有坚实的物质技术基础的情况下，无法全面建成社会主义现代化强国。因此，必须全面、准确地贯彻新发展理念，坚持社会主义市场经济改革方向，坚持高水平对外开放，加快构建以国内大循环为主体、国内国际双循环相互促进的新发展格局。我们要以推动高质量发展为主题，将扩大内需战略与深化供给侧结构性改革有机结合起来，增强国内大循环的内生动力和可靠性，提升国际循环的质量和水平，加快建设现代化经济体系。我们还要着重提高全要素生产率，增强产业链和供应链的韧性和安全水平，推进城乡融合和区域协调发展，推动经济在质的有效提升和量的合理增长方面取得进展。

依托我国超大规模市场优势，以国内大循环吸引全球资源要素，增强国内国际两个市场和两种资源的联动效应，提升贸易投资合作的质量和水平。稳步扩大制度型开放，包括规则、规制、管理和标准的开放。同时，推动货物贸易优化升级，创新服务贸易发展机制，推动数字贸易发展，加快建设贸易强国。合理缩减外资准入的负面清单，依法保护外商投资权益，努力营造市场化、法治化和国际化的一流营商环境。同时，积极推动共建"一带一路"高质量发展，优化区域开放布局，巩固东部沿海地区的开放先导地位，提升中西部和东北地区的开放水平。加快建设西部陆海新通道，推进海南自由贸易港建设，实施自由贸易试验区提升战略，扩展高标准自由贸易区网络面向全球。此外，有序推进人民币国际化，深度参与全球产业分工与合作，维护多元稳定的国际经济格局和经贸关系。

教育、科技和人才是全面建设社会主义现代化国家的基础性和战略性支柱。必须坚持科技是第一生产力、人才是第一资源、创新是第一动力的理念，深入实施科教兴国战略、人才强国战略和创新驱动发展战略。

2. 李强总理于 2024 年 3 月 5 日代表国务院向十四届全国人大二次会议作政府工作报告，报告指出，2023 年国内生产总值超过 126 万亿元，同比增长5.2%，增速居世界主要经济体前列；城镇新增就业 1244 万人，城镇调查失业率平均为 5.2%；居民消费价格上涨 0.2%；国际收支基本平衡。2023 年，我国面临多重困难和挑战，经济发展经历了波浪式的起伏和曲折前行，取得的成就来之不易。在国际方面，全球经济复苏乏力，地缘政治冲突加剧，保护主义和单边主义势头上升，外部环境对我国发展的不利影响不断增加。国内方面，新冠疫情持续对经济恢复和发展构成挑战，长期积累的深层次矛盾加快显现，同时也面临着诸多新问题。外需下降与内需不足交织，周期性和结构性问题共存，一些地方的房地产、地方债务、中小金融机构等风险凸显，还有部分地区受到自然灾害的严重影响。在这样的情况下，政策制定和推进工作面临着明显增加的两难难题。经过全国上下的共同努力，我们不仅实现了全年预期的发展目标，而且在许多方面出现了积极的变化。特别是，我们在深化对新时代经济工作规律性认识方面取得了新的进展，并积累了克服重大困难的宝贵经验。①

五、海南的自然生态环境②

海南岛地形特征显著，四周为低平地区，中间则是高耸的穹隆山地形，以五指山和鹦哥岭为突出的山脉核心，从中心向外逐级下降，形成了环形层状地貌，呈现明显的梯级结构。

1. 海南被称为全国最大的"热带宝地"，总土地面积为 351.87 万公顷，占全国热带土地面积的 42.5%，人均土地面积约为 0.44 公顷。得益于光热水等优越条件，海南农田全年都可进行作物种植，许多作物年产 2 至 3 次。粮食作物

---

① 最全！50 个动态场景看 2024《政府工作报告》全文 [EB/OL]. 中国政府网，2024-03-05.
② 主要摘抄自海南省人民政府网站中"省情"的部分内容。

是海南种植业的主力,主要包括水稻、旱稻和山兰坡稻,以及番薯、木薯、芋头、玉米、粟和豆类等。经济作物主要有甘蔗、麻类、花生、芝麻、茶叶等。海南水果种类繁多,包括菠萝、荔枝、龙眼、香蕉、柑桔、芒果、西瓜、杨桃、菠萝蜜、红毛丹和火龙果等。此外,海南还栽种了120多种蔬菜。

2. 海南岛拥有丰富的热带作物资源,其中栽培面积较大、经济价值较高的主要包括橡胶、椰子、槟榔、咖啡、胡椒、油棕、剑麻、香茅、腰果和可可等。海南的植被生长迅速,植物种类繁多,是热带雨林和热带季雨林的原生地。海南岛上有超过4600种维管束植物,约占全国总数的1/7,其中超过490种是海南特有的。

3. 海南拥有丰富的动植物药材资源,被誉为"天然药库"。这里约有2000种可用于药用的植物,其中药典收录了500种,南药类超过30种。最著名的四大南药包括槟榔、益智、砂仁和巴戟天。动物药材和海产品药材资源包括鹿茸、牛黄、穿山甲、海龙、海马、海蛇、琥珀、珍珠、海参、珊瑚、蛤壳、牡蛎、石决明和海龟板等近50种。

4. 海南旅游资源丰富,极富特色,主要有以下几方面:

(1) 海岸带景观。海南岛拥有长达1944公里的海岸线,其中约50%~60%是沙岸,沙滩宽度从数百米到1000多米不等,坡度一般为5度,缓缓延伸至海面。大部分地方风平浪静,海水清澈,沙子洁白柔软,岸边绿树成荫,空气清新。海水温度一般在18℃~30℃之间,阳光充足明媚,一年中大部分时间都适宜进行海浴、日光浴、沙浴和风浴。海南岛环岛沿岸具备国际旅游者喜爱的五大要素:阳光、海水、沙滩、绿色和清新空气。从海口到三亚东部沿岸线上,有超过60处适合作为海滨浴场的地方。岛周围沿海还有多种不同类型的滨海风光景点,特别是在东海岸线上,有独特的热带海涂森林景观红树林和热带特有的海岸地貌景观珊瑚礁,具有极高的观赏价值。海南已在海口的东寨港、文昌的清澜港等地建立了红树林保护区,保护和利用这些宝贵的自然资源。

(2) 海岛。海南岛周围环绕着100余个岛屿,主要分布在东部和南部沿海。西沙群岛包括22座岛屿,总陆地面积为8平方千米,其中以永兴岛最大。这些岛屿地处热带,日照充足,光能丰富,四周海水清澈,水生资源丰富,具有极高的旅游价值。已经开展旅游项目的岛屿包括蜈支洲岛、西岛、分界洲岛、西沙群岛等。

(3) 山岳和热带原始森林。海南岛有81座海拔超过1000米的山峰,其中包括五指山、鹦哥岭、东山岭、太平山、七仙岭、尖峰岭、吊罗山和霸王岭等。

这些山峰形态各异，是登山和避暑的理想地点。特别是乐东尖峰岭、昌江霸王岭、陵水吊罗山和琼中五指山四个热带原始森林区，保存了丰富的热带生物多样性。

（4）珍禽异兽。为了保护珍稀动物物种，海南建立了多个野生动物自然保护区和驯养场，如昌江霸王岭黑冠长臂猿保护区、东方大田坡鹿保护区、万宁大洲岛金丝燕保护区、陵水南湾半岛猕猴保护区和屯昌枫木鹿场等。

（5）大河、瀑布、水库风光。海南岛内有诸如南渡江、昌化江、万泉河等河流，河水清澈，沿岸风光优美，尤其以万泉河风光著称。岛上的瀑布如太平山瀑布和百花岭瀑布等也颇具盛名。此外，松涛、南扶、长茅、石碌等水库景色秀丽，宛如湖泊。

（6）火山、溶洞、温泉。海南岛保存了许多历史上的火山遗迹，如石山的双岭火山口、雷虎岭火山口和罗京盘火山口。岛上还有许多形态各异的喀斯特溶洞，如三亚的落笔洞、保亭的千龙洞和昌江的皇帝洞等。此外，海南岛的温泉分布广泛，水质优良，适宜于观光和疗养旅游，如兴隆温泉、官塘温泉、南平温泉和蓝洋温泉等。

（7）古迹名胜。海南岛上具有深厚历史意义的古迹包括五公祠，用以纪念唐宋时期被贬谪至此的李德裕等五位名臣；东坡书院，是北宋文学家苏东坡曾居住过的地方；苏公祠，是为了纪念苏轼而建；琼台书院，由清代官员焦映汉修建；丘濬墓，为明代名臣的墓地；海瑞墓，是明代大清官海瑞的墓址；汉马伏波井，传说是汉武帝时期为拯救兵马而开凿的水井；崖州古城、韦氏祠堂和文昌孔庙也是岛上重要的历史遗迹。

（8）革命纪念地。海南岛上的革命纪念地包括中共琼崖一大会址、琼崖纵队司令部旧址、红色娘子军纪念园、金牛岭烈士陵园、白沙起义纪念馆以及陵水黎族自治县苏维埃政府旧址等。此外，还有宋庆龄祖居及陈列馆、张云逸将军纪念馆等，这些都承载着重要的革命历史意义。

（9）民族风情。海南岛居住着黎族、苗族、回族等少数民族，这些民族至今保留着丰富的民风民俗和独特的生活习惯，为海南的社会风貌增添了多样性和独特性。作为全国唯一的黎族聚居区，海南岛特别以其黎族文化和风情而闻名，具有显著的旅游观光价值。

（10）热带作物及田园风光。海南岛上生长着大量的热带作物，极大地丰富了自然景观。游人上岛既可欣赏热带田园风光，增长见识，又可品尝热带水果，一饱口福。

全年全省环境空气质量优良天数比例为 98.7%，其中城市（镇）PM2.5 年均浓度为 12 微克/立方米。地表水水质总体为优，水质优良比例为 94.9%。

海南丰富的热带自然生态环境为发展旅游业、高新技术产业、热带高效农业、现代服务业（包括医疗健康、离岸金融）等提供了优越的自然条件。

曾有研究者指出，海南是中国唯一的热带海岛省份，堪称世界上"少有的几块未被污染的净土"，森林覆盖率超过 60%。阳光、海水、沙滩、绿色、空气五大旅游要素俱全，具有得天独厚的热带海岛自然风光。海南与世界上著名的离岸金融市场开曼群岛的热带性气候相似，开曼群岛雪白的沙滩、如镜的海水和终年 21 摄氏度的气温使这里成为天然的海滨胜地。

还有学者提出，1988 年 4 月 13 日，全国人大批准设立海南省，并划其为我国最大的经济特区。作为地理上相对独立的区域和我国唯一的热带岛屿省份，海南享有优越的区位条件和良好的生态环境；拥有丰富的渔业、油气等生物、非生物资源以及岛屿资源，具备发展蓝色经济的突出条件。海南本岛位于南海之中，同时行使对西沙群岛、南沙群岛以及中沙群岛及其相应海域的管理和管辖权。南海作为战略通道及重要国际航道，是联通我国与其他南海周边国家和东南亚国家的天然纽带。[①]

六、海南政治和法治环境

自 2018 年起，海南省人民政府每年都发布《法治政府建设情况报告》。根据 2019 年 4 月 24 日发布的《海南省人民政府关于 2018 年法治政府建设情况的报告》[②]，政府法治建设取得的主要成绩为：将法治政府建设纳入海南自由贸易试验区和中国特色自由贸易港建设重要内容，牢固树立"法治是最好的营商环境"理念，以制度创新为核心，深化简政放权、放管结合，优化服务改革，出台《海南省优化营商环境行动计划（2018—2019 年）》等一系列文件，不断优化办事创业和营商环境，切实增强政府公信力和执行力。

1. 立法方面，向十三届全国人大二次会议提交《关于制定海南自由贸易港法的议案》，被全国人大常委会采纳，正式提上国家立法日程。积极推动中央全面依法治国委员会办公室出台《关于全面推进海南法治建设　支持海南全面深

---

① 迟福林．策论海南自由贸易港［M］．海口：海南出版社，2020：74.

② 海南省人民政府关于 2018 年度法治政府建设情况的报告［EB/OL］．海南省人民政府网，2019-04-24.

化改革开放的意见》。坚持以立法推动保障改革。提前做好 2018 年省政府立法工作计划的编制工作，加强改革、生态、旅游、民生等重点领域的立法，共安排正式立法项目 20 件，全年实际完成 25 件，其中包括 5 件自贸区（港）先导性立法项目。先后开展涉及著名商标制度、军民融合、民营经济发展等方面的规章清理工作，完成对 1988 年 4 月至 2018 年 4 月海南省人民政府审议通过且现行有效的省政府规章的清理，并将清理结果汇编成册。

2. 执法方面，在海口美安科技新城、海南生态软件园、博鳌乐城国际旅游医疗先行试验区 3 个园区试行最大限度简化行政审批改革，探索"六个试行"。改革后，审批提速 60% 以上，对入驻型企业实现零审批，极大地节省了企业的时间成本。"多规合一"改革典型经验受到国务院通报表扬。推行行政决策科学化、民主化、法治化。制定出台《海南省人民政府工作规则》，进一步完善重大行政决策程序制度，并对涉及意识形态、国家和公共安全、法律法规、生态环保等情况的各种文件进行严格审核。认真做好自贸区（港）先导性重大改革政策的法核工作。对有关房地产调控、百日大招商、小客车保有量调控管理、户籍管理措施、人才引进、海口江东 CBD 建设、新能源汽车、国六标准机动车和汽柴油提前推广等海南省出台的重大规范性文件进行法律审查，确保于法有据、政策合规。抓好旅游文化市场综合监管，出台旅游市场治理措施，部署开展重点领域专项治理。加强对重点时段、重点地区和重点领域旅游市场的监管。海南省旅游系统查处违规行为 94 宗，处罚旅行社 76 家次（其中停业整顿并罚款 31 家），处罚责任人 69 人，处罚导游 31 名，共罚没款 454.8 万元。完善以绿色发展为导向的生态文明体制机制，改革省对市县经济社会发展目标考核办法。深化生态环境六大专项整治，全面推进生态修复、城市修补，持续开展绿化造林，森林覆盖率稳定在 62.1% 以上，环境空气质量优良率为 98.4%，海口市荣获全球首批国际湿地城市称号。严格查处环境违法行为，共立案查处 1173 宗，罚款 18 418 万元，行政拘留 54 人，涉嫌环境污染犯罪移送公安机关案件 3 宗。

3. 司法方面，2018 年，海南省刑事案件立案 33 304 起，同比下降 7%。海南省人民法院共受理执行案件 45 920 件，执结 39 618 件，执行到位金额 108.04 亿元，公布失信被执行人黑名单 8353 条，司法拘留 471 人，依法追究拒执罪 30 人，形成了执行攻坚的强大氛围。探索人民调解、行政调解、司法调解"三调联动"模式，推动将矛盾纠纷就地化解在基层、消除在萌芽状态。2018 年，全省共调解各类矛盾纠纷 14 213 件，调解成功 13 786，调解成功率 97%。推动建立国际化商事纠纷解决平台，完成海南仲裁委员会加挂"海南国际仲裁院"牌子工作，开通网上金融仲裁平台，设立金融仲裁中心、海事仲裁中心、旅游仲裁中心，积极服务海南自贸区重点行业和领域。全年受理仲裁案件 1882 件，标的额 103.58 亿元。

当前海南政治和法治环境建设方面存在的问题主要表现为以下五方面：一是各市县法治政府建设发展不平衡，法治政府体系建设有待进一步完善。二是政府工作人员的法治思维和依法行政能力还不够，依法决策、科学决策的水平还有待进一步提高。三是行政执法监督体系建设不完善，信息化建设程度不高，行政执法水平有待进一步提高，有法不依、执法不严、违法执法等现象仍客观存在。四是行政执法责任制仍需进一步深入落实，执法质量有待进一步提高。有些单位在执法过程中仍存重实体、轻程序现象，规范性文件重制定、轻管理，涉诉事务重应急、轻防范等问题。五是全社会尊法、学法、守法、用法的氛围还不够浓厚，法治宣传教育的针对性、实效性还有待进一步提高。

其实，政治和法治环境方面存在的问题还可以参考历年的政府工作报告。例如，2016 年至 2020 年海南省政府工作报告提及的干部作风、能力水平、体制机制方面存在的问题如表 3-1 所示。

表 3-1　2016 年至 2020 年海南省政府工作报告提及的干部作风、
能力水平、体制机制方面存在的问题

报告年份	存在问题
2016 年	有些干部思想还不够解放，开放意识、担当意识、责任意识不强，不作为、乱作为、不善为、"庸懒散奢贪"等现象仍不同程度存在。整体上来讲，无论是发展水平、开放水平，还是社会文明程度、政府治理能力，都与中央对海南的发展要求，与全省人民对美好生活的期待有不少差距
2017 年	一些干部作风不实、不正、不廉，部分公务人员的知识储备、发展能力、责任意识、担当精神不能适应当前新的形势和要求
2018 年	城乡区域发展不够协调，城乡管理水平还比较低。一些部门服务意识不强，懒政庸政怠政现象依然存在，个别地方和领域消极腐败问题还时有发生
2019 年	干部知识结构、能力水平与自贸试验区和自贸港建设要求还不适应，政府服务意识和服务能力还有待提高。减轻基层负担、鼓励干部担当的措施不多，门不难进了，脸不难看了，但事依然难办，营商环境有待进一步改善

续表

报告年份	存在问题
2020 年	畏难情绪在一些地区和部门时有表现。优化营商环境新举措落实得不够好，市场主体和群众的直观感受还达不到政策设计预期。形式主义、官僚主义现象仍然存在，基层负担仍然较重，腐败问题仍然高发多发

资料来源：根据 2016 年至 2020 年海南省政府工作报告整理而成。

七、海南的经济发展环境

（一）海南经济发展总量和三次产业情况

海南省 2015 年至 2019 年地区生产总值（GDP）的三次产业的情况如下表 3-2 所示。

表 3-2 2015 年至 2019 年海南省地区生产总值（GDP）和三次产业情况简表

单位：亿元

年份	GDP	第一产业	第二产业	第三产业	三次产业的比例
2015 年	3734.19	835.35	882.85	2015.99	22.4：23.6：54
2016 年	4090.20	924.74	903.95	2261.51	22.6：22.1：53
2017 年	4497.54	962.84	996.35	2538.35	21.4：22.2：56.4
2018 年	4910.69	985.96	1053.14	2871.59	20.1：21.4：58.5
2019 年	5330.84	1079.01	1083.75	3168.08	20.2：20.3：59.5

数据来源：根据海南省历年统计年鉴整理而成。

2015 年全国 GDP 现价总量为 689 052 亿元，三次产业的产值分别为 60 862 亿元、282 040 亿元和 346 150 亿元，比例为 8.8：41：50.2。从绝对数值来看，2015 年海南省 GDP 占全国 GDP 的比例为 0.5%。三次产业的比例中，海南省第一产业的比例过高，第一产业的比例是全国的 2.5 倍；第二产业的比例过低，仅占到全国平均水平的 57.7%；第三产业的比例（54%）略高于全国平均水平（50.2%），基本持平。

2019 年，全国 GDP 现价总量为 986 515 亿元，2019 年比 2015 年增长了 43%。三次产业的产值分别为 70 474 亿元、380 671 亿元和 535 371 亿元，比例为 7.1：38.6：54.3。从绝对数值来看，2019 年海南省 GDP 占全国 GDP 的比例仍为 0.5%。三次产业的比例中，海南省第一产业的比例是全国 2.8 倍，比 2015

年的比例还高；第二产业的比例占到全国平均水平的52.9%，与2015年的比例基本持平；第三产业的比例（59.5%）高于全国平均水平（54.3%）5.2个百分点。

从经济总量来分析，海南的经济总量占全国的比例较小，并且从2015年到2019年基本没有变化。海南的第一产业所占比例过高，第二和第三产业的比例与全国的比例基本保持一致。因此，成立自贸港之时，海南经济基础从总体来看相对薄弱。

关于经济发展方面存在的问题还可以参考历年的政府工作报告，2016年至2020年海南省政府工作报告提及的经济发展、产业结构等方面存在的问题如表3-3所示。

表3-3　2016年至2020年海南省政府工作报告提及的经济发展、
产业结构等方面存在的问题

报告年份	存在的问题
2016年	产业结构不尽合理，城乡之间、区域之间尚未形成协调发展的格局；生产要素成本高、人才不足等瓶颈制约日益凸显；一些民生问题还没有根本解决，物价水平较高，城乡居民收入较低。整体上来讲，无论是发展水平、开放水平，还是社会文明程度、政府治理能力，都与中央对海南的发展要求，与全省人民对美好生活的期待有不少差距
2017年	经济基础仍然薄弱，长期积累的结构性矛盾还比较突出，产业结构优化任重道远，发展质量和效益有待进一步提升，新的增长动能仍处于培育壮大阶段；国际旅游岛国际化水平不高，发展的软硬环境有待进一步优化，对外开放及社会文明程度与国际旅游岛的定位还有较大差距；一些领域运行存在风险、区域发展不平衡的问题仍然较为突出，财政增收、城乡居民增收难度加大
2018年	发展不平衡不充分的问题突出，经济发展基础还比较薄弱，结构调整任重道远；经济特区体制机制优势还没有充分发挥，对外开放程度和国际化水平仍不高；创新创业的体制机制、营商环境还不够完善
2019年	一是经济结构不够合理，经济外向度低，创新驱动不够，新动能培育壮大任务艰巨，支持和帮助企业的力度和举措不够。二是在加强房地产调控、严格依法依规管理土地、不断提高生态环保和亩均产出要求、固定资产投资高位运行的情况下，如何保持投资可持续增长，所下功夫还不够。三是农业农村基础依然薄弱，农民增收缺乏持久动力

续表

报告年份	存在的问题
2020 年	一是宏观调控和发展转型造成的经济下行压力还没有释放完毕，一些经济指标未达年度预期；二是转型发展的信心和决心还没有普遍树立，畏难情绪在一些地区和部门时有表现，根除房地产依赖症还需久久为功；三是优化营商环境新举措落实得不够好，市场主体和群众的直观感受还达不到政策设计预期，中小微企业和民营企业经营成本高、融资难融资贵问题依然突出

资料来源：根据 2016 年至 2020 年海南省政府工作报告整理而成。

(二) 海南主要产业发展情况

1. 旅游业。如前文所述，海南独特的海岸线和海岛、山岳和热带原始森林、珍禽异兽、大河水库、火山温泉、名胜古迹、民族风情、革命纪念地、水果和田园风光等为旅游业的发展奠定了坚实的基础。从 2010 年开始，国家在海南实施国际旅游岛政策，提出将海南建设成"世界一流的海岛休闲度假旅游目的地"的发展目标。在国际旅游岛政策推动下，海南旅游业得到较快发展。2015 年至 2019 年海南省旅游业发展情况如表 3-4 所示。

表 3-4 　2015 年至 2019 年海南省旅游业发展情况表 　　　　单位：亿元

年　份	旅游业产值	占 GDP 比例（%）	增长率（%）
2015 年	572.49	15.33%	13.02%
2016 年	672.10	16.43%	17.41%
2017 年	811.99	18.05%	20.81%
2018 年	950.16	19.34%	17.01%
2019 年	1057.80	19.84%	11.32%

数据来源：根据海南省历年统计年鉴整理而成。

从 2015 年至 2019 年海南省旅游业的发展情况分析，旅游业显示出强劲的发展势头，2019 年旅游业产值为 2015 年的 1.8 倍，每年都能保持两位数的增长，堪称海南的主导产业。

有研究者指出，2016 年海南省实现旅游业增加值 310 亿元，占全省 GDP 的 7.7%，同比增长 10.9%，对 12 个重点产业总体增长的贡献率为 11.4%。精心打造了十大旅游产品体系，包括海洋旅游产品、康养旅游产品、文体旅游产品、会展旅游产品、乡村旅游产品、森林生态旅游产品、城镇旅游产品、购物旅游产品、专项旅游产品、特色旅游产品。①

2015 年全国实现旅游业总收入 4.13 万亿元，同比增长 11%。全年全国旅游业对 GDP 的直接贡献为 3.32 万亿元，占 GDP 总量比重为 4.9%；综合贡献为 7.34 万亿元，占 GDP 总量的 10.8%。从绝对值上进行比较，2015 年海南省旅游业产值占全国旅游业总收入的比例为 1.3%，海南省旅游业的增长率比全国高两个百分点，占 GDP 的比例也比全国平均水平高出很多。这显示出海南旅游业的较快发展趋势。

2019 年全国旅游及相关产业增加值达到 44 989 亿元，占国内生产总值（GDP）的比重为 4.56%，较上年提高 0.05 个百分点。而 2019 年海南省旅游业产值占全国旅游业增加值的比例为 2.3%，比 2015 年增加一个百分点，取得明显进步。

2. 高新技术产业。在《国务院关于推进海南国际旅游岛建设发展的若干意见》（国发〔2009〕44 号）中，也同时提出"鼓励发展高新技术产业"，主要包括加快建设海南生态软件园和三亚创意产业园，鼓励和吸引国内外知名信息技术企业向园区集聚，根据国家软件产业发展规划和产业基地建设总体布局，积极支持海南发展软件和信息服务业，逐步形成软件产业基地。加快海口药谷建设，增强南药、黎药、海洋药物的自主研发能力。发挥资源优势，积极培育发展新能源、新材料产业。加强自主创新体系建设，实施技术攻关，努力在优势特色产业领域形成一批具有自主知识产权的核心技术和知名品牌。

已有研究成果显示，到 2015 年年底，海南省高新技术企业总数为 169 家，其中 17 家为上市公司，实现营业收入 383.3 亿元，比上年增加 12.2%；实现工业总产值 367.9 亿元，比上年增长 15.0%；出口创汇总额为 4.1 亿美元，比上年有所下降；科技活动经费支出达 17.7 亿元，比上年增加 9.9%。2015 年全省高新技术企业采购经理指数（PMI）为 53.3%，从全年指数走势来看，其对于经济发展的敏感性和弹性都优于传统工业。2016 年新增 32 家高新技术企业，总数达到 201 家，实现营业收入 409.9 亿元，比上年增加 6.9%。高新技术企业的主营业务收入和总产值前期增长较大，后期增速逐渐放缓，原因是高新技术企业受到省内外错综复杂的经济环境的影响，但是综合来看，高新技术企业发展态势相对平稳，并处于稳定的上升期。②

---

① 胡国柳. 海南省经济发展报告 2017 ［M］. 海口：海南出版社，2018：53-56.
② 胡国柳. 海南省经济发展报告 2017 ［M］. 海口：海南出版社，2018：143.

由于 2019 年之前的海南省统计年鉴并没有专门统计海南省高新技术产业的产值或增加值，本书暂且使用可获得的"互联网产业增加值"进行替代。从 2015 年到 2019 年，海南省互联网产业增加值从 103.31 亿元增加至 238.6 亿元，增加了 2.3 倍；占 GDP 的比例从 2.8%增长到 4.5%，增加了 1.6 倍。虽然增长率在 2019 年出现下降的现象，但每年仍然保持了两位数的增长，显示了强劲增长的势头。如表 3-5 所示。

表 3-5   2015 年至 2019 年海南省互联网产业发展情况表   单位：亿元

年　份	互联网产业增加值	占 GDP 比例（%）	增长率（%）
2015 年	103.31	2.8	28.8
2016 年	142.79	3.5	28
2017 年	179.55	4.0	25.4
2018 年	202.80	4.1	27.4
2019 年	238.60	4.5	18.1

数据来源：根据海南省历年统计年鉴整理而成。由于统计年鉴没有专门统计高新技术产业产值，本表暂以互联网产业产值为例进行说明。

从三次产业发展情况来看，2019 年海南省第二产业增加值占全国第二产业增加值的比例为 0.28%。

3. 现代服务业。早在 2009 年 12 月 31 日国务院发布的《国务院关于推进海南国际旅游岛建设发展的若干意见》中，就强调提出"积极发展服务型经济、开放型经济、生态型经济，形成以旅游业为龙头、现代服务业为主导的特色经济结构"，"国发〔2009〕44 号"文将现代服务业和旅游业并列作为海南的主导产业。不过当时的提法有点局限性，将"现代服务业"局限在"与旅游相关的现代服务业"，主要包括文化体育及会展产业、现代物流业、房地产业、金融保险业。特别是在"加快发展金融保险业"这部分，提出"鼓励金融机构调整和优化网点布局，完善服务设施；推动开展跨境贸易人民币结算试点，改善结算环境；完善外汇支付环境，开展居民个人本外币兑换特许业务试点；推动建设农村商业银行等地方性金融机构；支持符合条件的旅游企业上市融资；鼓励保险机构创新旅游保险产品；探索开展离岸金融业务试点"等超前发展思路。

由于 2019 年之前的海南省统计年鉴并没有专门统计海南省现代服务业的产值或增加值，本书暂且使用可获得的"金融业增加值"进行替代。如表 3-6 所示。

表 3-6　2015 年至 2019 年海南省金融业发展情况表　　单位：亿元

年　份	金融业增加值	占 GDP 比例（%）	增长率（%）
2015 年	242.82	6.6	17.3
2016 年	281.90	7.0	15.7
2017 年	308.94	6.9	10.1
2018 年	309.09	7.7	0.8
2019 年	392.23	7.4	1.6

数据来源：根据海南省历年统计年鉴整理而成。由于统计年鉴没有专门统计现代服务业产值，本表暂以金融业产值为例进行说明。

从 2015 年到 2019 年，海南金融业增加值从 242.82 亿元增加至 392.23 亿元，增加近 62%；占 GDP 的比例从 6.6% 增长到 7.4%，增加了 12%。增长率呈现出逐年下降的情况，从 2015 年的增长 17.3% 下降到 2018 年的 0.8%，2019 年仅有 1.6% 的增长率。具体如上表 3-6 所示。

总体来看，海南金融业的总量偏小，占地区生产总值的比例小并且增长速度不稳定。

根据《海南省金融业"十四五"发展规划》（琼府办〔2021〕62 号），2020 年全省金融业实现增加值 397.91 亿元，增加值占全省 GDP 的 7.19%，较 2015 年（"十二五"末期）增长 61.09%。2020 年全省金融业税收收入 60.73 亿元，占全省税收总收入的 5.77%。2020 年年末，全省金融机构本外币存款余额和贷款余额分别为 10312.45 亿元和 9981.72 亿元，分别较 2015 年年底增长 35.03% 和 50.09%。

存在的问题表现在：一是金融业总体规模偏小。金融市场主体数量和业务规模明显不足，信托和消费金融等领域尚未设立市场主体，社会融资规模位于全国较后地位，金融业短板亟待弥补。二是金融市场结构不均衡。以银行等金融机构传统存贷款业务为主，金融机构和业务类型传统单一，间接融资占据主导地位，缺乏新型金融产品和业务支撑。证券市场等直接融资比重小，资本市场发育程度滞后。会计师事务所、律所以及评估机构等金融中介服务机构的数量不足，金融要素市场和基础设施建设不够完善。三是金融创新能力不足。目前海南省的许多金融机构都属于分支机构，而非独立法人机构，因此它们的自主经营权限相对较为有限。金融产品相对单一，金融资源市场化配置效率不高，吸收外资的能力不强，利用外资质量亟需提高，适应于海南自由贸易港金融体系发展需求的金融产品供给严重不足。四是金融人才匮乏。目前,我省在高水平金融科研和教育机构方面相对较为匮乏,金融人才培养基础也较为薄弱,同时吸引外来高层次金融人才的能力有所不足。与发达国家和内地经济发达省市相比,海南在金融人才发展整体水平上存在较大差距,这与海南自由贸易港金融改革发展的新要求不太匹配。

从三次产业发展情况来看,2019 年海南省第三产业增加值占全国第三产业增加值的比例为 0.59%。

4. 热带高效农业。2010 年《国务院关于推进海南国际旅游岛建设发展的若干意见》亦提出"积极发展热带现代农业,加快城乡一体化进程"。具体措施包括:大力发展热带水果、瓜菜、畜产品、水产品、花卉等现代特色农业。结合实施《全国新增 1000 亿斤粮食生产能力规划(2009—2020 年)》,统筹南繁育制种基地建设与管理,做好转基因生物安全和植物检疫性防控工作,提高南繁基地育制种生产能力,加强海南动植物保护工程建设。

从 2015 年到 2019 年,海南省热带高效农业增加值从 629.47 亿元增加至 785 亿元,增加近 25%;占 GDP 的比例从 17% 下降到 14.8%。增长率也呈现出逐年下降的情况,从 2015 年 5.1% 的增长率下降到 2019 年的 3.1% 的增长率。具体如表 3-7 所示。

表 3-7 2015 年至 2019 年海南省热带高效农业发展情况表   单位:亿元

年 份	热带高效农业增加值	占 GDP 比例(%)	增长率(%)
2015 年	629.47	17.0	5.1
2016 年	703.83	17.4	4.6
2017 年	725.19	16.3	3.7
2018 年	758.30	15.7	4.5
2019 年	785.00	14.8	3.1

数据来源:根据海南省历年统计年鉴整理而成。

从整体上看,海南热带高效农业占地区生产总值的比例较高,与旅游业所占比例相当,但增长速度有所下降,增长后劲不足。

从三次产业发展情况来看,2019 年海南省第一产业增加值占全国第一产业增加值的比例为 1.5%。

(三)海南对外贸易发展

自贸港建设属于外向型经济,实行最高标准的开放政策,因此,对外贸易,特别是服务贸易成为各界关注的焦点。本书选择2015年至2019年海南进出口总额、出口总额、进口总额、签订利用外资合同数量、签订利用外资合同金额、实际利用外资金额、国际航线数量、过境游客人次、国际旅游收入等指标进行分析，如表3-8所示。

表3-8 2015年至2019年海南对外开放主要指标一览表

	2015年	**2016年**	**2017年**	**2018年**	**2019年**
进出口总额（万元）	8 691 004	7 513 213	7 027 040	8 489 600	9 059 028
出口总额（万元）	2 324 339	1 405 123	2 956 490	2 976 700	3 437 144
进口总额（万元）	6 366 665	6 108 090	4 070 550	5 512 900	5 621 884
签订利用外资合同（个）	71	88	90	171	343
签订利用外资合同金额（万美元）	128 245	1 017 890	1 282 021	522 638	1 282 172
实际利用外资金额（万美元）	246 567	221 561	230 598	81 876	152 020
国际航线数量（条）	45	61	73	101	92
入境游客（万人次）	60.84	74.90	111.94	126.36	143.59
国际旅游收入（亿美元）	2.48	3.50	6.81	7.71	9.72

数据来源：根据海南省历年统计年鉴整理而得。

从以上数据可以得出，2019年海南省的进出口总额比2015年增加了368 024万元，增长4%。2019年签订利用外资合同金额比2015年增加了近10倍，但实际利用外资金额却是减少了9.4亿美元。说明签订合同金额虽然多，但实际落地较少，并且呈逐年降低趋势。从过境游客情况看，2019年入境游客比2015年增加2.3倍，国际旅游收入增长近4倍。

从全国的情况来看，2019年全国进出口总额占GDP的比例为30%左右，而海南进出口总额占地区GDP的比例仅为17%。从总量看，2019年海南省进出口总额占全国进出口总额的比例为0.28%。

已有研究成果显示，2016年海南省进出口贸易总值为748.4049亿元。按贸易方式划分，一般贸易进出口总值为302.5564亿元，占进出口贸易总值的40.43%；加工贸易进出口总值为176.834亿元，占进出口贸易总值的23.63%；边境小额贸易占进出口贸易总值的2.19%，为16.4055亿元；其他贸易形式进出口总值252.609亿元，占进出口贸易总值的33.75%。海南省对外贸易仍以传统贸易方式为主。2016年海南省排名前十位的出口贸易伙伴国或地区分别为日本、美国、中国香港、韩国、新加坡、伊朗、澳大利亚、印度、墨西哥和马来西亚。2016 年海南省进口前十位贸易伙伴国或地区分别为美国、阿曼、法国、德国、安哥拉、沙特阿拉伯、阿联酋、阿塞拜疆、越南和韩国。海南省对外贸易发展存在的主要问题是：对外贸易总体规模小且依存度较低；传统贸易方式仍占主导地位；服务贸易规模和水平有待扩大和提高。①

八、海南社会文化环境

社会文化环境是指对公共政策产生影响的社会状况与文化状况的总和。社会文化环境包括人口规模、性别比例、受教育程度、民族构成、社会道德、社会风尚、人口素质等方面。它影响公共政策运行主要表现在两方面：一是社会文化因素决定公共政策运行的智力条件；二是社会文化环境因素影响公共政策运行的伦理、心理条件。②

还有研究者认为公共政策的社会环境指的是政府制定和实施具体政策时所面对的总体社会状况，它主要涉及人口数量和结构、民族和种族、公民组织和团体等。公共政策的文化环境是对政策制定具有深远影响的一个社会的文化状况，通常包括意识形态、政治文化及价值观等。③

根据数据的可得性，本书采用人口规模、性别比例、受教育程度、民族构成等方面对海南自贸港建设所面临的社会文化环境进行分析。

根据海南省统计局的统计年鉴，2019 年海南省常住人口 944.72 万人，其中男性占 52.12%，女性占 47.88%，城镇人口为 559.56 万人，占比 59.23%，文盲率（15 岁及以上）为 3.92%。全省在校大专及以上学生 233 198 人，在校大学生占比 2.4%。其中，博士生 562 人，硕士生 7846 人，本科生 118 741 人，专科生 88 683 人。成人本专科生 16 081 人，其他高等学历教育学生 1285 人。

2010 年海南省总人口 867.15 万人，其中汉族 724.61 万人，占比 83.56%；少数民族 142.54 万人，占比 16.44%。每十万人中拥有大专及以上文化程度的人数为 7728 人，高中和中专文化程度的人数为 14 857 人，初中文化程度的人数为 42 005 人，小学文化程度的人数为 22 589 人。文盲率（15 岁及以上）为 5.09%。

---

① 胡国柳. 海南省经济发展报告 2017 ［M］. 海口：海南出版社，2018：115-120.

② 罗红. 公共政策理论与实践 ［M］. 沈阳：沈阳出版社，2014：51.

③ 陈刚. 公共政策学 ［M］. 武汉：武汉大学出版社，2011：60+66.

第六次全国人口普查的主要数据显示，2010 全国每十万人中拥有大专及以上文化程度的为 8930 人，高中和中专文化程度为 14 032 人，初中文化程度为 38 788 人，小学文化程度的 26 779 人，文盲率（15 岁及以上）为 4.08%。

关于社会文化方面存在的问题也可以适当参考历年的政府工作报告。例如，2016 年至 2020 年海南省政府工作报告概括的社会民生方面存在的问题如表 3-9 所示。

表 3-9　2016 年至 2020 年海南省政府工作报告概括的社会民生方面存在的问题

报告年份	存在的问题
2016 年	一些民生问题还没有根本解决，物价水平较高、城乡居民收入较低。民族地区、中部生态区保护与发展的关系有待进一步统筹。整体上来讲，无论是发展水平、开放水平，还是社会文明程度、政府治理能力，都与中央对海南的发展要求，与全省人民对美好生活的期待有不少差距
2017 年	教育、卫生等社会事业的短板还不少，脱贫攻坚的任务还很重
2018 年	生态环境保护工作与国家要求、与生态省、国际旅游岛定位和人民群众期盼相比仍有差距；社会民生事业还比较滞后，相对于比较高的物价，居民收入还比较低；人才总量、结构有待提升
2019 年	教育卫生等社会事业历史欠账较多，短板尚未补齐，城乡差距依然较大。城乡居民收入相对较低，而物价水平相对较高，人民群众的获得感有待提高
2020 年	生态环境整治中既有打击"两违"不坚决的问题，也有不顾实际一关了之、一退了之的情况，工作质量有待进一步提升；民生事业仍有不少短板，群众对物价较高问题意见较大，在求学、就医等方面还有许多困难

资料来源：根据 2016 年至 2020 年海南省政府工作报告整理而成。

九、海南科学技术发展环境

根据海南省 2019 年全省科技工作会议情况报道，2018 年海南省科技厅主要开展了十个方面的工作：一是深化"陆海空"科技领域创新；二是深化体制机制改革；三是深化技术攻关；四是深化平台建设；五是深化高企培育；六是深化科技下乡精神扶贫；七是深化民生科技研发应用；八是深化科技合作交流；九是深化引才引智；十是深化党风廉政建设。

取得的成绩包括：（1）省财政科技投入持续增长，五大科技计划专项达到 5.7 亿元，比 2017 年预算增长 29.7%。2018 年，省级重大科技计划安排资金 1.5 亿元，涵盖海洋资源、热带特色高效农业、电子信息、低碳制造、人口与健康等领域，共支持了 12 个项目，延续支持 2016 年和 2017 年立项项目；海南省重点研发计划安排资金 1 亿元，在高新技术、现代农业、社会发展、科技合作、软科学研究五个方向立项支持 235 个项目，延续支持 2017 年科技合作方向 19 个项目；省自然科学基金安排项目 350 个，其中面上项目 180 个，青年基金项目 149 个，创新团队项目 21 个，安排经费共 3000 万元。（2）2018 年认定并通过国家备案高新技术企业 174 家，全省高新技术企业数量达 381 家，较上年增长41.6%。高企营业收入预计为 618.7 亿元，比上年增长 33.3%。认定省高新技术产品 120 项。开展科技型中小企业评价工作，入库企业达到 284 家。（3）知识产权工作取得较好发展。全省专利申请量为 6451 件，授权量达到 3292 件，同比分别增长 46.05% 和 57.97%，增幅位列全国前茅。知识产权证券化工作取得重大突破，全国首单知识产权资产支持证券在上交所成功发行，该项工作被列入海南省自贸区建设首批八个制度创新案例之中。钟春燕同志获得海南省首个中国专利银奖。

存在的不足：研发投入在低水平徘徊；科技管理体制机制改革创新有待加强；科技管理能力水平有待提高。①

根据海南省统计局的统计数据显示，2019 年全省 R&D 人员全时当量（人年）为 8903，R&D 经费支出 29.91 亿元，R&D 经费支出占地区生产总值比例为0.56%。发表科技论文 8137 篇，出版科技著作 383 种，专利申请受理 9302 件（其中发明专利 2183 件），获得专利申请授权 4423 件（其中发明专利授权数为530 件）。

第二节　中国特色自由贸易港政策需求分析

从经济学的定义出发，需求是指消费者在一定价格条件下购买商品或服务的欲望和能力，供给是厂商在一定价格条件下提供产品或服务的意愿和能力。在市场经济中，有需求就有供给，需求和供给是相互依存的概念。

---

① 符小霞 . 2019 年海南省科技工作会议召开 ［EB/OL］. 人民数字联播网，2019-02-26.

一、政策需求概述

有研究者认为，政策需求通常指的是政策服务对象的需求，主要是建立在对人的利益偏好和制度收益的精确计算的基础上，是人们进行政策选择以致发生政策变迁的最根本动因。只有政策收益超过其成本，也就是政策具有净收益时，人们才会形成对政策的需求，且净收益越大，人们的政策需求就越强烈；反之政策收益为零或是为负就没有政策需求。而且，经济社会是由不同的社会利益群体所构成的，由于不同的群体之间存在利益矛盾，所以不同的经济利益社会群体也有不同的社会制度需求，即使同一社会制度中各群体的需要程度也有不同。因此，政策需求实际上是社会利益需求的产物，它也代表着经济社会中大多数成员的利益需求。同样，政策变迁通常是先有政策需求，之后才会有政策供给，而政策供给也是实现政策行为相关人利益需求的必然过程。①

迟福林认为，海南自由贸易港建设，要以服务业市场全面开放、服务贸易创新发展为主导，实施全球最高开放标准的市场准入政策与贸易自由化、便利化政策，并及时将政策用法律法规形式固定下来。建设中国特色自由贸易港的政策需求包括：（1）服务业市场全面开放的政策需求；（2）服务业市场全面开放的财税政策需求；（3）服务贸易自由化、便利化的政策需求。②

从市场的角度看，产业政策类似于一个市场，只要是市场就存在供方与需方，因此产业政策也包括供给与需求。产业政策的需求是根据产业实际发展情况，在不同的产业生命周期和不同的经济发展阶段做到有的放矢地推动产业发展。③

还有研究者认为，供给面政策工具是指政府直接提供人力、资金、技术、公共服务、社会保障等支持，满足建设海南自贸区的基础性条件。简言之，政府通过供给面政策工具的应用，扮演自贸区建设的政策"供给者"，直接推动自贸区的建设进程。需求面政策工具主要通过政府采购、服务外包、市场管制、

---

① 姜敏桢. 上海老字号重振的政策扶持研究：基于政策供需匹配视角 [D]. 上海：华东政法大学，2022：19.

② 迟福林. 策论海南自由贸易港 [M]. 海口：海南出版社，2020：20-28.

③ 彭优. 中国物流产业政策供给效应研究：基于2001—2018年政策文本挖掘的实证 [D]. 南京：南京航空航天大学，2020.

价格补贴等方式不断扩大市场需求，进而推动海南自贸区的发展。①

对中国特色自由贸易港政策需求的研究虽然还在继续，但根据 2022 年 4 月 26 日在中国共产党海南省第八次代表大会上提出的"一本三基四梁八柱"战略框架，政策目标主要集中在"全面深化改革开放试验区、国家生态文明试验区、国际旅游消费中心、国家重大战略服务保障区"这四方面，也即"四梁"。本书拟作以下安排：国际旅游消费中心建设主要涉及旅游业的发展，本书放在"主导产业发展对政策的需求"这部分进行探讨，其他对政策需求的分析主要集中在一流营商环境建设、深化改革开放、生态文明建设和南海战略保障这几方面，与"四梁"基本保持一致。

二、主导产业发展对政策的需求

主导产业发展涉及产业结构、产业政策的诸多问题，包括主导产业的选择、培育等。合理安排各种产业，规划和安排产业发展的顺序，实施产业结构的高级化进程，是产业结构政策的主要内容。

产业结构政策包括主导产业的选择、幼小产业的扶持、动态比较优势培育和发挥大国综合优势。②

1. 主导产业的选择政策

主导产业是指对一国产业结构系统的未来发展具有决定性引导作用的产业。③ 主导产业的特征包括：

（1）主导产业具有较强的关联效应。主导产业对一个产业结构系统的引导功能是通过带动作用实现的，如果一个产业具有关联效应或扩散效应，它有可能促进其他相关产业的发展，从而引导整个产业结构朝着特定的发展方向前进。

（2）主导产业能够创造新的市场需求。产业结构的升级与发展，总是伴随着结构总量的扩张，因此一个主导产业只有创造出新的市场需求，才能满足结构总量扩张的要求。

---

① 李宜钊，叶熙．海南自由贸易试验区政策发展评价：基于 151 件政策文本的量化分析 [J]．海南大学学报（人文社会科学版），2020，38（1）：49．

② 干春晖．产业经济学：教程与案例 [M]．2 版．北京：机械工业出版社，2019：214-218．

③ 龚仰军．产业结构研究 [M]．上海：上海财经大学出版社，2002：139．

（3）主导产业能够迅速吸收先进的科学技术成果，从而实现较高的生产效率和创造更多的附加值。主导产业作为产业结构升级的"领头羊"，必然要求其能够迅速吸收先进的科学技术成果，以提升自身的产业技术水平。

2. 主导产业与支柱产业的联系和区别

与主导产业联系比较紧密的还有支柱产业这一概念。支柱产业是指在国民经济中所占比重较大，具有稳定而广泛的资源和产品市场的产业。支柱产业是一个国家或地区产业体系的主体，提供大部分的国民收入，对国民生产总值的增长和整个国民经济的发展都具有重要作用。支柱产业由于在发展过程中往往表现出主导产业的某些特征，经常会被人们与主导产业混为一谈。事实上，两者既有相通之处，也有着本质的区别。

首先，支柱产业和主导产业同属于国民经济产业结构体系中占据战略地位的产业。其次，和主导产业一样，支柱产业也具有序列更替性。支柱产业并非一成不变的，随着经济的发展，产业结构会持续变化和升级，除了一些资源禀赋型的基础产业，构成支柱产业的行业也随之发生变化。最后，动态地看，主导产业可能会发展成为支柱产业。由于主导产业具有高增长率的特征，其增长率一般远超过国民经济平均增长率。经过一段时间的发展，主导产业有可能成长为支柱产业，进而支撑当地经济的持续发展。在某些特定条件下，一些国家或地区的主导产业成为了其支柱产业。

主导产业与支柱产业的区别。首先，支柱产业和主导产业在国民经济中的重要性体现方式有所不同。支柱产业之所以成为支柱，是因为它在国民经济中占据了较大的比例，对整个国民经济有举足轻重的影响。而主导产业的重要地位则体现在其对其他产业的关联和带动作用，这是二者最根本的区别。其次，主导产业的高增长率特征只是说明它有成长为支柱产业的潜力，但并不意味着所有主导产业最终都会成为支柱产业。发展主导产业的目的在于发挥其关联带动作用，确实重要的是其能否有效地促进相关产业的发展。因此，并不必然要求主导产业在国民经济中的比重非常高。最后，部分支柱产业是由主导产业逐步发展而来的，但并不是所有支柱产业最初都是主导产业。支柱产业的确立需要考虑其长期稳定性、对经济的基础性支持以及对就业、创新等方面的贡献。因此，支柱产业的形成不仅仅取决于产业的初期发展阶段，更关键的是其在整体经济中的战略地位和持续的竞争力。

3. 主导产业的演变顺序

有研究者指出，主导产业的变换具有阶段性，主导产业的更替顺序依次为农业—轻纺工业—重化工业—现代服务业等高技术产业的阶段交替。这种演替顺序是随着社会发展和产业技术进步而产生的。①

还有研究者认为，国际主导产业演进的历史可概括为四个阶段：第一次产业革命以纺织工业为主导产业；第二次产业革命以钢铁工业为主导产业；第三次产业革命以高技术产业和服务业为主导产业；第四次产业革命以知识产业为主导产业。②

有研究者指出，香港以转口贸易为起点，形成特色支持产业。新加坡以加工贸易为主导，形成以制造业、贸易、金融、旅游为主导的经济发展模式。迪拜以石油贸易起家，逐步转型为以旅游、非石油工业、房地产、贸易加工和高科技产业为主导的经济发展模式。从以上三个案例来看，自由贸易港大都以对外贸易起家，贸易形式要么是基于港口条件和税收优惠的转口贸易，要么是基于资源或制造业禀赋的加工贸易。自由贸易区发展离不开主导产业支持。以对外贸易为纽带，不断提升国际化和开放水平，带动金融、旅游等高端服务业发展，这是多数成功自由贸易区的经济发展模式。③

无论是《中共中央 国务院关于支持海南全面深化改革开放的指导意见》，还是《海南自由贸易港建设总体方案》，都明确指出以旅游业、现代服务业和高新技术产业作为海南自贸港的主导产业。从前文政策环境部分对海南主导产业发展情况分析来看，旅游业和热带高效农业虽然占 GDP 的比重较大，但表现为"大而不强"。现代服务业中的金融业存在体量小、结构不合理、创新能力差和人才培养基础薄弱等突出问题。

有研究者对海南的主导产业进行了分析，认为旅游业未形成完整的产业链，但旅游资源由于行政区划和管理体制等原因处于分散状态，不利于旅游消费容纳空间的拓展，不利于海南旅游业的可持续发展；高新技术产业缺少科技人才、产业人才；现代服务业（如文化产业）产业布局不合理、产业发展规模小、产业融合度低、国际化程度不高、相关优惠措施落实不到位等。④

从上述海南产业发展情况对政策需求的分析可知，在产业发展基础薄弱、产业结构不合理、人才缺乏的情况下，如果没有精准的主导产业政策，海南自

① 陈晓涛. 产业演进论［D］. 成都：四川大学，2007.
② 陈婧. 中国主导产业演进规律与发展战略研究［D］. 太原：山西大学，2013.
③ 迟福林. 策论海南自由贸易港［M］. 海口：海南出版社，2020：71.
④ 王惠平. 构建新发展格局与中国特色自贸港（自贸区）建设［M］. 海口：海南出版社，2022：132.

贸港的主导产业很难顺其自然地发展到中央所预期的目标。

三、一流营商环境建设对政策的需求

根据万博新经济研究院的排名，2018 年海南省营商环境在全国的排名为第 21 名，得分 39.93 分。排名前三的省市分别是上海市、北京市和江苏省，得分为 81.81、81.61 和 79.88。海南的硬环境排名为第 11 名（54.83 分），软环境排名为第 26 名（29.88 分）。①

虽然自 2018 年至 2022 年海南连续三次发布优化营商环境的"行动计划"或"行动方案"，并在 2021 年 9 月通过海南省人大常委会进行营商环境方面的地方立法，2022 年 12 月在全国设立首家"营商环境建设厅"，自贸港设立以来海南的营商环境取得较大进步，但根据全国工商联发布的 2023 年全国各省市营商环境的排名，排名前十名的分别为北京、上海、江苏、浙江、安徽、福建、山东、湖北、湖南、广东等，② 海南并没有进入其中。

根据目前海南营商环境建设状况和《海南自由贸易港建设总体方案》要求（即 2025 年海南自贸港的营商环境要达到国内一流，2035 年达到国际一流）来看，如果没有强有力的政策推动是很难实现的。

四、全面深化改革开放对政策的需求

《海南自由贸易港建设总体方案》提出很多深化改革开放的要求，主要包括政府机构改革、金融改革开放和财税制度改革等方面。

1. 深化政府机构改革。进一步推动海南大部门制改革，整合分散在各部门相近或相似的功能职责，推动职能相近部门合并；控制行政综合类公务员比例，行政人员编制向监管部门倾斜，推行市场化的专业人员聘任制；推动政府职能转变；强化监管立法和执法，加强社会信用体系应用，深化"双随机、一公开"的市场监管体制，坚持对新兴业态实行包容审慎监管。

2. 加快金融业对内对外开放。培育、提升海南金融机构服务对外开放能力，支持金融业对外开放政策在海南自由贸易港率先实施；支持符合条件的境外证券基金期货经营机构在海南自由贸易港设立独资或合资金融机构；支持金融机

---

① 2018 年中国各省份营商环境大盘点：硬环境差距缩小，软环境差距扩大 ［EB/OL］. 搜狐网，2018-12-24.

② 全国前十，榜单公布！［EB/OL］. 澎湃新闻，2023-12-29.

构立足海南旅游业、现代服务业、高新技术产业等重点产业发展需要，创新金融产品，提升服务质效；依托海南自由贸易港建设，推动发展相关的场外衍生品业务；支持海南在优化升级现有交易场所的前提下，推进产权交易场所建设，研究允许非居民按照规定参与交易和进行资金结算。

3. 进一步推进财税制度改革。对注册在海南自由贸易港并实质性运营的企业（负面清单行业除外），减按 15% 征收企业所得税；对一个纳税年度内在海南自由贸易港累计居住满 183 天的个人，其取得来源于海南自由贸易港范围内的综合所得和经营所得，按照 3%、10%、15% 三档超额累进税率征收个人所得税；扩大海南地方税收管理权限；企业所得税、个人所得税作为中央与地方共享收入，销售税及其他国内税种收入作为地方收入。

以上政府机构改革、金融改革开放和财税制度改革等深化改革开放方面也需要具体政策的支持。

五、生态文明建设对政策的需求

如前文所述，海南拥有丰富独特的热带自然生态资源，空气、水质优良，这些宝贵的自然生态环境为发展旅游业、高新技术产业、热带高效农业、现代服务业等主导产业提供了优越的物质基础，也为中国特色自由贸易港政策提供了必要的政策环境。

2022 年 4 月，习近平总书记在海南考察时指出，"要深入推进农业供给侧结构性改革，加强农业全产业链建设，严守生态保护红线、永久基本农田、城镇开发边界三条控制线。要推进城乡及垦区一体化协调发展，加快推进国家南繁科研育种基地建设，完善天然橡胶产业扶持政策。要深入打好污染防治攻坚战，落实最严格的围填海管控和岸线开发管控措施。要扎实推进国家生态文明试验区建设。热带雨林国家公园是国宝，是水库、粮库、钱库，更是碳库，要充分认识其对国家的战略意义，努力结出累累硕果"[①]。

不可否认的是，海南在进行经济发展的进程中，由于主客观等各方面原因，也造成一定程度的对生态环境的破坏。自 2017 年开始，中央生态环境保护督察组对海南省进行了三轮环保督察，每次督察都提出了一些整改意见。

2024 年 1 月 30 日，二十届中央生态环境保护督察工作领导小组第 2 次会议

---

① 解放思想开拓创新团结奋斗攻坚克难 加快建设具有世界影响力的中国特色自由贸易港［N］. 人民日报，2022-04-14（1）.

审议通过了对海南第三轮生态环境保护督察报告。随后，督查组经党中央、国务院批准，于 2024 年 2 月 26 日向海南省委、省政府进行反馈。督察认为，海南省坚持以习近平生态文明思想为根本遵循，积极推进国家生态文明试验区建设，打好污染防治攻坚战，工作力度较大，取得较大成效。

督察指出，海南省生态文明建设和生态环境保护取得了较大成效，但对标习近平生态文明思想，与习近平总书记对海南的殷切期望和人民群众的美好期待相比，仍有薄弱环节。

一是与践行习近平生态文明思想有差距。一些地方和部门在践行习近平生态文明思想方面存在明显差距。在海防林保护方面，存在多方面问题。总体规划不完善，管理方式粗放，导致海防林的底数不清、管理效果不佳。例如，万宁市违规调整规划，使得高尔夫球场违规占用海防林行为合法化，并为继续占用海防林提供便利。文昌、琼海、陵水等地也存在类似的违规侵占海防林问题。另外，乐东黎族自治县佛罗林场的木麻黄自 2023 年以来陆续枯死，涉及面积达 884.9 亩，平均枯死率高达 39.6%，其中海防林占 238 亩，这显示出对生态环境的不良影响。

发展与保护协同推进不力。2021 年编制的《海南省海上风电场工程规划》未依法进行环境规划评估，未对白海豚等生态敏感区域进行合理性选址分析，这显露出规划过程中生态保护考量的不足。

部分督察整改不彻底。例如，琼海市未能完成海防林内违规海水养殖的清退工作，修编养殖水域滩涂规划时未合理处理已被养殖侵占的海防林禁养区问题。此外，儋州市个别橡胶企业排放废气废水扰民问题和东方市阳光海岸旁排水沟黑臭等环境问题仍未得到有效解决，督察组抽查的污水处理设施也存在运行不正常的情况。

二是国家生态文明试验区建设部分领域问题突出。海南热带雨林国家公园内存在严重的生态破坏行为。例如，五指山市花舞人间旅游投资公司在国家公园内违法开垦公益林地种植经济作物，尤其是咖啡等，相关部门对此行为的处理显得矛盾和不力，一方面下发责令停止违法行为通知书，另一方面却认定该行为不违法，导致违法行为持续存在。东方市东河镇俄贤村的更新造林项目也存在大量套种高秆作物（如香蕉），导致林木破坏面积达到约 120 亩。此外，琼中县的什运宏兴石料场在国家公园内非法进行开山采石活动，并多次违规实施爆破，长期未能按要求进行边开采边治理。自然公园的管护工作存在严重不到位的情况。屯昌县在木色湖风景名胜区规划修编过程中存在弄虚作假的行为，公示和专家评审后擅自对规划分区进行重大调整，甚至未经合理程序调整规划核心内容，导致核心景区被降级、违规建筑被瞒报。同时，三亚热带海滨风景名胜区以及海口市的美舍河、五源河等湿地公园内存在违规建设和经营行为，严重影响了自然公园的生态保护和管理效果。城镇生活污水处理设施建设滞后。低集中收集率：2022年全省城市生活污水集中收集率仅为55.9%，明显低于全国平均水平14个百分点。

建筑垃圾治理问题突出。省级及9个市县未按要求出台建筑垃圾专项规划，导致治理工作推进滞后，建筑垃圾乱堆乱埋现象普遍存在。2023年间，海口市偷倒和乱堆建筑垃圾的问题尤为突出，共发现1275宗违法行为，填埋总量达54万立方米。

三是海洋生态和海岸带保护不力。红树林保护工作仍未到位，相关部门未及时制定红树林资源保护发展规划，监督执法存在缺位问题。

自然岸线破坏时有发生。乐东黎族自治县渔业加工区及其配套码头项目违规增加非透水构筑物，影响了海洋水动力，加剧了大角湾岸线的蚀退速率。临高县个别企业违规占用岸线问题较为突出。在砂质岸线问题上，琼海市应整治的24个排水口仅完成了11个，37处养殖用水管道的整治进度也未达预期目标。

四是一些突出生态环境问题亟待解决。其中，天然橡胶初加工企业的管理和污染防治水平较低，存在工艺简单、管理粗放的情况。对13家企业进行抽查后发现，其中11家存在不同程度的环境污染问题，这些问题的存在严重影响了地方的环境质量和生态健康。

矿山开采遗留生态环境问题突出。尽管省级部门多次部署历史遗留矿山的修复治理工作，但推进缓慢，原定于2020年完成修复的152个矿山中，仍有12个未完成、100个未验收。

报废机动车非法回收拆解污染严重。全省只有一家企业具备报废机动车回收拆解资质，这导致回收拆解能力严重短缺。

督察要求，海南省要坚决贯彻落实习近平生态文明思想，牢固树立"绿水青山就是金山银山"理念，守护好"青山绿水、碧海蓝天"。全面推进国家生态文明试验区建设，海南应加强对热带雨林国家公园的保护工作。在支持自由贸易港建设的同时，必须坚守生态环境保护的底线，加快推进城镇污水管网和"无废城市"建设进程。同时，要加强陆海统筹，保护海防林、红树林、珊瑚礁和海草床等关键生态系统。在以人民为中心的原则下，务必切实解决人民群众反映强烈的生态环境问题。对于存在失职失责问题的部门，需要责成进一步深入调查，明确责任，并严格、精准、有效地进行问责。对需要开展生态环境损害赔偿或需要提起公益诉讼的，按有关规定办理。①

从中央环保督察组第三轮督察报告来看，海南自贸港生态文明建设仍然存在薄弱环节，需要制定相关政策加以解决，并且很多历史遗留问题存在关联性和长期性，非一日之功能彻底解决。

六、南海战略保障对政策的需求

2022年4月，习近平总书记在海南考察时强调，建设海洋强国是实现中华民族伟大复兴的重大战略任务。推动海洋科技实现高水平自立自强的关键在于加强原创性和引领性科技攻关，特别是提升装备制造能力。通过自主研发和技术创新，我们可以在装备制造领域取得重要突破，进而利用自主研发的装备开发海洋油气资源，提高能源自给率，从而保障国家的能源安全。这一过程需要全面推动科技创新，建立健全科研体系，培养和吸引高端科技人才，确保海洋科技能够在国际竞争中占据领先地位。此外，总书记还强调，"海洋，我历来是关心的"，"现代化的国家是什么样的，不仅是一个陆地强国，也是一个海洋强国，一个陆海兼修的现代化强国"②。

有专家指出，现在提出建设海南自由贸易港，需要深刻领会中央的战略。第一，建设自由贸易港显然不只是通过提供税收优惠来吸引要素集聚，而是可能延续了自由贸易试验区的思路，即通过开放倒逼改革。第二，建设海南自由贸易港的第二个意图可能就是南海战略。海南地处南海要冲，实施南海战略离不开海南。第三，深刻认识"中国特色"的内涵。中央提出的"自由贸易港"的概念与国际上一代、二代、三代甚至四代自由贸易港的概念有差异，有些东西是可以学习的，但是很难照搬和复制。③

可见，实现建设海洋强国战略和南海战略保障也呼唤强有力的政策供给。

七、从政策供给侧进行研究的意义

政策供给是对政策需求的回应，也是满足制度相关者利益要求的过程。政

---

① 中央第三生态环境保护督察组向海南省反馈督察情况 [EB/OL]. 中华人民共和国生态环境部网站，2024-02-26.

② "探索试验蹚出来一条路子"：记习近平总书记赴海南考察调研 [EB/OL]. 新华网，2022-04-15.

③ 迟福林. 策论海南自由贸易港 [M]. 海口：海南出版社，2020：23.

策既可能是被有意识地设计出来的，也可能是随着社会的进步而逐步演化而成的，因为存在一定的政策需求才能产生有效的政策供给。政策供给是政策变迁当中的基础组成部分，如果没有政策供给，政策变迁及其更新发展都不可能顺利进行。①

有研究者认为，公共政策是政府为解决社会问题、满足社会需求而提供的公共产品，政策供给则是以解决公共问题为核心目标，提供系统的、指向基本统一的、严密设计规划而成形，并且被广泛支持和遵循的，以及能够有效解决问题的行为规范、依据和准则，政府作为政策资源的提供方，通过公共政策推进社会、经济发展，并在社会管理中起到重要作用。公共政策的供给质量事关社会整体利益、政府部门行政能力素养和社会资源整合配置问题。政策供给是针对政策需求做出的弹性反应，通过高质量的政策供给，从资源分配的源头上促进政府管理能力优化和国家治理体系现代化。有效的公共政策供给能够平衡和调控各种利益关系并提高政府的管理水平，建立起一种社会保障机制，并有效促进社会的和谐稳定发展。但由于社会问题随时代沿革产生的强动态性，财政资金、市场发展限制，以及科学技术和创新活动的客观规律制约，公共政策供给的效率通常难以实现。②

新供给经济学指出，需求侧总是在不断变化的，可以说是永无止境的，但是实实在在的创新却不可能发生在需求侧。真正能够满足需求侧创新带来的"有效供给"，一定是供给侧创新带来的"有效供给"。自由贸易港建设就是以最优的制度设计，挖掘供给潜力，提供有效制度供给，提升供给质量和效率。③

综上，本书认为着重从政策供给的角度对中国特色自由贸易港政策进行研究更有现实意义，也更符合目前国家提出的"供给侧结构性改革"和"高质量发展"这些基本政策取向。

① 姜敏桢. 上海老字号重振的政策扶持研究：基于政策供需匹配视角 [D]. 上海：华东政法大学，2022：19.
② 史雅文. 江苏省文化产业政策供给及实施效率评价研究 [D]. 南京：南京航空航天大学，2021：7.
③ 陈浩. 中国特色自由贸易港研究 [D]. 北京：中共中央党校，2019：34.

小　结

1. 中国特色自由贸易港政策环境亦应从系统论的角度出发展开研究，政策环境是影响政策制定、执行、评估、监控和终结的一切因素的总和，对政策的产生、运行和终止产生影响和作用的因素均可归于政策环境的范畴。

2. 从现有研究来看，大多数学者都赞同政策环境包括自然地理、经济、政治、社会文化和国际环境等因素。综合以上研究成果，本书结合宏观环境分析方法，即从政治、经济、社会文化、科学技术、自然生态和法律等方面对环境因素进行分析。因此，本书对中国特色自由贸易港政策环境分析将从国际环境、国内环境、海南的自然生态环境、海南的政治和法治环境、海南的经济发展环境、海南的社会文化环境、海南的科技发展环境等方面展开。海南丰富的热带自然生态环境为发展旅游业、高新技术产业、热带高效农业、现代服务业（包括医疗健康、离岸金融）等提供了优越的自然条件。

3. 对中国特色自由贸易港政策需求的研究虽然还在继续，但根据 2022 年 4 月 26 日在中国共产党海南省第八次代表大会报告上提出的"一本三基四梁八柱"战略框架，政策目标主要集中在"全面深化改革开放试验区、国家生态文明试验区、国际旅游消费中心、国家重大战略服务保障区"这四方面，也即"四梁"。由于国际旅游消费中心建设主要涉及旅游业的发展，本书放在"主导产业发展对政策的需求"这部分进行探讨，对其他政策需求的分析主要集中在一流营商环境建设、深化改革开放、生态文明建设和南海战略保障这几方面，与"四梁"基本保持一致。

4. 由海南产业发展对政策需求的分析可知，在产业发展基础薄弱、产业结构不合理、人才缺乏的情况下，如果没有精准的主导产业政策，海南自贸港的主导产业很难顺其自然地发展到中央所预期的目标。

5. 根据目前海南营商环境建设状况和《海南自由贸易港建设总体方案》要求（即 2025 年海南自贸港的营商环境要达到国内一流，2035 年达到国际一流）来看，如果没有强有力的政策推动是很难实现的。

6. 政府机构改革、金融改革开放和财税制度改革等全面深化改革开放方面也需要具体政策的支持。

7. 从中央环保督察组第三轮督察报告来看，海南自贸港生态文明建设仍然存在薄弱环节，需要制定相关政策加以解决，并且很多历史遗留问题存在关联性和长期性，非一日之功就能彻底解决。

8. 实现国家海洋强国战略和南海战略保障也呼唤强有力的政策供给。

9. 着重从政策供给的角度对中国特色自由贸易港政策进行研究更有现实意义，也更符合目前国家提出的"供给侧结构性改革"和"高质量发展"这些基本政策取向。

第四章

中国特色自由贸易港政策供给分析

第一节　中国特色自由贸易港政策供给概述

一、政策供给的定义

有研究者提出，公共政策供给是指政府为解决社会公共问题或满足公共需求而向社会提供的公共产品。[①]

还有研究者认为，公共政策是政府为解决社会问题、满足社会需求而提供的公共产品，政策供给则是以解决公共问题为核心目标，提供系统的、指向基本统一的、严密设计规划而成形，并且被广泛支持和遵循的，以及能够有效解决问题的行为规范、依据和准则。[②]

政策变迁通常是先有政策需求，之后才会有政策供给，而政策供给也是实现政策行为相关人利益需求的必然过程。政策供给是对政策需求的回应，也是满足制度相关者利益要求的过程。[③]

[①] 姜大谦，韦正富．公共政策供给的有效性分析［J］．商丘师范学院学报，2009，25（8）：67．

[②] 史雅文．江苏省文化产业政策供给及实施效率评价研究［D］．南京：南京航空航天大学，2021：7．

[③] 姜敏桢．上海老字号重振的政策扶持研究：基于政策供需匹配视角［D］．上海：华东政法大学，2022：19．

从市场的角度看，产业政策类似于一个市场，只要是市场就存在供方与需方，因此产业政策也包括供给与需求。产业政策的最佳状态是达到产业政策供需的均衡，但产业政策的供需之间存在一定失配现象，这就影响了产业政策的实施效果，在一定程度上也偏离了推动产业健康、快速发展的方向。产业政策的供给是指政策制定部门依据相应规则制定、颁布的一系列政策。①

综合以上研究成果，本书认为政策供给是政策主体依据一定规则为解决社会问题、满足政策需求而进行的政策过程。

二、中国特色自由贸易港政策供给的定义

著者在中国知网、中文维普等网站进行文献搜索，都无法找到"中国特色自由贸易港政策供给"或"海南自由贸易港政策供给"的概念，为了研究需要，本书将中国特色自由贸易港政策供给定义为：国家为满足建设现代产业体系（支持主导产业发展等）、一流营商环境建设、深化改革开放、生态文明建设等目标，实现全面建成具有较强国际影响力的高水平自由贸易港目标的政策过程。

本书这样的定义具有以下特征：

第一，自贸港政策供给是为了满足自贸港政策需求，也就是为了最终实现国家全面建成具有较强国际影响力的高水平自由贸易港目标而存在的，体现了政策供给与政策需求之间的紧密关联性和互动关系。

第二，自贸港政策供给是一个政策过程，也即包括自贸港政策制定、实施、评估、监测和终结的全过程，并且不断循环往复，其中还包括自我调整、自我纠正等活动。

第三，自贸港政策供给是一个系统，不仅包括供给主体、政策客体及政策环境，而且还包括政策供给与政策需求之间的互动及能量交换，政策供给系统与外部环境的互动及能量交换等。总之，要运用系统论的眼光和方法来对中国特色自由贸易港政策供给进行研究。

---

① 彭优.中国物流产业政策供给效应研究：基于2001—2018年政策文本挖掘的实证 [D].
南京：南京航空航天大学，2020：12.

第二节　中国特色自由贸易港政策的演进

一、中国特色自由贸易港设立之前的经济发展政策

（一）以农业为主导的经济政策（1950—1987 年）

这一时期，海南作为南海前哨，在"巩固海南、保卫祖国"的指导思想下，三次产业结构整体不合理，以水稻、橡胶为主的农业和以铁矿、食盐加工为主的工业导致海南经济发展落后，低于全国平均水平。1978 年，海南的地区生产总值（GDP）仅为 16.4 亿元，人均 GDP 为 314 元。其中，第一产业、第二产业和第三产业的产值依次为 8.72 亿元、3.65 亿元和 4.03 亿元，三次产业结构比重为 53.2∶22.3∶24.5。第一产业所占的比重很大，几乎是第二或第三产业的两倍，更是超过二、三产业的总和。

（二）经济特区政策（1988—1995 年）

1988 年，海南建省并建设全国最大经济特区，提出"大力引进外资、引进技术、加快工业化发展，最终建成以工业为主导，工农贸旅并举，三大产业协调发展，商品经济高度发达，科学文化比较先进，人民生活比较富裕，以发展外向型经济为主的综合经济特区"的发展目标，并在产业布局方面形成各具特色的五大经济区：（1）以海口市为中心的北部经济区，重点发展轻纺、机械、电子、橡胶制品、食品及第三产业；（2）以三亚市为中心的南部经济区，重点发展旅游业，使之成为著名的国际旅游区；（3）以文昌为中心的东部经济区，主要发展农业、农副产品加工业、食品、轻纺和电子仪器工业，大力发展"三来一补"企业；（4）以洋浦为中心的西北经济区，主要利用天然气发展石油化工行业，以及发展水产加工业、生物工程和农业科技事业；（5）以八所为中心的西南经济区，主要发展钢铁、建材、盐化等重工业。①

1988 年海南建省之时，海南的 GDP 为 77 亿元，比 1978 年增加近四倍，人均 GDP 为 1220 元。其中，第一产业、第二产业和第三产业产值依次为 38.48 亿

---

① 李仁君. 海南建省办特区以来产业政策的演变 [J]. 新东方，2009（10）：19-22.

元、14.19 亿元和 24.35 亿元，三次产业的比重约为 50：18：32，与 1978 年相比，第一、第二产业的比重在下降，第三产业的比重在上升，且第一产业产值刚好等于第二、三产业的总和。

1990 年 5 月 15 日，海南省政府基于以下原则颁布了《海南省执行国务院制定的产业政策实施办法》，包括（1）海南产业结构调整的方向是：在巩固、发展农业生产的基础上，加强能源、交通、通信等基础设施建设，加速工业化进程，相应发展第三产业。（2）按照经济效益、市场需求、产业关联、技术进步、创汇作用等因素，制定产业、产品发展序列。（3）根据海南经济特区的具体情况，制定有关"三资"企业及"内联"企业的产业政策。（4）产业政策的实施要在国家宏观计划指导下，建立有利于商品经济发展，主要是市场调节的新体制，完善市场机制。要运用经济的、行政的、法律的手段；要配套各项宏观调节政策、方法和行政管理措施；要协调好计划、财政、税收、金融、物价、外贸、海关、工商行政管理及监察、监督部门之间的关系，互相配合，各司其职，为产业结构的调整服务。

按照上述原则，海南省确定了重点支持的产业、产品的发展序列为：（1）农业及农用工业；（2）交通运输、邮电通信业；（3）电力工作；（4）石油和天然气开采业；（5）轻工业；（6）纺织业；（7）冶金工业；（8）化学、石化工业；（9）机械工业；（10）电子工业；（11）建筑材料及其他非金属矿物制品业；（12）医药工业；（13）森林工业；（14）公用事业；（15）新兴工业；（16）节约能源、原材料的技术改造项目，特别是实现热电联产的低效工业锅炉改造；（17）经济效益好的出口创汇产品，特别是本省资源深加工制成品、半制成品。

但在此期间，1992 年海南实际上是以房地产业作为主导产业，1993 年至1996 年，又提出以旅游业为主导产业的发展思路。由此看出，海南虽然确定以"农业为基础、工业为主导、旅游为龙头"作为基本产业政策，但在实施过程中仍然左右摇摆。

（三）"一省两地"政策（1996—2009 年）

1996 年 2 月 10 日，《海南省国民经济和社会发展"九五"计划和 2010 年远景目标纲要》（以下简称"海南'九五'纲要"）正式将海南产业发展战略表述为："发挥海南的特殊优势，依托国内大市场的需求，以农业为基础，加强和提高第一产业；以工业为主导，加速发展第二产业；以旅游业为龙头，积极发展第三产业。发展热带高效农业，以带动农村经济全面发展，增加农民收入；

发展现代大工业，以增强全省整体经济实力；发展旅游业和其他第三产业，以推动经济社会的繁荣进步，努力把海南建设成为中国的新兴工业省、中国热带高效农业基地和中国度假休闲旅游胜地。新兴工业、热带农业和旅游业将成为海南省三足鼎立的产业基石，实现兴岛富民"。"海南'九五'纲要"正式确定了海南"一省两地"的发展战略定位，即"中国的新兴工业省、中国热带高效农业基地和中国度假休闲旅游胜地"。

1996 年海南的总产值（GDP）为 389.68 亿元，为 1988 年 77.93 亿元的 5 倍、1978 年 16.4 亿元的 23.7 倍。其中，第一产业、第二产业和第三产业依次为 141.15 亿元、81.52 亿元和 167.01 亿元，人均 GDP 为 5346 元。三次产业的比重约为 36∶21∶43。相较于 1988 年，第一产业的比重急剧下降；第二产业虽略有提升，但仍低于第一产业；第三产业的比重超过第一产业，已然成为拉动海南经济增长的第一大产业。

2004 年 8 月 31 日，海南省委、省政府出台的《关于加快海南省新型工业发展的指导意见》（琼发〔2004〕16 号）提出：发展工业坚持不污染环境、不破坏资源、不搞低水平重复建设的"三不"原则；根据比较优势和市场变化，实施大企业进入、大项目带动战略，优化产业结构，进一步拉长产业链，培育壮大现代工业支柱产业，至 2007 年的 4 年里，重点发展天然气与天然气化工、石油加工与石油化工、汽车制造及配件、林浆纸一体化等一批支柱产业，加快培育医药、电子信息、农产品加工、石英砂与玻璃制造等新的产业增长点。

2008 年 12 月 17 日，海南省政府出台《海南省人民政府关于促进产业发展的指导意见》（琼府〔2008〕80 号），提出"围绕构建具有海南特色的经济结构，丰富和提升'一省两地'产业发展战略，用科技创新带动传统产业升级和产品创新，发展壮大特色产业，优化产业布局，加大开放力度，把海南省的资源优势和后发优势尽快转化为经济优势，逐步形成产业特色鲜明、区域布局合理、陆海并举、城乡一体的经济结构"。

产业布局则是按照"南北带动，两翼推进，发展周边，扶持中间"的区域经济发展思路，打造五大功能区。

（四）国际旅游岛政策（2010—2017 年）

国务院于 2009 年 12 月 31 日发布的《国务院关于推进海南国际旅游岛建设发展的若干意见》，提出"形成以旅游业为龙头、现代服务业为主导的特色经济结构；着力提高旅游业发展质量，打造具有海南特色、达到国际先进水平的旅游产业体系"的产业发展方向，加快发展与旅游业相关的文化体育及会展产业、现代物流业、房地产业、金融保险业等现代服务业。积极发展热带高效现代农业，加快城乡一体化进程；集约发展新型工业，鼓励发展高技术产业等。

2010 年，海南提出建设"国际旅游岛"之后，产业政策逐渐向旅游业倾斜。2010 年海南的 GDP 为 2064.5 亿元，是 1996 年的 5 倍、1978 年的 126 倍。第一产业、第二产业和第三产业产值依次为 526.89 亿元、546 亿元和 991.56 亿元，人均 GDP 为 23 831 元。第一、二、三产业的比重约为 25.5：26.4：48.1，由此表明，通过发展"以工业为主导"的产业政策，第二产业已超过第一产业，第三产业比重持续增加，几乎等于第一、二产业的总和，占据了第一大产业的地位。

2011 年 7 月 20 日，海南省政府针对新材料、新能源、新能源汽车、节能环保、信息产业、生物和医药、高端装备制造及高技术服务业 8 个产业出台了《海南省鼓励和支持战略性新兴产业和高新技术产业发展的若干政策（暂行）》等文件，并制定了有关土地、园区扶持、财税、融资、产业服务、人才和优化投资环境等各方面共 49 条政策措施。

"十三五"期间，海南确定了热带特色高效农业和农村发展、旅游产业、互联网产业、医疗健康产业、现代金融服务业、会展业、现代物流业、油气开发及加工产业链延伸、医药产业、低碳制造业、房地产业、高新技术教育文化体育产业等 12 个重点发展产业。

（五）2018 年至今，"3+1"现代产业政策

2018 年 4 月 11 日，中共中央、国务院颁布《中共中央　国务院关于支持海南全面深化改革开放的指导意见》（简称中央 12 号文件），对于海南的发展定位是建成全面深化改革开放试验区、国家重大战略服务保障区、国际旅游消费中心、国家生态文明试验区（也即"三区一中心"），重点发展的产业是旅游业、现代服务业和高新技术产业。2021 年 5 月 10 日，海南省政府发布的《海南自由贸易港投资新政三年行动方案（2021—2023 年）》提出：在主导产业的强大基础上，充分发挥旅游业、现代服务业和高新技术产业的基础优势，以三年投资新政推动热带特色高效农业与制造业纳入鼓励发展的范畴，逐渐形成以"3+1+1"为主要内容的现代化产业体系。2022 年 4 月 26 日，时任海南省委书记沈晓明在中国共产党海南省第八次代表大会（简称"省八次党代会报告"）上所作的题为《解放思想 开拓创新 团结奋斗 攻坚克难 加快建设具有世界影响力的中

国特色自由贸易港》的报告中指出：聚力发展四大主导产业，即以现代服务业、旅游业、热带特色高效农业和高新技术产业为有机组成的"3+1"主导产业。

1987 年海南建省之前，海南地区生产总值（GDP）仅为 57.28 亿元，地方财政收入不到 3 个亿。而到了 2017 年，海南省的 GDP 已经达到了 4462.5 亿元，人均 GDP 达到 7179 美元，地方一般公共预算收入也大幅增加至 674 亿元，地区生产总值、人均生产总值、地方财政收入分别增长 21.8 倍、14.3 倍、226.8 倍。第一产业、第二产业和第三产业增加值依次为 979.33 亿元、997.14 亿元和 2486.07 亿元。三次产业的比重约为 21.9∶22.3∶55.8。第二产业继续超过第一产业，第三产业仍独占鳌头，已大大超过第一、二产业的总和，成为海南的支柱产业，产业结构逐渐趋于合理。

二、海南自贸区（港）政策（2018 年至今）

2018 年 4 月 13 日，习近平总书记发表《在庆祝海南建省办经济特区 30 周年大会上的讲话》，宣布在海南全岛建设自由贸易试验区和中国特色自由贸易港。党中央、国务院下发《中共中央　国务院关于支持海南全面深化改革开放的指导意见》（中发〔2018〕12 号），海南开始进入自贸区时代，中央和海南陆续发布相关配套政策。

2020 年 6 月 1 日，党中央、国务院发布《海南自由贸易港建设总体方案》，2021 年全国人大常委会制定《中华人民共和国海南自由贸易港法》，标志着海南开始实施自由贸易港政策。

有研究者认为，自由贸易港是新时期自贸区的升级版，是中国进一步提升对外开放水平，对接国际标准，实现贸易强国的新举措。与自由贸易区相比，自由港有两个不同点：第一，划定的区域更广泛，自由港通常设在海港（有时也有空港）城市，且包括整个城市，而自由贸易区是在城市周边划定的区域；第二，自由港的"自由"范围更广泛，除了贸易自由，还包括投资自由、雇工自由、经营自由、经营人员出入境自由等。①

有研究者收集筛选了 2018 年 4 月至 2019 年 3 月一年来中央和地方层面颁布的海南自由贸易试验区的 151 件政策文本，基于外部属性和内部结构两个维度，构建了"时间—主体—目标—工具"的政策量化模型，并根据这一模型，对海

---

① 高涵．重庆依托自贸试验区建设自由贸易港的政策供给研究［D］．重庆：重庆大学，2019：10.

南自贸区建设的相关政策进行量化分析。结果表明，海南自贸区政策体系已初步形成，但在政策层面还存在一些有待解决的问题。

外部属性方面。从政策发文时间来看，中央政府与地方层面发文趋势基本一致，体现了中央政府强有力的推动作用和现行行政体制的高效率，同时也反映了海南省在推进自贸区建设中的积极性和主动性。从政策发文主体来看，中央及各部委表现出了高度重视和积极支持的态度，纷纷制定政策推动海南自贸区的建设；海南省级层面的建设力度大，是相关政策制定的主体，而市县层面的推进力度有待加强；市县的推进力度同样存在差异，表现出由东南向西北推进度递减的态势；以单一部门为主体制定政策的情况占据绝大多数，政策制定中的部门协同较弱，合作性政策体系尚未形成。

内部结构方面。从政策目标设置来看，现阶段海南自贸区建设主要围绕中央12号文件规划的六大政策目标展开，体现了海南各级政府较强的执行力，但在生态文明体制改革、国际旅游消费中心建设两方面的目标实现程度较弱，同时县级政府的政策执行力也有待加强。从政策工具来看，现阶段海南自贸区政策体系在战略面政策工具的主导下，以环境面和供给面政策工具为主，监管面和需求面政策工具为辅；战略面政策工具应用较弱，尤其是地方层面战略面工具应用少，体现出地方层面的统筹规划和顶层设计尚有较大改进的空间；需求面政策工具缺位比较明显，这将影响海南自由贸易区和中国特色自由贸易港建设和发展的动力，不利于海南的长远发展。①

本书基本同意以上学者的观点。通过对海南产业政策的梳理，著者发现政策本身存在一个延续的过程，而自贸港政策则提出更高水平的建设要求。

第三节　中国特色自由贸易港政策内容体系

目前鲜有文献研究中国特色自由贸易港政策内容，可以比照其他方面的政策研究。

例如，有研究者认为文化产业政策供给的内容包括战略规划、金融政策、

---

① 李宜钊，叶熙．海南自由贸易试验区政策发展评价：基于151件政策文本的量化分析 [J]．海南大学学报（人文社会科学版），2020，38（1）：50.

财政政策、人才政策、其他专项政策等。①

　　本书对中国特色自由贸易港政策内容的研究主要参考中共海南省委自由贸易港工作委员会办公室编写的《海南自由贸易港建设白皮书（2021）》中的"海南自由贸易港重点政策文件"的分类标准，即按照产业政策、贸易政策、投资政策、金融政策、税收政策、人才政策、保障政策等方面进行研究。需要指出的是，制定产业政策、贸易政策、投资政策、金融政策、税收政策等属于中央的事权，并且在 2018 年之前，海南并没有单独的这些政策，因此，有必要站在全国的角度对这些政策的发展脉络进行梳理，然后再探讨海南自贸港在各自领域中比较特殊的政策。没有特殊规定的，海南自贸港依然会执行全国层面的政策。

一、产业政策

（一）产业政策的定义和分类

　　产业政策在经济政策中占有相当大的比重，对一国经济的发展起到至关重要的作用。现代经济发展的逻辑可以这样简单地描述：外部环境刺激反映到人们身上，经过学习和大脑的加工，形成对客观规律运动的系统的、正确的认识，也即科学知识或理论。科学知识或理论被工程技术人员进一步开发成为技术，技术应用到生产领域便形成产品，为了增强产品的竞争力和开拓市场，生产相同或相关产品的企业组成产业（乃至产业链），再由产业推动经济的发展。

　　产业政策被政府文件经常引用，日常生活当中亦屡见不鲜，但学界对其定义却未能达成一致意见。

　　国内外不少学者专家对产业政策的概念都有一定的阐述，其中日本学者下河边淳、管家茂在其主编的《现代日本经济事典》中认为："产业政策是国家或政府为了实现某种经济和社会目的，以全产业为直接对象，通过对全产业的保护、扶持、调整和完善，积极或消极参与某个产业或企业的生产、营业、交易活动，以及直接或间接干预商品、服务、金融等市场形成和市场机制政策的总称。"②

---

① 史雅文. 江苏省文化产业政策供给及实施效率评价研究［D］. 南京：南京航空航天大学，2021.

② 中国社会科学院工业经济研究所，日本综合研究所. 现代日本经济事典［M］. 北京：中国社会科学出版社；东京：日本综研出版股份公司，1982：192.

查莫斯·约翰逊则认为："产业政策是政府为了取得在全球的竞争力而打算在国内发展和限制各种产业的有关活动的总的概括。作为一个政策体系，产业政策是经济政策三角形的第三边，它是货币政策和财政政策的补充。"①

刘鹤、薛亮认为：产业政策是为了稳定、协调、高速地发展经济，赶超发达国家而制定的发展和限制产业（包括产业组织）的目标，以及为了保障实现目标的一整套经济政策所组成的政策体系。②

还有研究者认为中国产业政策的涉及面十分广泛：不仅包含产业结构、产业布局、产业技术、产业组织、产业全球化、产业现代化等政策；也有财政、税收、货币、土地、进出口、政府采购、知识产权保护等经济政策。③

虽然理论界对产业政策尚未能达成一致看法，但可以有这么一个基本的认识，产业政策是指导产业发展和进行产业结构调整、发展产业技术、优化产业布局的规定和措施。

落实产业政策需要各方面的政策相互扶持，主要通过制定相关法律、国民经济规划、产业结构政策、产业布局政策、产业扶持政策、财政投融资、货币政策等手段来实现。

（二）对产业政策的理论探讨

英文中的产业可以泛指国民经济中的各个产业部门，如农业、工业、服务业，也可指更具体的行业部门，如钢铁业、纺织业、汽车业、造船业等。

在欧美地区，主流的产业经济学也被称为产业组织学，研究的是市场的运行，特别是企业拥有市场势力的不完全竞争市场的运行，而日本的产业政策则重在优化产业结构。

尽管仍有一些争议，但大部分中国学者认为中国的产业经济学应该把以产业组织和公共政策为主要内容的欧美产业经济学体系与以产业结构和产业政策为重点的日本产业经济学体系整合在一起，既研究生产同类或有密切替代关系的产品（或服务）的企业之间的竞争行为及其对经济绩效的影响和相关公共政策，同时又研究社会再生产过程中大类部门之间、制造业各工业行业之间、行业内各中间产品之间的经济技术关联和比例关系，以及相应的产业政策，包括

① 唐晓华.产业经济学教程［M］.北京：经济管理出版社，2007：276.
② 国务院关于当前产业政策要点的决定［R/OL］.中国政府网，2011-09-07.
③ 江山.产业发展的政策选择与法律治理：以竞争法为中心展开［M］.北京：法律出版社，2016：4-5.

产业组织、产业结构、产业关联和产业布局等内容。①

国家统计局对产业的分类主要从三次产业的角度，并结合国民经济行业来进行。第一产业为农、林、牧、渔业。第二产业包括采矿业，制造业，电力、热力、燃气及水生产和供应业与建筑业。第三产业（服务业）包括：农、林、牧、渔业及辅助性活动；开采专业及辅助性活动；金属制品、机械和设备修理业；批发和零售业；交通运输、仓储和邮政业；住宿和餐饮业；信息传输、软件和信息技术服务业；金融业；房地产业；租赁和商务服务业；科学研究和技术服务业；水利、环境和公共设施管理业；居民服务、修理和其他服务业；教育；卫生和社会工作；文化、体育和娱乐业；公共管理、社会保障和社会组织；国际组织。

由此可见，我国的产业政策也主要包括产业组织政策、产业结构政策和产业布局政策。当然，从三大产业进行划分，也可以分为第一产业（主要是农业和农村）政策、第二产业（主要是工业制造业）政策和第三产业（主要是服务业）政策。

产业组织、产业结构、产业布局政策之间相辅相成，缺一不可。在全国范围内，产业的合理布局是优化地区产业结构的前提。地区的产业结构和产业布局本质上是相辅相成的。一般来说，产业组织会影响产业结构，而产业结构会影响产业布局，尤其是主导产业和基础产业对产业布局的影响更大。当然，产业结构也会影响产业组织，产业布局也反过来影响产业结构。毫无疑问，政府的产业政策对优化产业结构和产业合理布局起到积极推动作用。

（三）海南自贸港产业政策

《海南自由贸易港建设总体方案》提出大力发展旅游业、现代服务业和高新技术产业，不断夯实实体经济基础，增强产业竞争力。

1. 旅游业。坚持生态优先、绿色发展，围绕国际旅游消费中心建设，推动旅游与文化体育、健康医疗、养老养生等深度融合，提升博鳌乐城国际医疗旅游先行区发展水平，支持建设文化旅游产业园，发展特色旅游产业集群，培育旅游新业态新模式，创建全域旅游示范省。加快三亚向国际邮轮母港发展，支持建设邮轮旅游试验区，吸引国际邮轮注册。设立游艇产业改革发展创新试验区。支持创建国家级旅游度假区和5A级景区。

---

① 干春晖. 产业经济学：教程与案例［M］. 2版. 北京：机械工业出版社，2019：3.

2. 现代服务业。集聚全球创新要素，深化对内对外开放，吸引跨国公司设立区域总部。创新港口管理体制机制，推动港口资源整合，拓展航运服务产业链，推动保税仓储、国际物流配送、转口贸易、大宗商品贸易、进口商品展销、流通加工、集装箱拆拼箱等业务发展，提高全球供应链服务管理能力，打造国际航运枢纽，推动港口、产业、城市融合发展。建设海南国际设计岛、理工农医类国际教育创新岛、区域性国际会展中心，扩大专业服务业对外开放。完善海洋服务基础设施，积极发展海洋物流、海洋旅游、海洋信息服务、海洋工程咨询、涉海金融、涉海商务等，构建具有国际竞争力的海洋服务体系。建设国家对外文化贸易基地。

3. 高新技术产业。聚焦平台载体，提升产业能级，以物联网、人工智能、区块链、数字贸易等为重点发展信息产业。依托文昌国际航天城、三亚深海科技城，布局建设重大科技基础设施和平台，培育深海深空产业。围绕生态环保、生物医药、新能源汽车、智能汽车等壮大先进制造业。发挥国家南繁科研育种基地优势，建设全球热带农业中心和全球动植物种质资源引进中转基地。建设智慧海南。

分析以上《海南自由贸易港建设总体方案》提到的产业政策，其中涉及现代服务业、高新科技等新兴产业战略属于产业组织政策；而里面提及的博鳌乐城国际医疗旅游先行区、文化旅游产业园、游艇产业改革发展创新试验区、文昌国际航天城、三亚深海科技城等属于产业布局政策；海洋物流、海洋旅游、海洋信息服务、海洋工程咨询、涉海金融、涉海商务、生物医药、新能源汽车、智能汽车等属于产业结构政策。

海南自贸港的产业政策不仅在《海南自由贸易港建设总体方案》中作出明确规定，而且还以法律的形式固定下来。2021年6月10日，全国人大常委会审议通过并施行的《中华人民共和国海南自由贸易港法》（简称《海南自由贸易港法》）"第六章产业发展与人才支撑"中的第三十八条规定："国家支持海南自由贸易港建设开放型生态型服务型产业体系，积极发展旅游业、现代服务业、高新技术产业以及热带特色高效农业等重点产业。"第三十九条规定："海南自由贸易港推进国际旅游消费中心建设，推动旅游与文化体育、健康医疗、养老养生等深度融合，培育旅游新业态新模式。"《海南自由贸易港法》不仅规定了旅游业、现代服务业、高新技术产业三大重点产业，还增加了热带特色高效农业，形成"3+1"重点产业格局。值得注意的是，《海南自由贸易港法》使用的是"重点产业"这样的表述，本书认为此处的"重点产业"应等同于"主导产业"。

2022年4月26日,时任海南省委书记沈晓明在省第八次党代会报告中提出,海南省委、省政府将把"一本三基四梁八柱"战略框架作为建设具有世界影响力的自由贸易港的行动指南,即把习近平总书记关于海南工作的系列重要讲话和指示批示作为推动海南全面深化改革开放和建设中国特色自由贸易港的根本遵循,把党中央、国务院出台的《中共中央 国务院关于支持海南全面深化改革开放的指导意见》《海南自由贸易港建设总体方案》《中华人民共和国海南自由贸易港法》作为支撑海南全面深化改革开放的制度基石,把"三区一中心"(全面深化改革试验区、国家生态文明试验区、国际旅游消费中心和国家重大战略服务保障区)作为目标定位,把形成海南高质量发展的"四环境、四体系"(政策环境、法治环境、营商环境、生态环境和经济发展体系、社会治理体系、风险防控体系、组织领导体系)作为稳固支撑的八根重要支柱。并将显著提高四大主导产业,包括旅游业、现代服务业、高新技术产业和热带特色高效农业的发展质量,深入发展壮大南繁、深海、航天三个未来产业,使海南跻身于创新型省份行列,努力展现"三极一带一区"区域协调发展的活力。政府设法推动经济总量达到万亿元以上,并计划2022年要在2021年基础上实现指数级的跨越。

二、贸易政策

贸易政策是一国政府为了实现特定目标而制定和实施的、对外贸活动进行规制的经济政策。贸易政策本应包括国内贸易政策和对外贸易两方面,但一般情况下,贸易政策主要指的是国家的对外贸易政策。本书亦是在这个意义上使用"贸易政策"一词。

(一)1949年至改革开放前的贸易政策

1949年中华人民共和国成立以后,始终坚持独立自主、自力更生,并逐步开展对外经济贸易交流。然而,由于当时的国际政治环境和国内计划经济体制等多重因素的制约,对外贸易发展得较为缓慢。为了粉碎帝国主义的"禁运"和"封锁",中国对外贸易实行指令性计划管理和国家统负盈亏的政策。这种政策属于国家管制下的内向型的保护贸易政策。这种政策的优点是顶住外国经济封锁的压力,进出口业务集中在少数国有外贸公司,方便管理,有利于维持国际收支的静态平衡。其弊端是管制严格,不利于市场竞争,对国内企业过度保护，反而造成了企业国际竞争力低下和企业缺乏创新活力的消极影响。

（二）1978年改革开放后至加入世贸组织（WTO）前的贸易政策

1. 改革开放初期的吸引进口替代政策

改革开放初期，中国的外贸体制改革主要集中在以下几方面：首先是改革单一的计划管理体制，逐步下放外贸管理权和经营权，并实行外汇留成制度，设立外汇调剂市场。其次是吸收外商直接投资，引入外商投资企业作为新的经营主体进入外贸领域，从而打破了国有外贸企业的垄断局面。随后，中国推行了外贸经营承包制度，逐步用指导性计划取代指令性计划。同时，为了符合国际贸易通行规则，中国建立了出口退税制度，以支持出口和提升竞争力。

2. 社会主义市场经济确立后的外贸体制改革政策

1992年10月，中国明确提出建立社会主义市场经济体制的改革目标。在这一指导下，中国展开了对财政、税收、金融、外贸和外汇体制的全面改革。

1994年1月，中国政府取消对出口的所有财政补贴，使进出口企业转变为完全自负盈亏。同时，人民币官方汇率与市场调剂汇率并轨，实行以市场供求为基础、单一的、有管理的浮动汇率制度。在外贸经营领域，开展了企业股份化和进出口代理制试点。同年，中国颁布了第一部《中华人民共和国对外贸易法》，确立了维护公平、自由的对外贸易秩序等原则，为对外贸易的基本法律制度奠定了基础。

1996年12月，中国正式接受《国际货币基金组织协定》第八条款义务，实现人民币经常项目可兑换，取消所有经常项目对外支付和转移限制。与此同时，中国多次大幅度自主降低关税，减少配额和许可证等非关税措施。这些改革使中国初步建立起以市场经济为基础，充分发挥汇率、税收、关税、金融等经济杠杆作用的外贸管理体制和调控体系。

（三）加入WTO后至今的贸易政策

1. 2001年至2010年

2001年12月11日，经过长达16年的谈判，中国正式成为世界贸易组织的第143个成员。根据与世界贸易组织的相关协议，中国逐步扩大了在工业、农业和服务业等领域的对外开放，加快推进贸易和投资自由化便利化。在履行加入世贸组织的承诺过程中，中国深化了外贸体制改革，完善了外贸法律法规体系，减少了贸易壁垒和行政干预，调整了政府在外贸管理中的职责，推动政府行为更加公开、公正和透明，从而促进开放型经济迈向新的发展阶段。

（1）加快对外经济贸易法制化建设。中国加入世界贸易组织后，专注于清理和修订2300多部法律法规和部门规章，以确保符合世界贸易组织的规定和承诺。所有不符合规定的法律法规都被废止或修订。新修订的法律法规简化了行政许可程序，建立了完善的贸易促进和贸易救济法律体系。根据《与贸易有关的知识产权协定》，中国修改了与知识产权相关的法律法规和司法解释，形成了体系完整、符合国情、与国际惯例一致的知识产权保护法律体系。

（2）进一步降低关税，削减非关税措施。中国在加入世界贸易组织后的过渡期内，逐步降低了进口商品的关税水平，从2001年的15.3%降至2005年的9.9%。到2005年1月，中国已完成了绝大多数关税削减承诺。根据承诺，中国自2005年1月起取消了424个税号产品的进口配额、进口许可证和特定招标等非关税措施，只保留了为保证生命安全和环境保护而实施的进口许可证管理。到2010年，中国的关税总水平降至9.8%，其中农产品平均税率为15.2%，工业品平均税率为8.9%。关税约束率自2005年起一直维持在100%。

（3）全面放开外贸经营权。依据2004年修订的《中华人民共和国对外贸易法》，自2004年7月起，中国政府将企业的外贸经营权由审批制改为备案登记制，所有从事对外贸易的经营者均可依法开展业务。这一变革推动了国有企业、外商投资企业和民营企业多样化的外贸经营模式。国有企业和外商投资企业在进出口方面持续增长的同时，民营企业的外贸业务迅速发展，其进出口市场份额不断扩大，成为对外贸易的主要参与者。截至2010年，国有企业、外商投资企业和民营企业的进出口分别占据了中国进出口总额的20.9%、53.8%和25.3%。

（4）进一步扩大服务市场开放。中国积极履行加入世界贸易组织的承诺，为境外服务提供了广泛的市场准入机会，涵盖金融、电信、建筑、分销、物流、旅游、教育等多个领域。根据世界贸易组织的服务贸易分类，中国开放了其中的100个分部门，这一开放水平接近于发达国家的平均水平。截至2010年，中国服务业共设立了13 905家外商投资企业，实际利用外资金额达到487亿美元。这些数字分别占据了全国非金融领域新设立外商投资企业的50.7%和实际利用外资总额的46.1%。

（5）营造更为公平的市场竞争环境。中国通过建立和完善公平贸易法律制度、执法和监督机制，致力于遏制和打击对外贸易经营中的侵权、倾销、走私和扰乱市场秩序等不公平贸易行为，以此为境内外企业提供宽松、公平和稳定的市场环境。中国政府依据国内法律和国际贸易规则，加强预警监测，并通过贸易救济和反垄断调查等措施，纠正贸易伙伴的不公平贸易行为，维护国内产业和企业的合法权益。在应对国际金融危机期间，中国与国际社会一道坚决反对任何形式的贸易保护主义，严格遵守世界贸易组织的相关规定。在实施经济刺激计划时，中国平等对待境内外产品，推动境内外企业进行公平竞争。

截至 2010 年，中国已经完全履行了加入世界贸易组织的所有承诺。中国政府认真履行这些承诺的实际行动得到了世界贸易组织大多数成员的认可和肯定。在 2006 年、2008 年和 2010 年，中国政府接受了世界贸易组织进行的三次贸易政策审议。世界贸易组织所倡导的非歧视、透明度和公平竞争等基本原则已经完全融入了中国的法律法规和相关制度之中。在中国，市场意识、开放意识、公平竞争意识、法治精神以及知识产权保护意识等观念日益深入人心，这推动了中国经济进一步开放和市场经济体制的进一步完善。

2. 2011 年至今

根据海关总署的统计，2011 年至 2021 年，我国进出口贸易情况如表 4-1 所示。

表 4-1　2011 年至 2021 年中国进出口外贸情况一览表　单位：百万美元

年度	进出口	出口	进口	贸易差额	比去年同期±%		
					进出口	出口	进口
2011	3 641 864	1 898 381	1 743 484	154 897	22.5	20.3	24.9
2012	3 867 119	2 048 714	1 818 405	230 309	6.2	7.9	4.3
2013	4 158 993	2 209 004	1 949 989	259 015	7.5	7.8	7.2
2014	4 301 527	2 342 293	1 959 235	383 058	3.4	6.0	0.4
2015	3 953 033	2 273 468	1 679 564	593 904	−8.0	−2.9	−14.1
2016	3 685 557	2 097 631	1 587 926	509 705	−6.8	−7.7	−5.5
2017	4 107 138	2 263 345	1 843 793	419 552	11.4	7.9	16.1
2018	4 622 444	2 486 696	2 135 748	350 947	12.5	9.9	15.8
2019	4 577 891	2 499 482	2 078 409	421 073	−1.0	0.5	−2.7
2020	4 655 913	2 589 952	2 065 962	523 990	1.7	3.6	−0.6
2021	6 050 295	3 363 502	2 686 793	676 709	29.9	29.9	30.1

以上数据来自海关总署网站。

从上表可以看出我国进出口增速出现比较大的波动，从 2011 年的两位数增长下降至之后的个位数，甚至在 2015 年、2016 年和 2019 年出现负增长，2020年和 2021 年连续两年出现正增长，尤其是 2021 年还出现两位数以上的正增长。以上成绩的取得，实属不易，尤其是在新冠疫情的背景下。这些成绩得益于我国科学有效的对外贸易政策，可以归纳为以下几方面：

（1）努力培育外贸发展的综合竞争优势。面对近年来劳动力成本不断上升、资源和能源等生产要素价格大幅上涨、出口产业传统的低成本优势大大弱化的新情况，我国政府提出了外贸由粗放型发展向集约型发展转变的战略目标。"十一五"规划期间（2006—2010 年），中国政府调整进出口税收政策，深入实施科技兴贸战略、市场多元化战略和以质取胜战略，开展加工贸易转型升级试点，改进对进出口企业的融资保险服务，推动企业加快技术进步和产品结构优化，增强了外贸的综合竞争优势。"十二五"规划期间（2011—2015 年），中国努力保持现有出口竞争优势，加快培育以技术、品牌、质量和服务为核心的新优势，促进工业转型升级，延长加工贸易增值链，提高企业和产品的竞争力和附加值。大力发展服务贸易，促进货物贸易和服务贸易协调发展。"十三五"时期（2016—2020 年），我国面临的国内外环境发生深刻复杂变化，世界正经历百年未有之大变局，世界面临的不稳定性、不确定性明显增加，开放合作步入关键性的十字路口。在此全球背景下，我国对外贸易稳中提质，不仅巩固了贸易大国地位，同时在优化贸易结构、提升出口产品国际竞争力、推动贸易创新、积极构建高标准经贸规则等方面均取得了积极进展。①

（2）加快推进外贸发展中的节能减排。早在 1994 年，中国政府发布了《中国 21 世纪议程——中国 21 世纪人口、环境与发展白皮书》，将节能减排列入国民经济和社会发展的重要目标之一。自 2004 年起，中国多次调整甚至取消了部分高耗能、高污染和资源性商品的出口退税政策，并且限制了这些产品的加工贸易，鼓励企业遵循国际先进的环保标准。在"十一五"和"十二五"规划期间，中国明确将降低能源消耗和二氧化碳排放强度作为约束性指标，这些举措旨在推动外贸发展与环境保护的协调发展。"十三五"期间，我国制定了严格的环境保护目标，包括将需氧量、氨氮、二氧化硫、氮氧化物排放总量分别控制在 2001 万吨、207 万吨、1580 万吨、1574 万吨以内，比 2015 年分别下降 10%、

---

① 张一婷，刘栩畅. 调结构、优布局、谋创新推动十三五我国对外贸易高质量发展［J］. 中国经贸导刊，2021（3）：35-38

10%、15%和15%。全国挥发性有机物排放总量已比2015年减少超过10%。近年来，我国出口商品中"两高一资"商品的比例显著降低，而新能源及节能环保产品的出口大幅增长。大多数规模较大的进出口企业已获得ISO14000等环保相关标准认证。我国正努力调整经济和产业结构，加速推广先进的节能环保技术，促进外贸与资源节约、环境保护的协调发展。

（3）加强与贸易有关的知识产权保护。加强知识产权保护不仅是中国履行国际义务的必要措施，也是转型经济发展方式、建设创新型国家的内在要求。多年来，中国政府在知识产权保护领域积极作为，在立法、执法、宣传、培训以及提高全社会知识产权保护意识等方面取得了显著成效。2008年，我国制定了《国家知识产权战略纲要》，将知识产权保护提升到国家战略的高度并持续推进。2006年至2011年连续6年颁布《中国保护知识产权行动计划》，实施了包括立法、执法、教育培训、文化宣传和对外交流等多个领域的1000多项具体措施。2010年，中国通过《专利合作条约》提出的国际专利申请量达到12 295件，比2009年增长55.6%，增速居各国之首，世界排名从第五位上升至第四位。WTO的报告显示，在"十三五"期间，我国全球创新指数排名从25名上升到14名，这显示出我国在知识产权保护方面取得了显著进展，并为对外贸易赢得了新的竞争优势。

（4）提高出口商品的质量和安全要求。中国出口商品的整体质量不断提升，受到全球消费者的广泛欢迎和认可。2009年和2010年，经由出入境检验检疫机构检验的中国出口货物分别达到1103.2万批和1305.4万批，不合格率分别为0.15%和0.14%；相应的出口货值分别为4292.7亿美元和5521.8亿美元，不合格率分别为0.12%和0.13%。2010年，中国向美国出口的食品达到12.7万批，合格率为99.53%；向欧盟出口的食品达到13.8万批，合格率为99.78%。根据日本厚生省的进口食品监控统计报告，2010年，日本对从中国进口的食品进行了高达20%的抽检，抽检合格率为99.74%，高于同期从美国和欧盟进口食品的抽检合格率。中国政府不断完善商品质量安全的法律法规，加强各个环节的监管，并严厉打击那些因违法违规而导致质量问题的企业。

（5）增强进出口企业的社会责任意识。随着对外开放的不断扩展，越来越多的中国企业意识到，在自身发展壮大的同时，必须承担相应的社会责任。这不仅有助于社会和谐进步，也有利于提升企业竞争力和可持续发展能力。2008年，《中华人民共和国劳动合同法》及其实施条例实施以后，进出口企业普遍建立了"五险一金"（养老保险、医疗保险、失业保险、工伤保险、生育保险和住房公积金）制度。各级政府将增强企业社会责任感作为推动外贸转型升级的重要任务之一。

（6）促进战略性新兴产业的国际合作。发展战略性新兴产业对于推动外贸转型升级和实现可持续发展具有重要意义。经过40多年的改革开放，中国的综合国力显著增强，科技水平不断提高，工业体系逐步完善，为战略性新兴产业的发展奠定了坚实基础。然而，与发达国家相比，中国的新兴产业仍处于初步发展阶段。2008年国际金融危机后，各主要经济体加速发展新兴产业，我国也将发展战略性新兴产业视为产业振兴的重要任务之一。为推动重点领域的发展，政府在发挥市场资源配置基础性作用的同时，加强政策引导，规范市场秩序，改善投资环境，鼓励企业提升技术创新能力。我国支持战略性新兴产业发展的基本政策符合国际贸易规则，并积极加强与世界各国在科学研究、技术开发和能源建设等领域的交流合作。这些举措旨在共同开创新兴产业国际合作与发展的新局面。

（四）我国贸易政策分析

新中国成立初期，中国的贸易政策主要服务于中国的工业化建设。由于西方国家的封锁包围压迫，新中国成立初期的外交方针是向苏联"一边倒"，东欧社会主义国家成为中国的主要贸易对象，特别是通过与苏联的进口贸易和使用其政府贷款，中国引进了大量用于工业化初期所急需的关键设备和技术，为工业化进程奠定了基础。同时，中国努力与亚非新兴民族独立国家建立贸易合作关系，积极开拓与西方国家的民间和官方贸易渠道，此时的出口贸易主要是通过香港地区的转口贸易，用于换取外汇。①

改革开放以来，我国的贸易政策分为两个不同阶段。在加入世界贸易组织前，我国实行社会主义市场经济体制下具有贸易自由化倾向的保护贸易政策，在进口方面，对关税政策进行调整减少，规范非关税措施，完善涉外法律体系。在出口方面，继续执行出口退税政策，成立中国进出口银行，扶持企业的对外出口采取有管理的浮动汇率制度，积极组织和参与国际性贸易博览会和展览会。加入世界贸易组织后，即2001年12月中国正式成为世界贸易组织成员以后，为履行入世的承诺，以及适应新的国际经济环境，中国的对外贸易政策出现了大幅度的调整，已逐步转变为国家宏观调控下的贸易自由化政策。对外贸易政策

---

① 尹智超，彭红枫. 新中国70年对外贸易发展及其对经济增长的贡献：历程、机理与未来展望［J］. 世界经济研究，2020（9）：19-37，135。

目标已经变成：促进对外贸易发展，构造有利于经济均衡发展的产业结构，实现产业的持续升级，推动中国经济在适度内外均衡基础之上高速发展。中国对外贸易商品结构、国别结构以及所处的国内外政治经济关系，决定着对外贸易政策的取向。

梳理我国贸易政策的发展脉络，我国贸易政策显现出以下特征：

1. 加强对外贸易法治建设

首先，修订《中华人民共和国对外贸易法》。1994 年 5 月 12 日通过的《中华人民共和国对外贸易法》是我国第一部调整对外贸易关系的法律规范。该法第二条规定，本法所称对外贸易，是指货物进出口、技术进出口和国际服务贸易。实施十年之后，根据我国加入世界贸易组织的承诺和 WTO 规则，于 2004 年 4 月 6 日对该法进行第一次修订。修订后的《中华人民共和国对外贸易法》第二条规定，本法适用于对外贸易以及与对外贸易有关的知识产权保护，本法所称对外贸易，是指货物进出口、技术进出口和国际服务贸易。修订的主要内容还包括：（1）允许自然人从事对外贸易活动；（2）取消对货物和技术进出口经营权的审批，实行备案登记；（3）国家可以对部分货物的进出口实行国营贸易管理；（4）对部分自由进出口的货物实行进出口自动许可管理；（5）加强了与对外贸易有关的知识产权保护；（6）增加了主动进行对外贸易调查的内容；（7）加大对违法行为及侵犯知识产权行为的处罚力度。2016 年 11 月 7 日，对该法进行第二次修订，将第十条第二款从原来的"从事对外工程承包或者对外劳务合作的单位，应当具备相应的资质或者资格。具体办法由国务院规定"，修改为"从事对外劳务合作的单位，应当具备相应的资质。具体办法由国务院规定"。

其次，国家和各省市颁布一批开放服务贸易领域的政策。涵盖金融、贸易、物流、旅游、建设、中介服务等领域。

最后，完善对外贸易救济制度。1997 年 3 月 25 日，国务院发布了《中华人民共和国反倾销和反补贴条例》。在加入世贸组织前夕，2001 年 11 月 26 日，我国分别制定了《中华人民共和国反倾销条例》《中华人民共和国反补贴条例》《中华人民共和国保障措施条例》，同时废止《中华人民共和国反倾销和反补贴条例》。2004 年 3 月 31 日，同时对该三条例进行了修订。我国的对外贸易救济立法技术、调查能力和实施能力进一步得到提升。

2. 积极融入经济全球化进程，进一步开放货物和服务市场

贸易自由化便利化水平持续提升。加入世贸组织到 2010 年，中国的工业品

和农产品关税分别从 42.9% 和 54% 下降到 9.8% 和 15.3%。2016 年至 2020 年，中国进口关税总水平下降 2.3 个百分点，降至 7.5%；进口商品综合税率由 21.8% 降至 15.8%，创历史新低。根据《内地与香港关于建立更紧密经贸关系的安排》《内地与澳门更关于建立紧密经贸关系安排》《中国—东盟自贸协定》《中国—巴基斯坦自由贸易协定》《中国—新西兰自由贸易协定》《亚太贸易协定》等协定，我国对原产于上述国家的地区的部分商品实行比最惠国税率更优惠的协定税率。

全面落实世贸组织《贸易便利化协定》各项措施，推动许可证申领无纸化，加强国际贸易"单一窗口"建设。中国跨境贸易便利化排名较"十二五"期末大幅跃升 40 位。

2020 年 8 月，商务部发布《全面深化服务贸易创新发展试点总体方案》，提出坚持要素型开放与制度型开放相结合、开放与监管相协调、准入前与准入后相衔接的原则，探索制度开放路径，在管理体制、监管制度等多方面推进优化服务贸易体制机制。服务贸易创新发展试点城市将在服务贸易制度型开放方面进行大胆探索和先试先行，旨在推动形成国际合作与竞争的新优势。同时，国家支持北京打造服务业扩大开放综合示范区，并新增了 4 个省市开展服务业扩大开放综合试点。在此引领下，中国将继续稳步推进制度型开放，包括规则、规制、管理和标准，以对标国际服务贸易的高标准新规则。此外，中国将出台跨境服务贸易负面清单管理制度，实现"既准入又准营"，逐步将服务业开放由"边境上"向"边境后"转变。

3. 主动运用贸易救济措施，维护国内产业安全

在积极对外开放的同时，世贸组织也允许成员国采取必要的贸易救济措施来保护国内产业安全。自 2011 年至 2020 年，我国累计针对美国、日本、欧盟等 19 个国家及地区、组织的进口产品启动 122 宗贸易调查，其中，反倾销 108 起，占比 88.5%；反补贴 13 起，占比 10.7%；保障措施 1 起，占比 0.8%，如表 4-2 所示。①

---

① 查贵勇. 2020 年我国对进口产品实施贸易救济情况评述［J］. 中国海关，2021（4）：50-54.

表4-2　2011—2020年我国对进口产品启动贸易救济调查总体情况　单位：起

	2011	2012	2013	2014	2015	2016	2017	2018	2019	2020	合计
反倾销	5	9	11	7	11	7	24	16	14	4	108
反补贴	0	2	1	0	0	1	1	3	1	4	13
保障措施	0	0	0	0	0	1	0	0	0	0	1
合计	5	11	12	7	11	9	25	19	15	8	122

2011—2020年，我国对进口产品启动贸易救济调查主要涉及美国（32起）、日本（23起）、欧盟（19起），三者合计占比达60.7%；韩国11起，位居第4位，占比9.0%；印度9起，居第5位，占比7.4%；前5位合计占比达77.0%，涉案国家相对集中。按照我国统计口径，截至2020年年底，我国共有70起贸易救济案件仍在采取措施；其中，反补贴案件8起，反倾销案件61起，保障措施1起，涉及产品52个。这些措施依法保护了国内产业免受不公平进口的损害，特别是P92钢管、光纤预制棒等产业不仅实现了扭亏为盈，还加速了产品创新升级，促进了全产业链稳定发展。[①]

4. 促进国内国际双循环，立足国内大循环，协同推进强大国内市场和贸易强国建设，促进内需和外需、进口和出口协调发展，加快培育参与国际合作和竞争新优势。降低进口关税和制度性成本，扩大优质消费品、先进技术、重要设备和能源资源等的进口，以促进进口来源的多元化。同时，完善出口政策，优化出口商品的质量和结构，稳步提高出口的附加值。加快发展跨境电商和市场采购贸易等新模式，同时鼓励建设海外仓，以保障外贸产业链和供应链的畅通运转。在服务贸易方面，创新发展服务贸易，推进服务贸易创新发展试点开放平台的建设，进一步提升贸易服务数字化水平。

（五）海南自贸港的贸易政策

通过分析以上全国的贸易政策，我们很难得出海南自贸港不必实施"加强对外贸易法治建设；积极融入经济全球化进程，进一步开放货物和服务市场；主动运用贸易救济措施，维护国内产业安全；促进国内国际双循环，加快培育参与国际合作和竞争新优势"这些全国通用政策的结论，而是应该认为海南自贸港在这些原有政策中做得更好，走在全国对外开放的前列。

---

① 查贵勇. 2020年我国对进口产品实施贸易救济情况评述［EB/OL］. 中国贸易救济信息网，2021-05-21.

　　例如，海南自贸港要进一步开放货物和服务市场，实行"零关税"和"一线放开、二线管住"的贸易自由便利化政策。海南自贸港建设体现中国特色，符合海南发展定位，学习借鉴国际自由贸易港建设经验，不以转口贸易和加工制造为重点，重点发展服务贸易等。《海南自由贸易港建设总体方案》的具体规定如下：

　　1. 在实现有效监管的前提下，建设全岛封关运作的海关监管特殊区域。对货物贸易，实行以"零关税"为基本特征的自由化便利化制度安排；对服务贸易，实行以"既准入又准营"为基本特征的自由化便利化政策举措。

　　2. "一线"放开。在海南自由贸易港与中华人民共和国关境外其他国家和地区之间设立"一线"。"一线"进（出）境环节强化安全准入（出）监管，加强口岸公共卫生安全、国门生物安全、食品安全、产品质量安全管控。制定海南自由贸易港进口征税商品目录，目录外货物进入自由贸易港免征进口关税。以联运提单付运的转运货物不征税、不检验。从海南自由贸易港离境的货物、物品按出口管理。实行便捷高效的海关监管，建设高标准国际贸易"单一窗口"。

　　3. "二线"管住。在海南自由贸易港与中华人民共和国关境内的其他地区（以下简称内地）之间设立"二线"。货物从海南自由贸易港进入内地，原则上按进口规定办理相关手续，照章征收关税和进口环节税。对鼓励类产业企业生产的不含进口料件或者含进口料件，但在海南自由贸易港加工增值超过30%（含）的货物，经"二线"进入内地免征进口关税，照章征收进口环节增值税、消费税。行邮物品由海南自由贸易港进入内地，按规定进行监管，照章征税。对海南自由贸易港前往内地的运输工具，简化进口管理。货物、物品及运输工具由内地进入海南自由贸易港，按国内流通规定管理。

　　4. 岛内自由。海关对海南自由贸易港内企业及机构实施低干预、高效能的精准监管，实现自由贸易港内企业自由生产经营。由境外起运，经海南自由贸易港换装、分拣集拼，再运往其他国家或地区的中转货物，简化办理海关手续。货物在海南自由贸易港内不设存储期限，可自由选择存放地点。实施"零关税"的货物，海关免于实施常规监管。

　　5. 推进服务贸易自由便利。实施跨境服务贸易负面清单制度，破除跨境交付、境外消费、自然人移动等服务贸易模式下存在的各种壁垒，给予境外服务提供者国民待遇。实施与跨境服务贸易配套的资金支付与转移制度。在告知、资格要求、技术标准、透明度、监管一致性等方面，进一步规范影响服务贸易自由便利的国内规制。

三、投资政策

一个国家的投资包括外商直接投资（Foreign Direct Investment，简称 FDI）和该国对外直接投资（Outbound Direct Investment，或 Outward Direct Investment，简称 ODI）两方面。相应地，投资政策就是一个政府为实现特定目标而制定和实施的，对吸引外国直接投资活动和对外直接投资进行规制的经济政策。以下分别按照我国吸收外国直接投资的政策和我国对外直接投资政策这两方面进行分析。

（一）吸引外国直接投资的政策

1. 起步阶段（1979—1982 年）

1979 年 7 月 1 日，我国颁布第一部外商投资企业法《中华人民共和国中外合资经营企业法》（该法于 1990 年、2001 年和 2016 年进行过三次修订，简称《中外企业法》），为外国投资者到中国投资提供了法律依据。《中外合资经营企业法》共有十五条，规定了中外合资经营企业（简称"合营企业"）的批准设立、组织形式、外方占股比例、投资方式、管理机构、用工、生产经营、税收优惠、外汇管理、终止、纠纷解决等重要事项。1983 年 9 月 20 日，国务院制定《中华人民共和国中外合资经营企业法实施条例》，对《中外合资经营企业法》进行了细化规定。

在该阶段，外商投资的企业形式主要以合营企业为主。从投资的空间区位看，主要集中在深圳、珠海、汕头、厦门等经济特区。从投资的产业领域看，外商投资主要在第二、第三产业。

2. 成长阶段（1983—1991 年）

1986 年 4 月 12 日，第六届全国人民代表大会第四次会议通过《中华人民共和国外资企业法》（简称《外资企业法》）。1986 年，国务院制定《国务院关于鼓励外商投资的规定》。1988 年 4 月 13 日，全国人大通过《中华人民共和国中外合作经营企业法》（简称《中外合作经营企业法》），这些法律、法规和《中外合资经营企业法》及其实施细则等构成我国吸引外国投资者的基本法律框架，也体现出我国积极吸引和利用外国投资，给予一定税收、外汇管理、企业用工、进出口等优惠政策，保护外国投资者合法权益等吸引外国投资者的直接投资政策。

在该阶段，外商投资的企业形式主要以合营企业和合作企业为主，外商独资企业较少。从投资的空间区位看，从经济特区扩散到大连、秦皇岛等 14 个沿海港口开放城市以及珠江三角洲、闽南厦漳泉三角地区和长江三角洲。从投资的产业领域看，外资也主要流向第二、第三产业。

3. 提高阶段（1992—2001 年）

经国务院批准，1995 年 6 月 20 日，国家计划委员会、国家经济贸易委员会、对外贸易经济合作部发布《指导外商投资方向暂行规定》和《外商投资产业指导目录》，将外商投资项目划分为鼓励、允许、限制和禁止四类。这种管理模式相当于外商投资管理的"正面清单"模式。1995 年 9 月 4 日，对外贸易经济合作部经国务院同意发布《中华人民共和国中外合作经营企业法实施细则》（该实施细则于 2014 年、2017 年进行了修订）。2000 年 10 月 31 日，第九届全国人民代表大会常务委员会第十八次会议分别对《中外合作经营企业法》和《外资企业法》进行第一次修订，《中外合作经营企业法》的修改主要涉及第十九条和第二十条。即将第十九条"合作企业可以在经批准的经营范围内，进口本企业需要的物资，出口本企业生产的产品。合作企业在经批准的经营范围内所需的原材料、燃料等物资，可以在国内市场购买，也可以在国际市场购买"修改为："合作企业可以在经批准的经营范围内，进口本企业需要的物资，出口本企业生产的产品。合作企业在经批准的经营范围内所需的原材料、燃料等物资，按照公平、合理的原则，可以在国内市场或者在国际市场购买。"删去第二十条"合作企业应当自行解决外汇收支平衡。合作企业不能自行解决外汇收支平衡的，可以依照国家规定申请有关机关给予协助"。《外资企业法》的修改主要涉及第三条、第十一条、第十五条和第十八条。第三条第一款修改为："设立外资企业，必须有利于中国国民经济的发展。国家鼓励举办产品出口或者技术先进的外资企业。"删去第十一条第一款"外资企业的生产经营计划应当报其主管部门备案"。第十五条由"外资企业在批准的经营范围内需要的原材料、燃料等物资，可以在中国购买，也可以在国际市场购买；在同等条件下，应当尽先在中国购买"修改为"外资企业在批准的经营范围内所需的原材料、燃料等物资，按照公平、合理的原则，可以在国内市场或者在国际市场购买"。删去第十八条第三款"外资企业的产品经有关主管机关批准在中国市场销售，因而造成企业外汇收支不平衡的，由批准其在中国市场销售的机关负责解决"。

从以上《中外合作经营企业法》和《外资企业法》的修改可以清楚地看到我国吸引外国投资的政策转变，即不断减少对计划的干预，对外国投资者实行国民待遇，不断提高外国投资者在我国投资的便利化自由化程度。

在提高阶段，外商投资的企业形式主要以外商独资企业为主，合营企业次之，合作企业逐渐减少。从投资的空间区位看，已由线到面，外商投资遍布我国沿海、沿江、沿路地带，并向中西部地区渗透。从投资的产业领域看，第二产业和第三产业都在增加。自 1993 年起，我国利用外资数额长期位居发展中国家第一、世界第二的位置，创造了利用外资的世界奇迹。

4. 稳步发展阶段（2002 年至今）

（1）加入 WTO 至 2010 年（与国际接轨阶段）

有研究者指出，2002 年 11 月，党的十六大报告要求"进一步吸引外商直接投资，提高利用外资的质量和水平"。为适应入世的新形势、产业结构调整和区域协调发展，我国颁布（或修订）了《指导外商投资方向的规定》《外商投资产业指导目录》《鼓励外商投资高新技术产品目录》《产业结构调整指导目录》和《中西部地区外商投资优势产业目录》等。2002—2007 年，我国利用外资重新出现快速增长的态势，更多的外资投向了高新科技和环保产业以及中西部欠发达地区，实际使用外资达 3952.09 亿美元。①

2006 年 3 月 14 日，全国人大通过的《国民经济和社会发展第十一个五年规划纲要》（简称"'十一五'规划纲要"）提出"提高利用外资质量"，主要包括引导外商投资方向和促进利用外资方式多样化两方面：抓住国际产业转移机遇，继续积极有效利用外资，重点通过利用外资引进国外先进技术、管理经验和高素质人才，把利用外资同提升国内产业结构、技术水平结合起来。①引导外商投资方向。完善法律法规和政策，形成稳定、透明的管理体制和公平、可预见的政策环境。引导外资更多地投向高技术产业、现代服务业、高端制造环节、基础设施和生态环境保护，投向中西部地区和东北地区等老工业基地。鼓励跨国公司在我国设立地区总部、研发中心、采购中心、培训中心。鼓励外资企业技术创新，增强配套能力，延伸产业链。吸引外资能力较强的地区和开发区，要注重提高生产制造层次，并积极向研究开发、现代流通等领域拓展，充分发挥集聚和带动效应。②促进利用外资方式多样化。引导国内企业同跨国公司开展多种形式的合作，发挥外资的技术溢出效应。在保护国内自主品牌基础上，引导和规范外商参与国内企业改组改造。有效利用境外资本市场，支持国内企业境外上市。完善风险投资退出机制，鼓励外商风险投资公司和风险投资

---

① 黄永富. 关于新时期"稳外资"的几点思考 [J]. 国际金融，2017（7）：7-11.

基金来华投资。鼓励具备条件的境外机构参股国内证券公司和基金管理公司。

（2）2011 年至今（高质量发展阶段）

2017 年，党的十九大报告提出，实行高水平的贸易和投资自由化便利化政策，全面实行准入前国民待遇加负面清单管理制度，大幅度放宽市场准入，扩大服务业对外开放，保护外商投资合法权益。

2018 年 6 月 15 日，国务院下发《国务院关于积极有效利用外资推动经济高质量发展若干措施的通知》，提出以下六方面措施：①大幅度放宽市场准入，提升投资自由化水平；②深化"放管服"改革，提升投资便利化水平；③加强投资促进，提升引资质量和水平；④提升投资保护水平，打造高标准投资环境；⑤优化区域开放布局，引导外资投向中西部等地区；⑥推动国家级开发区创新提升，强化利用外资重要平台作用。

《中华人民共和国外商投资法》（简称《外商投资法》）由第十三届全国人大于 2019 年 3 月 15 日通过，自 2020 年 1 月 1 日起施行。此前已经颁布实施的《中华人民共和国中外合资经营企业法》《中华人民共和国外资企业法》《中华人民共和国中外合作经营企业法》同时废止。《外商投资法》体现了我国进一步对外开放的决心和信心。它规定了外商投资准入前国民待遇加负面清单的管理制度。在外商外资准入的地方，除了负面清单规定的这些领域，在其他领域给外商投资者以国民待遇。国家实行高水平投资自由化便利化政策，建立和完善外商投资促进机制，营造稳定、透明、可预期和公平竞争的市场环境。国家根据需要，设立特殊经济区域，或者在部分地区实行外商投资试验性政策措施，促进外商投资，扩大对外开放。县级以上地方人民政府可以根据法律、行政法规、地方性法规的规定，在法定权限内制定外商投资促进和便利化政策措施。各级人民政府及其有关部门应当按照便利、高效、透明的原则，简化办事程序，提高办事效率，优化政务服务，进一步提高外商投资服务水平。有关主管部门应当编制和公布外商投资指引，为外国投资者和外商投资企业提供服务和便利。

《外商投资法》实施一年后，全国外商投资准入负面清单由 2019 年的 40 条减至 33 条，自贸试验区版外商投资准入负面清单由 37 条减至 30 条，自由贸易港版本压缩至 27 条。中国在世界银行《营商环境报告》中的排名从 2018 年的第 78 位跃升至 2020 年的第 31 位，连续两年跻身全球营商环境改善最快的前 10 个经济体之列。

自党的十八大以来，我国吸引外资总体规模持续增长，并长期位居全球第二，尤其是 2020 年，在全球外资下降了 40% 的背景下，中国引资仍逆势增长了

4.5%。外资企业作为我国市场主体的重要组成部分，对中国经济社会发展作出了独特且重要的贡献。外资企业以占市场主体2%的份额，带动了约4000万人的就业，占全国城镇就业人口的1/10，贡献了我国1/6的税收，2/5的进出口。①

（二）对外直接投资

1. 对外投资发展历程

有研究者认为，新中国成立70多年以来，中国对外直接投资可以分为五个阶段，即艰难探索、尝试发展、调整发展、快速发展和全面发展的历程。

（1）艰难探索阶段（1949—1978年）。面对恶劣的国内外经济环境和资本、技术及人才等生产要素严重匮乏的局面，我国在这一时期无力开展大规模对外投资活动，仅有的继承型境外投资企业主要集中在香港地区，如负责全部国内来港货物中转业务的招商局集团有限公司、负责进口重要物资和组织对港出口的华润（集团）有限公司以及香港中旅（集团）有限公司等国有企业，驻港"三大国企"为对外经贸与投资活动积累了宝贵经验。

（2）尝试发展阶段（1979—1992年）。这一时期，对外直接投资的特征是投资规模小且主要依托对外贸易，参与企业少且主要集中在北上广等地；对外投资的主体全部为国有企业；投资行业逐渐由外经贸企业向多行业企业转变，由最初的餐饮等服务业及建筑工程业扩展到机械加工、资源开发及交通运输等20多个行业；而相应配套政策的建立则以规范和管理为主要功能。

（3）调整发展阶段（1993—1999年）。我国对外直接投资的国内外环境在1993年发生明显变化。国内经济由于总供需失衡引发"经济过热"，政府为抑制通货膨胀采取"紧缩银根"措施，即压缩、控制投资与信贷规模的政策。加之西方发达国家对我国进行新一轮的经济制裁；另外，部分国企开始显现出盲目投资导致亏损，以及看似对外投资实为资本外逃的现象。

（4）快速发展阶段（2000—2012年）。我国这一时期的对外直接投资充分显现出中国特色：投资所有制主体、投资动因、投资区位、投资模式、投资产业均呈现出多元化特征，即民营企业广泛参与、市场与效率及资源寻求动因并存、投资区位以亚洲为重点呈广泛分布、跨国并购渐成主要投资模式、投资产业以制造业为首等多样化发展。

---

① 国新办举行积极贡献商务力量　奋力助推全面小康新闻发布会［EB/OL］. 中国政府网，2021-08-23.

（5）全面发展阶段（2013至今）。当前，我国对外直接投资主要集中在商业服务业、制造业、采矿业、批发零售业、金融业和建筑业；投资模式涵盖绿地投资、跨国并购、参股融资、合作联盟及境外上市等多种类型。其中，跨国并购渐成主要投资模式，能够带动国内经济发展的市场获取与技术获取动因的对外投资比重逐渐提升。①

2. 对外投资政策及成果

2006年，全国人大通过的《中华人民共和国经济和社会发展第十一个五年规划纲要》明确提出，完善促进生产要素跨境流动和优化配置的体制和政策，积极开展与周边国家及其他国家的经济技术合作，实现互利共赢。①实施"走出去"战略。支持有条件的企业对外直接投资和跨国经营；以优势产业为重点，引导企业开展境外加工贸易，促进产品原产地多元化；通过跨国并购、参股、上市、重组联合等方式，培育和发展我国的跨国公司；按照优势互补、平等互利的原则扩大境外资源合作开发；鼓励企业参与境外基础设施建设，提高工程承包水平，稳步发展劳务合作；完善境外投资促进和保障体系，加强对境外投资的统筹协调、风险管理和海外国有资产监管。②推进国际区域经济合作。统筹规划并稳步推进贸易、投资、交通运输的便利化，积极参与国际区域经济合作机制，加强对话与协商，发展与各国的双边、多边经贸合作；积极参与多边贸易、投资规则制定，推动建立国际经济新秩序；增加我国对其他发展中国家的援助，进一步加强与发展中国家的经济技术合作。

2017年党的十九大报告要求，要以"一带一路"建设为重点，坚持引进来和走出去并重，遵循共商共建共享原则，加强创新能力开放合作，形成陆海内外联动、东西双向互济的开放格局。

商务部编制的《中国对外投资合作发展报告（2020）》显示，2019年中国对外直接投资流量蝉联全球第二，对全球对外投资流量贡献率连续4年超过10%，存量规模保持全球第三，占全球比重保持稳定。表4-3为2010年至2019年我国对外投资金额及增长情况。

---

① 高鹏飞，辛灵，孙文莉. 新中国70年对外直接投资：发展历程、理论逻辑与政策体系[J]. 财经理论与实践，2019，40（5）：2-10.

表 4-3　2010—2019 年我国对外投资情况简表　　　　单位：亿美元

	2010	2011	2012	2013	2014	2015	2016	2017	2018	2019
投资金额	688.1	746.5	878	1078.4	1231.2	1456.7	1961.5	1582.9	1430.4	1369.1
同比增速	21.7%	8.5%	17.6%	22.8%	14.2%	18.3%	34.7%	-19.3%	-9.6%	-4.3%

据商务部、外汇局统计，2020 年我国对外全行业直接投资 9169.7 亿元人民币，同比增长 3.3%（折合 1329.4 亿美元，同比增长 3.3%）。其中，我国境内投资者共对全球 172 个国家和地区的 6790 家境外企业进行了非金融类直接投资，累计投资 7597.7 亿元人民币，同比下降 0.4%（折合 1101.5 亿美元，同比下降 0.4%）。

（三）我国投资政策分析

1. 目前，我国投资政策还是以吸引外国投资政策为主，并适时修改相关法律规定。法律是最具权威和最稳定的投资政策，我国注重采用法律的形式将保护投资者权益的政策固定下来，并适时进行修改完善。以外商投资方面的法律为例，《中外合资经营企业法》从 1979 年到 2019 年的 30 年间共修订三次，既保持法律的稳定性，也能根据形势的变化进行修订。同理，《中外合作经营企业法》自 1988 年实施后，曾于 2000 年 10 月 31 日、2016 年 9 月 3 日、2016 年 11 月 7 日、2017 年 11 月 4 日进行四次修订。《外资企业法》自 1986 年制定后，分别于 2000 年 10 月 31 日、2016 年 9 月 3 日进行两次修订。相对于比较完善的外商投资法律，我国对外投资方面的法律比较欠缺。

2. 坚持引进来和走出去并重，通过高水平的双向投资高效利用全球资源和市场空间，持续完善产业链和供应链保障机制，推动产业竞争力的提升。国家将更加大力度吸引和利用外资，有序推进电信、互联网、教育、文化、医疗等领域的相关业务开放。全面优化外商投资服务，加强外商投资的促进和保护，发挥重大外资项目的示范效应，支持外资在中高端制造、高新技术、传统制造转型升级、现代服务等领域以及中西部地区加大投资力度，支持外资企业设立研发中心并参与国家科技计划项目。鼓励外资企业将利润再投资。坚持企业为主体，创新境外投资方式，优化境外投资结构和布局，提升风险防范能力和收益水平。完善境外生产服务网络和流通体系，加快金融、咨询、会计、法律等生产性服务业的国际化发展，推动中国产品、服务、技术、品牌和标准走向国际市场。支持企业融入全球产业链和供应链，提高跨国经营能力和水平。引导企业加强合规管理，防范和化解境外政治、经济、安全等方面的各种风险。推进多双边投资合作机制建设，健全促进和保障境外投资的政策和服务体系，推动境外投资立法。

3. 吸引外资经历了从"来者不拒"到"择善而从"的转变，投资政策应着重解决吸引外资过程中存在的突出问题。首先，外国投资虽然给我们带来资金和技术，促进我国经济增长和解决就业问题，但同时也存在一些问题。例如，2020 年，我国东、中、西部地区实际使用外资占比分别为 85.4%、5.9% 和5.4%。江苏、广东、上海、山东、浙江、北京引资规模位居全国前列，合计贡献了 75.5% 的实际使用外资。可见，外资主要集中在东部沿海地区，东北老工业基地和中西部地区吸引外资的能力较差，制约了当地经济发展，也拉大了我国地区间经济发展水平的差距。其次，外商主要投向第二和第三产业。2008 年，我国第一、二、三产业实际利用外资的比重分别为 1.29%、57%、41%，而2020 年该比重分别为 0.3%、24.5% 和 75.2%，第一产业比重过低，利用外资产业结构的不合理及其内部的非均衡发展，可能会加剧产业结构失衡、进一步扩大城乡差距。最后，利用外资必须考虑到国家经济安全，包括金融安全、国内产业和进出口贸易市场安全等。必须坚持国家利益至上，以人民安全为宗旨，以政治安全为根本，统筹外部安全和内部安全、国土安全和国民安全、传统安全和非传统安全、自身安全和共同安全，完善国家安全制度体系，加强国家安全能力建设，坚决维护国家主权、安全和发展利益。如今，外商投资方式已从过去单一的中外合资逐步发展为外商独资、中外合资、外商投资股份制和中外合作四种方式并存。同时，在新经济形势下，在高技术、高附加值、绿色环保产业中，外资的准入门槛不断降低，在这些行业中，我国给予了外商更大的扶持力度，统筹外商企业与本土企业协同发展。

（四）海南自贸港投资政策

与贸易政策一样，海南自贸港投资政策亦应坚持全国性投资政策的基本原则，包括"外商投资准入前国民待遇加负面清单的管理制度""坚持引进来和走出去并重"等。在此基础上，增加投资自由便利化措施，最大程度吸引外商投资以及先进技术、管理经验，支持外商全面参与自由贸易港建设。《海南自由贸易港建设总体方案》规定的具体政策如下：

1. 实施市场准入承诺即入制。严格落实"非禁即入"，在"管得住"的前提下，对具有强制性标准的领域，原则上取消许可和审批，建立健全备案制度，市场主体承诺符合相关要求并提交相关材料进行备案，即可开展投资经营活动。备案受理机构从收到备案时起，即开始承担审查责任。对外商投资实施准入前国民待遇加负面清单管理制度，大幅减少禁止和限制条款。

2. 创新完善投资自由制度。实行以过程监管为重点的投资便利制度；建立以电子证照为主的设立便利，以"有事必应""无事不扰"为主的经营便利，以公告承诺和优化程序为主的注销便利，以尽职履责为主的破产便利等政策制度。

3. 建立健全公平竞争制度。强化竞争政策的基础性地位，确保各类所有制市场主体在要素获取、标准制定、准入许可、经营运营、优惠政策等方面享受平等待遇。政府采购对内外资企业一视同仁。加强和优化反垄断执法，打破行政性垄断，防止市场垄断，维护公平竞争的市场秩序。

4. 完善产权保护制度。依法保护私人和法人财产的取得、使用、处置和继承的权利，以及依法征收私人和法人财产时被征收财产所有人得到补偿的权利。落实公司法等法律法规，加强对中小投资者的保护。加大知识产权侵权惩罚力度，建立健全知识产权领域市场主体信用分类监管、失信惩戒等机制。加强区块链技术在知识产权交易、存证等方面的应用，探索适合自由贸易港发展的新模式。

四、金融政策

金融政策经常被称作货币政策。货币政策是一国中央银行为了实现特定的经济目标而在一定时期内采用的调整货币供应的措施和规定的行为规则，主要包括信贷政策、利率政策和汇率政策。广义的金融政策则是政府影响金融机构或金融市场运行的经济政策。金融政策属于国家宏观调控的范畴，亦属于中央事权。海南自贸港金融政策也应在国家整体金融政策的指导下进行某些方面的创新。

（一）计划经济体制下的货币政策

货币政策要服从于国家财政计划的需要。这一时期的资金管理体制是以财政为主，银行为辅；以无偿拨款为主，有偿贷款为辅。所谓"大财政、小银行"，银行只局限于国民经济调节的狭小范围，很难发挥其调节器的功能。①

---

① 曹龙骐. 金融学 [M]. 5 版. 北京：高等教育出版社，2016：373.

如果货币政策都没有发挥什么作用，金融政策也基本没有作为，因此，计划经济体制下金融政策主要以政府部门的指令为准，金融政策是计划的工具。

（二）改革开放以来货币政策的实践①

1. 1979 年实行"总量控制、结构调整"的政策；

2. 1985 年实行紧缩银根的政策；

3. 1986 年和 1987 年分别实行"稳中求松"和"紧中有活"的货币政策；

4. 1988—1989 年实行严格紧缩的货币政策；

5. 1994 年—1996 年实行适度从紧的货币政策；

6. 1997 年—2006 年实行稳健的货币政策；

7. 2007—2008 年 9 月实行从紧的货币政策；

8. 2008 年 9 月—2010 年 12 月实行适度宽松的货币政策；

9. 2010 年 12 月—2015 年 6 月实行稳健的货币政策。

（三）党的二十大以来的金融政策

1. 2022 年党的二十大报告提出，要深化金融体制改革，建设现代中央银行制度，加强和完善现代金融监管，强化金融稳定保障体系，依法将各类金融活动全部纳入监管，守住不发生系统性风险底线。

2. 2023 年 10 月 21 日，受国务院委托，中国人民银行行长潘功胜在第十四届全国人民代表大会常务委员会第六次会议上作《国务院关于金融工作情况的报告》，报告内容包括货币政策执行情况（加大稳健的货币政策实施力度、发挥结构性货币政策工具作用、降低企业融资和个人消费信贷成本、保持人民币汇率在合理均衡水平上的基本稳定）、金融业运行和监管工作情况、金融支持实体经济情况、金融改革和对外开放情况、防范化解金融风险隐患情况、加强党对金融工作的全面领导。

3. 2023 年 10 月 30 日召开的中央金融工作会议强调，金融是国民经济的血脉，是国家核心竞争力的重要组成部分，要加快建设金融强国，全面加强金融监管，完善金融体制，优化金融服务，防范化解风险，坚定不移走中国特色金融发展之路，推动我国金融高质量发展，为以中国式现代化全面推进强国建设、民族复兴伟业提供有力支撑。大力发展科技金融、绿色金融、普惠金融、养老金融和数字金融。

---

① 曹龙骐．金融学［M］．5 版．北京：高等教育出版社，2016：374-376.

4. 2023 年 12 月召开的中央经济工作会议指出，稳健的货币政策要灵活适度、精准有效。保持流动性合理充裕，使社会融资规模和货币供应量与经济增长及价格水平预期目标相匹配。充分发挥货币政策工具在总量和结构上的双重作用，盘活存量、提升效能，引导金融机构加大对科技创新、绿色转型、普惠小微企业和数字经济的支持力度。

5. 2024 年 3 月 5 日，李强总理代表国务院向十四届全国人大二次会议作政府工作报告，报告指出稳健的货币政策要灵活适度、精准有效。保持流动性合理充裕，使社会融资规模和货币供应量与经济增长及价格水平预期目标相匹配。加强总量和结构的双重调节，盘活存量、提升效能，加大对重大战略、重点领域和薄弱环节的支持力度。促进社会综合融资成本稳中有降，畅通货币政策传导机制，避免资金沉淀空转。增强资本市场的内在稳定性，保持人民币汇率在合理均衡水平上的基本稳定。大力发展科技金融、绿色金融、普惠金融、养老金融和数字金融。

（四）海南自贸港金融政策

显然，海南自贸港金融政策也应遵循党的二十大报告、中央金融工作会议、中央经济工作会议和政府工作报告所涉及的金融政策（包括货币政策），除此以外，坚持金融服务实体经济，重点围绕贸易投资自由化便利化，有序推进海南自由贸易港与境外资金自由便利流动。《海南自由贸易港建设总体方案》规定的具体金融政策如下：

1. 构建多功能自由贸易账户体系。以国内现有本外币账户和自由贸易账户为基础，构建海南金融对外开放基础平台。通过金融账户隔离，建立资金"电子围网"，为海南自由贸易港与境外实现跨境资金自由便利流动提供基础条件。

2. 便利跨境贸易投资资金流动。进一步推动跨境货物贸易、服务贸易和新型国际贸易结算便利化，实现银行真实性审核从事前审查转为事后核查。在跨境直接投资交易环节，按照准入前国民待遇加负面清单模式简化管理，提高兑换环节登记和兑换的便利性，探索适应市场需求新形态的跨境投资管理。在跨境融资领域，探索建立新的外债管理体制，试点整合交易环节的外债管理框架，完善企业发行外债的备案登记管理制度，全面实施全口径跨境融资的宏观审慎管理，稳步扩大跨境资产转让范围，提升外债资金汇兑的便利化水平。在跨境证券投融资领域，重点服务实体经济的投融资需求，支持海南特色产业和具有比较优势的产业发展，在境外上市和发债等方面给予优先支持，并简化汇兑管理。

3. 扩大金融业对内对外开放。在海南自由贸易港率先落实金融业扩大开放政策，支持建设国际能源、航运、产权、股权等交易场所，加快发展结算中心。

4. 加快金融改革创新。支持住房租赁金融业务的创新和规范发展，推动房地产投资信托基金（REITs）的发展。稳步拓宽多种形式的产业融资渠道，放宽外资企业资本金的使用范围。创新科技金融的政策、产品和工具。

五、税收政策

税收政策是国家为了实现特定目标而制定和实施的保障政府收入、促进公平分配和宏观调控的经济政策。税收政策和前面的产业政策、外贸政策、金融政策一样，均属于中央事权，海南自贸港的税收政策不可能完全独立于全国的税收政策，只能是在全国基本税收政策的基础上有所变通、有所改进。

（一）税收政策的弱化阶段（1949—1977 年）

1950 年，我国制定了《全国税政实施要则》，明确规定实施全国统一的税收征管体制，在全国范围内开征 14 种税收，即货物税、工商业税（包括营业税和所得税两个部分）、盐税、关税、薪给报酬所得税、存款利息所得税、印花税、遗产税、交易税、屠宰税、房产税、地产税、特种消费行为税和使用牌照税。此外，还有各地自行征收的一些税种，如农业税、牧业税等。1952 年后，苏联的"非税论"传入我国，导致我国税制不断简化，加之计划经济也排斥税收的作用，至 1973 年我国税制简化为近乎单一税种，对国营企业只征收一道工商税，对集体企业只征收工商税和工商所得税两种税，城市房地产税、车船使用牌照税、屠宰税仅对个人和极少数单位征收，工商统一税仅对外适用。税种少、税制简单，大大缩小了税收在经济领域中的活动范围，严重地影响了税收职能作用的发挥。

（二）现代税收政策的形成阶段（1978—1992 年）

1978 年，党的十一届三中全会确立了我国改革开放的总方针，我国在 20 世纪 80 年代初率先建立起涉外税收制度，从 1980 年 9 月到 1981 年 12 月，我国第五次全国人民代表大会相继通过并公布了中外合资经营所得税法、个人所得税法和外国企业所得税法。同时，继续对中外合资企业、外国企业和外国人征收工商统一税、城市房地产税和车船使用牌照税。1983 年开始对国营企业实行"利改税"，随后再对个体工商户、个人、私营企业征收所得税。国务院陆续发布了关于征收集体企业所得税、私营企业所得税、城乡个体工商业户所得税、个人收入调节税、城市维护建设税、奖金税（包括国营企业奖金税、集体企业奖金税和事业单位奖金税等，其中，国营企业奖金税的暂行规定于 1984 年 6 月发布，1985 年进行修订）、国营企业工资调节税、固定资产投资方向调节税（其前身为 1983 年开征的建筑税）、特别消费税、房产税、车船使用税、城镇土地使用税、印花税、筵席税等税收的法规。

到 1992 年初步建立了一个由产品税、增值税、营业税、资源税、盐税、城镇土地使用税、国营企业所得税、国营企业调节税、集体企业所得税、私营企业所得税、城乡个体工商业户所得税、个人收入调节税、国营企业奖金税、集体企业奖金税、事业单位奖金税、国营企业工资调节税、固定资产投资方向调节税、城市维护建设税、烧油特别税、筵席税、特别消费税、房产税、车船使用税、印花税、屠宰税、集市交易税、牲畜交易税、外商投资企业和外国企业所得税、个人所得税、工商统一税、城市房地产税和车船使用牌照税等多种税组成、多环节课征、具备多种调节功能的复税制体系。

（三）现代税收的发展阶段（1993—2022 年）

1. 加强税收法治化。进入新时代，税收立法速度明显加快。现行税制的 18 个税种中，个人所得税、企业所得税、车船税、烟叶税、车辆购置税、船舶吨税、耕地占用税、环境保护税、资源税、契税、城市维护建设税、印花税 12 个税种已完成立法任务，增值税法、消费税法等征求意见稿已向社会公布，税收立法工作稳步推进。①

2. 进行税收征管体制改革。我国先是在 1994 年实行分税制，税种按照中央税、地方税、中央和地方共享税三种，税收按照国税和地税两套体系分别进行征收。2018 年，中共中央、国务院发布的《深化党和国家机构改革方案》要求改革国税地税征管体制，由此，国税和地税又进行了合并，提高了税收征管效率，并降低了成本，进一步优化了税收征管体制。

3. 增强国际税收合作。税收是一个与人类命运共同体密切相关的问题。随着经济全球化趋势加强，税基侵蚀和利润转移问题变得更加突出，国际税收分配问题的重点从过去的如何防止国际重复征税转移到如何防止双重不征税或少征税。国际税收秩序已经运行了一百多年，正面临着变局。随着我国对外开放

---

① 杨志勇. 税收思想与税收政策的演变：中国共产党一百年来的探索 [J]. 税务研究，2021（7）：9.

程度的不断提高，国际税收管理工作也取得了新进展。如我国积极促进"一带一路"税收征管合作机制的建立，旨在打造一个增长友好型的税收环境；我国积极参与国际税收新规则的制定，和其他国家一起落实税基侵蚀和利润转移行动计划等。[①]

（四）党的二十大以后

1. 党的二十大报告指出，加大税收、社会保障、转移支付等的调节力度。我们需要完善个人所得税制度，以规范收入分配秩序和财富积累机制，保护合法收入，调节过高收入，并取缔非法收入。同时，加强财政政策和货币政策的协调配合，重点扩大内需，强化消费在经济发展中的基础性作用，以及投资对优化供给结构的关键作用。

2. 2023年12月召开的中央经济工作会议强调，积极的财政政策要适度加力、提质增效。要落实好结构性减税降费政策，重点支持科技创新和制造业发展。需要增强宏观政策的一致性取向。加强财政、货币、就业、产业、区域、科技、环保等政策的协调配合，将非经济性政策纳入宏观政策一致性评估，强化政策统筹，确保各项政策同向发力，形成合力。

3. 2024年3月5日的《政府工作报告》指出，2024年积极的财政政策要适度加力、提质增效。综合考虑发展需要和财政可持续，用好财政政策空间，优化政策工具组合。落实好结构性减税降费政策，重点支持科技创新和制造业发展。

（五）海南自贸港税收政策

根据《海南自由贸易港建设总体方案》的规定，按照零关税、低税率、简税制、强法治、分阶段的原则，逐步建立与高水平自由贸易港相适应的税收制度。

1. 零关税。全岛封关运作前，对部分进口商品，免征进口关税、进口环节增值税和消费税。全岛封关运作、简并税制后，对进口征税商品目录以外、允许海南自由贸易港进口的商品，免征进口关税。

2. 低税率。在海南自由贸易港，对于实质经营的企业，将实行优惠的企业所得税税率。对符合条件的个人，也将实施个人所得税优惠税率。

3. 简税制。结合我国税制改革方向，探索推进简化税制。改革税种制度，

[①] 杨志勇.税收思想与税收政策的演变：中国共产党一百年来的探索［J］.税务研究，2021（7）：9.

降低间接税比例，实现税种结构简单科学、税制要素充分优化、税负水平明显降低、收入归属清晰、财政收支大体均衡。

3. 强法治。税收管理部门按照实质经济活动所在地和价值创造地原则，对纳税行为进行评估和预警，制定简明易行的实质经营地和所在地居住判定标准。强化对偷漏税风险的识别，防范税基侵蚀和利润转移，确保不成为"避税天堂"。积极参与国际税收征管合作，加强涉税情报信息的共享。同时，加强税务领域的信用分类服务和管理，依法依规对违法失信企业和个人采取相应措施。

4. 分阶段。按照海南自由贸易港建设的不同阶段，分步骤实施零关税、低税率、简税制的安排，最终形成具有国际竞争力的税收制度。

六、人才政策

人才政策是指党和政府为了实现一定时期的特定目标而制定和实施的人才引进、人才培养、人才使用和人才保留等政策的总称。

（一）新中国成立至改革开放前的人才政策（1949—1977 年）

从 1949 年新中国成立后到改革开放之前，我国的人才政策经历了曲折发展的过程。

有学者认为，1956 年 1 月，党中央召开了知识分子问题会议，周恩来在会上作了《关于知识分子问题的报告》，他代表党中央宣布："中国的知识分子，经过学习和锻炼，他们中间的绝大部分已经成为国家工作人员，已经为社会主义服务，已经是工人阶级的一部分。"毛泽东在会议上也指出，"现在叫技术革命、文化革命，革愚蠢无知的命，没有知识分子是不行的，单靠老粗是不行的。中国应有大批知识分子"。这次会议为充分发挥知识分子作用奠定了理论基础。这一时期，党的知识分子政策不仅团结了国内的知识分子，也争取了大批留居国外的知识分子。华罗庚、李四光、钱学森、邓稼先等一大批科学家放弃了国外优厚的待遇，积极投身于祖国建设，缩短了中国科学研究与世界先进水平之间的差距，而 1971 年召开的全国教育工作会议，提出所谓的"两个估计"，即"文化大革命"前 17 年教育战线是资产阶级专了无产阶级的政，是"黑线专政"，知识分子的大多数世界观基本上是资产阶级的，是资产阶级知识分子。"两个估计"把知识分子问题上的"左"倾错误系统化、理论化了，成为长期束缚知识分子的一个枷锁。从 1966 年起，全国高等学校连续 6 年停止招生，研究生停招 12 年，派遣留学生停滞 6 年，接受外国留学生停滞 7 年。错误的人才政策导致了灾难性的后果，我国现代化建设的前进步伐严重滞缓，工农业发展速度大大降低，生产下降，经济损失严重。①

（二）改革开放后至加入 WTO 之前的人才政策（1978—2002 年）

党的十一届三中全会给人才政策带来新的发展机遇。1978 年 3 月，全国科学大会在北京召开，会议通过《1978—1985 年全国科学技术发展规划纲要》（简称《纲要》），《纲要》提出科学研究队伍和机构建设的具体措施。

1978 年，中共中央组织部下发《关于落实党的知识分子政策的几点意见》。意见指出，我国现有的知识分子队伍，百分之九十以上是新中国成立后党培养教育出来的，百分之七十以上出身劳动人民家庭，即使是从旧社会过来的知识分子，经过党的长期教育和业务实践，以及二十多年的考验和锻炼，在世界观的改造方面也取得了显著进步。在现有的知识分子群体中，绝大多数是好的或比较好的，已经融入工人阶级的行列，而坏人只是极少数。实现四个现代化，关键是科学技术的现代化，而科学技术的现代化，最重要的是人才问题。现在的情况是，一方面人才很缺，青黄不接；另一方面又有相当数量的专业人员用非所学，仅科技、文教、卫生战线就有几十万人未从事专业工作。人才的浪费是极大的浪费。落实党的知识分子政策，做好知识分子的工作，关系到充分调动千百万知识分子的社会主义积极性，关系到加快实现四个现代化的进程。各级党委组织部门，要在党委的领导下，组织各方面的力量，积极认真地把这项工作抓紧抓好。②

1995 年，党中央提出实施科教兴国战略。围绕这一战略，国家先后启动"211"工程、"985"工程；有关部门实施了"跨世纪优秀人才培养计划""创新团队国际合作计划""百人计划"等人才培养、集聚计划和项目，加大人才培养、吸引、使用力度。

2002 年 5 月 7 日，中共中央办公厅、国务院办公厅共同印发《2002—2005 年全国人才队伍建设规划纲要》（简称《纲要》）。《纲要》指出，到 2000 年年底，我国具有中专及以上学历或专业技术职称的各类人员达到 6360 万，其中党政干部 585.7 万，企业经营管理人员 780.1 万，专业技术人员 4100 万，其他人员 894.2 万。

---

① 冉小毅. 我国人才政策的发展轨迹 [J]. 理论前沿，2009（14）：36-37.
② 中共中央组织部关于落实党的知识分子政策的几点意见 [EB/OL]. 宣讲家网，2011-09-30.

（三）2003 年至今

2003 年，党中央、国务院召开了新中国历史上第一次全国人才工作会议，会议指出，人才问题是关系党和国家事业发展的关键问题，牢固树立三种观念：人力资源是第一资源的观念、人人都可以成才的观念和以人为本的观念。

面对激烈的国际竞争，党和国家把人才作为第一资源，进一步提出实施人才战略，并在《中华人民共和国国民经济和社会发展第十个五年计划纲要》专章强调要"实施人才战略，壮大人才队伍"，提出"人才是最宝贵的资源，要把培养、吸引和用好人才作为一项重大的战略任务切实抓好，按照德才兼备的原则，培养数以亿计的高素质劳动者、数以千万计具有创新精神和创新能力的专门人才"。2016 年 3 月 21 日，中共中央印发《关于深化人才发展体制机制改革的意见》，提出"推进人才管理体制改革、改进人才培养支持机制、创新人才评价机制、健全人才顺畅流动机制、强化人才创新创业激励机制、构建具有国际竞争力的引才用才机制、建立人才优先发展保障机制、加强对人才工作的领导"等政策措施。

2021 年 9 月 27 日至 28 日，中央人才工作会议在北京召开，习近平总书记发表了《深入实施新时代人才强国战略 加快建设世界重要人才中心和创新高地》的重要讲话。讲话指出，全国人才资源总量从 2010 年的 1.2 亿人增长到 2019 年的 2.2 亿人，其中专业技术人才从 5550.4 万人增长到 7839.8 万人。各类研发人员全时当量达到 480 万人年，居世界首位。提出全面贯彻新时代人才工作新理念新战略新举措的 8 条经验：坚持党对人才工作的全面领导；坚持人才引领发展的战略地位；坚持面向世界科技前沿、面向经济主战场、面向国家重大需求、面向人民生命健康；坚持全方位培养用好人才；坚持深化人才发展体制机制改革；坚持聚天下英才而用之；坚持营造识才爱才敬才用才的环境；坚持弘扬科学家精神。①

2022 年党的二十大报告提出，教育、科技、人才是全面建设社会主义现代化国家的基础性、战略性支撑。必须坚持科技是第一生产力、人才是第一资源、创新是第一动力的原则，深入实施科教兴国战略、人才强国战略、创新驱动发展战略，开辟新领域新赛道，持续塑造发展新动能和新优势。深化人才强国战略，重点培养造就大批德才兼备的高素质人才，这是国家和民族长远发展的重

---

① 深入实施新时代人才强国战略 加快建设世界重要人才中心和创新高地 [EB/OL]. 人民日报，2021-09-29（1）.

要战略。

（四）海南自贸港人才政策

海南自贸港人才政策充分体现在"一本三基四梁八柱"中的"三基"之中。

1. 2018 年，《中共中央　国务院关于支持海南全面深化改革开放的指导意见》要求，实施人才强国战略，深化人才发展体制机制改革，实行更加积极、更加开放、更加有效的人才政策，加快形成人人渴望成才、人人努力成才、人人皆可成才、人人尽展其才的良好环境。

2. 2020 年，《海南自由贸易港建设总体方案》没有专门提出"人才政策"，而是以"人员进出自由便利"来代替之。例如，针对海南自由贸易港发展的需求，针对高端产业人才，实行更加开放的人才引进和停居留政策，以打造人才集聚的高地。

3.《海南自由贸易港法》第四十四条规定，海南自由贸易港深化人才发展体制机制改革，创新人才培养支持机制，建立科学合理的人才引进、认定、使用和待遇保障机制。第四十六条规定，海南自由贸易港实行更加开放的人才和停居留政策，实行更加宽松的人员临时出境入境政策、便利的工作签证政策，对外国人工作许可实行负面清单管理，进一步完善居留制度。

七、保障政策

由于海南自贸港政策是 2020 年才开始在海南岛实施，保障政策方面在全国也没有可供借鉴的范例，并且保障政策很难单独列为独立的政策，往往是为其他政策提供基础支撑和保障。例如，2016 年，中共中央印发的《关于深化人才发展体制机制改革的意见》中，专门提出"建立人才优先发展保障机制"。因此，关于保障政策的梳理主要是集中在海南自贸港保障政策方面。

1. 2018 年，《中共中央　国务院关于支持海南全面深化改革开放的指导意见》中提出的保障措施有：

（1）加强党的领导。坚持党对一切工作的领导，充分发挥党总揽全局、协调各方的领导核心作用。中共海南省委要把党的政治建设摆在首位，用习近平新时代中国特色社会主义思想武装海南党员干部。着眼于健全加强党的全面领导的制度，优化党的组织机构，建立健全省委对全面深化改革开放工作的领导体制机制，更好发挥党的职能部门作用，提高党把方向、谋大局、定政策、促改革的能力和定力。加强基层党组织建设，着力提升组织力，增强政治功能，引导广大党员发挥先锋模范作用，把基层党组织建设成为推动海南全面深化改革开放的坚强战斗堡垒。

（2）强化政策保障。本意见提出的各项改革政策措施，凡涉及调整现行法律或行政法规的，经全国人大或国务院统一授权后实施。中央有关部门根据海南省建设自由贸易试验区，探索实行符合海南发展定位的自由贸易港政策需要，及时向海南省下放相关管理权限，给予充分的改革自主权。按照市场化方式，设立海南自由贸易港建设投资基金；深化司法体制综合配套改革，全面落实司法责任制，实行法院、检察院内设机构改革试点，建立法官、检察官员额退出机制；支持建立国际经济贸易仲裁机构和国际争端调解机构等多元纠纷解决机构。

（3）完善实施机制。海南省要发挥主体责任，主动作为、真抓实干，敢为人先、大胆探索，以"功成不必在我"的精神境界和"功成必定有我"的历史担当，一任接着一任干，一茬接着一茬干，将蓝图一绘到底。要制定预案，稳定市场预期，坚决防范炒房炒地投机行为。研究建立重大问题协调机制，统筹推进海南全面深化改革开放工作。中央有关部门要真放真改真支持，切实贯彻落实本意见提出的各项任务和政策措施，会同海南省抓紧制定实施方案。国家发展改革委要加强综合协调，强化督促检查，适时组织对本意见实施情况进行评估，及时发现问题并提出整改建议，重大事项向党中央、国务院报告。

2. 2020年《海南自由贸易港建设总体方案》中提到的保障政策有：

（1）加强党的全面领导。坚持用习近平新时代中国特色社会主义思想武装党员干部头脑，认真贯彻落实党中央、国务院决策部署，增强"四个意识"，坚定"四个自信"，做到"两个维护"。建立健全党对海南自由贸易港建设工作的领导体制机制，充分发挥党总揽全局、协调各方面的核心领导作用，加强党对海南自由贸易港建设各领域、各方面、各环节的领导。以党的政治建设为统领，以提升组织力为重点，全面提高党的建设质量，为海南自由贸易港建设提供坚强的政治保障。加强基层党组织建设，引导广大党员发挥先锋模范作用，把基层党组织建设成为海南推动自由贸易港建设的坚强战斗堡垒。

（2）健全实施机制。在推进海南全面深化改革开放领导小组的指导下，海南省将切实履行主体责任，加强组织领导，全力推进海南自由贸易港建设各项工作。中央和国家机关有关单位按照本方案的要求，将主动指导和推动海南自由贸易港建设，进一步细化相关政策措施，并制定实施方案，确保政策能够有效落地实施。为推进海南自由贸易港建设工作，海南全面深化改革开放领导小组办公室将牵头成立指导小组，负责指导海南自由贸易港建设工作。国家发展改革委、财政部、商务部、中国人民银行、海关总署等部门将派出干部驻海南，实地指导自由贸易港建设工作，并及时向领导小组报告有关情况。国务院发展研究中心将组织全过程评估，设立专家咨询委员会，为海南自由贸易港建设提供专业建议和政策支持。

（3）稳步推进政策落地。加大督促落实力度，将各项政策举措抓实抓细抓出成效。认真研究和妥善解决海南自由贸易港建设中遇到的新情况新问题，对一些重大政策措施做好试点工作，积极稳妥推进方案实施。

第四节　中国特色自由贸易港政策的形式

对于中国特色自由贸易港政策的形式方面的研究，目前比较少有学者涉猎，不过可以参照其他的研究成果。

有研究者提出，文化产业政策供给的形式包括政策数量、制定主体、文种类型。[①]

有研究者提出，对海南自贸区政策体系的探讨至少应该包含四个结构化特征，即政策发文时间、政策主体、政策目标和政策工具。从外部属性看，通过政策发文时间维度分布的分析，可考察海南自贸区政策体系的整体演进过程，以及海南地方政策对中央政策的响应速度；政策发文主体分析则可管窥海南自贸区建设的主导主体和协同推进，以及不同主体间的合作情况。从内部结构看，政策目标分析可以判断海南自贸港政策所要完成的任务以及期望的治理进度；政策工具是政策目标得以实现的关键，故而根据政策工具选择情况的分析，有助于研判海南自贸区建设的基本思路和政策落实情况。[②]

综上，本书对中国特色自由贸易港政策的形式分析包括政策数量、政策制定主体、政策文种三方面。

[①] 史雅文. 江苏省文化产业政策供给及实施效率评价研究 ［D］. 南京：南京航空航天大学，2021.

[②] 李宜钊，叶熙. 海南自由贸易试验区政策发展评价：基于151件政策文本的量化分析 ［J］. 海南大学学报（人文社会科学版），2020，38（1）：44.

一、政策数量

从 2020 年 6 月 1 日起，截至 2023 年 12 月 31 日，经本书统计，中央（包括中共中央、国务院和国家各部委）和海南省（包括省委、省政府和海南省各厅局）发布一系列自贸港政策文件，数量多达 370 件，并且其数量还在不断增加。为了研究方便，本书截取 2020 年 6 月 1 日至 2021 年 5 月 31 日中央和海南省发布的 143 件自贸港重点政策作为研究样本。这 143 件政策亦是由中共海南省委自由贸易港工作委员会办公室所汇编，因此可以认为是官方正式认可的重点政策，具有一定的代表性。具体政策样本如表 4-4 所示。

表 4-4　海南自贸港重点政策样本一览表（2020 年 6 月 1 日—2021 年 5 月 31 日）

政策类型	政策名称	政策的形式
一、顶层设计（共 2 件，占比 1.4%）	1. 2021 年 6 月 10 日全国人大常委会：《中华人民共和国海南自由贸易港法》	"法律"（该项政策又可以属于法律法规）
	2. 2020 年 6 月 1 日中共中央、国务院：《海南自由贸易港建设总体方案》（中发〔2020〕8 号）	"方案"
二、贸易政策（共 6 件，占比 4.2%）	3. 2021 年 5 月 18 日：《国务院关于同意设立海口空港综合保税区的批复》（国函〔2021〕50 号）	"批复"
	4. 2021 年 4 月 19 日《商务部等 20 部门：关于推进海南自由贸易港贸易自由化便利化若干措施的通知》（商自贸发〔2021〕58 号）	"通知"
	5. 2021 年 4 月 21 日：《商务部关于印发〈海南省服务业扩大开放综合试点总体方案〉的通知》（商资发 2021 年第 64 号）	"方案"
	6. 2020 年 6 月 3 日：《海关总署关于发布〈中华人民共和国海关对洋浦保税港区监管办法〉的公告》（海关总署公告〔2020〕73 号）	"办法"
	7. 2020 年 9 月 20 日：《海关总署关于洋浦保税港区统计办法的公告》（海关总署公告〔2020〕109 号）	"办法"

续表

政策类型	政策名称	政策的形式
三、投资政策（共18件，占比12.6%）	8. 2020年8月18日：《海口海关关于简化报关单随附单证有关事项的公告》（海口海关公告〔2020〕5号）	"公告"
	9. 2020年12月31日国家发展改革委商务部：《海南自由贸易港外商投资准入特别管理措施（负面清单）（2020年版）》（国家发展改革委、商务部令2020年第39号）	"措施"或"清单"
	10. 2021年4月7日：《国家发展改革委 商务部关于支持海南自由贸易港建设放宽市场准入若干特别措施的意见》（发改体改〔2021〕479号）	"意见"
	11. 2021年1月27日国家发展改革委：《关于印发重大区域发展战略建设（推进海南全面深化改革开放方向）中央预算内投资专项管理办法的通知》（发改地区规〔2021〕111号）	"办法"
	12. 2020年4月10日：《海南省人民政府关于印发〈海南省促进知识产权发展的若干规定（修订）〉的通知》（琼府〔2020〕25号）	"规定"
	13. 2021年2月8日：《海南省人民政府关于将部分省级行政管理事项调整由市、县、自治县和洋浦经济开发区实施的决定》（海南省人民政府令第297号）	"决定"
	14. 2020年4月17日：《中共海南省委办公厅 海南省人民政府办公厅印发〈关于深入推进市县"一枚印章管审批"改革的实施意见〉的通知》（琼办发〔2020〕21号）	"意见"
	15. 2020年8月12日：《中共海南省委办公厅 海南省人民政府办公厅印发〈关于强化知识产权保护的实施意见〉的通知》（琼办发〔2020〕47号）	"意见"
	16. 2020年12月31日：《海南省人民政府办公厅关于印发〈海南省全面推行证明事项告知承诺制实施方案〉的通知》（琼府办函〔2020〕394号）	"方案"
	17. 2020年12月31日：《海南省人民政府办公厅关于印发〈海南省全面推行涉企经营许可事项告知承诺制实施方案〉的通知》（琼府办函〔2020〕394号）	"方案"
	18. 2021年2月2日：《海南省人民政府办公厅关于构建海南自由贸易港以信用监管为基础的过程监管体系的实施意见》（琼府办〔2021〕4号）	"意见"

续表

政策类型	政策名称	政策的形式
三、投资政策（共18件，占比12.6%）	19. 2021年3月8日：《海南省人民政府办公厅关于调整省级权力清单的通知》（琼府办〔2021〕6号）	"通知"
	20. 2020年10月12日：《海南省农业农村厅关于发布〈三亚崖州湾科技城肥料产品登记告知承诺制审批管理暂行办法〉的通告》（琼农字〔2020〕346号）	"办法"
	21. 2020年3月25日：《海南省市场监督管理局关于印发〈严重违法失信企业信用修复办法〉的通知》（琼市监信〔2020〕4号）	"办法"
	22. 2020年6月8日海南省市场监督管理局：《关于印发〈加强海南自由贸易港事中事后监管工作实施方案（试行）〉的通知》（琼市监规〔2020〕4号）	"方案"
	23. 2020年10月26日：《海南省市场监督管理局关于更新〈"证照分离"改革全覆盖事项清单〉的通知（一）》（琼市监注〔2020〕16号）	"清单"
	24. 2020年7月23日：《海南省市场监督管理局关于印发〈企业信用风险分类监管暂行办法〉的通知》（琼市监规〔2020〕5号）	"办法"
	25. 2020年9月12日：《海南省市场监督管理局关于印发〈关于推行包容审慎监管优化营商环境的指导意见〉的通知》（琼市监规〔2020〕7号）	"意见"
	26. 2020年12月31日：《海南省市场监督管理局关于更新〈"证照分离"改革全覆盖事项清单〉的通知》（琼市监注〔2020〕20号）	"清单"
四、金融政策（共12件，占比9%）	27. 2021年3月30日：《中国人民银行　中国银行保险监督管理委员会　中国证券监督管理委员会　国家外汇管理局关于金融支持海南全面深化改革开放的意见》（银发〔2021〕84号）	"意见"
	28. 2021年1月18日：《海南省地方金融监督管理局　海南省商务厅　国家外汇管理局海南省分局　洋浦经济开发区管理委员会关于印发〈海南省关于支持洋浦保税港区开展新型离岸国际贸易的工作措施〉的通知》（琼金监〔2021〕10号）	"措施"

续表

政策类型	政策名称	政策的形式
四、金融政策（共12件，占比9%）	29. 2020年10月27日：《海南省地方金融监督管理局 海南省市场监督管理局 中国人民银行海口中心支行 中国证券监督管理委员会海南监管局关于印发〈海南省关于开展合格境外有限合伙人（QFLP）境内股权投资暂行办法〉的通知》（琼金监函〔2020〕186号）	"办法"
	30. 2021年1月4日：《海南省地方金融监督管理局关于印发〈非居民参与海南自由贸易港交易场所特定品种交易管理试行规定〉的通知》（琼金监〔2021〕1号）	"规定"
	31. 2021年4月8日：《海南省地方金融监督管理局 国家外汇管理局海南省分局 海南省市场监督管理局 中国证券监督管理委员会海南监管局关于印发〈海南省开展合格境内有限合伙人（QDLP）境外投资试点工作暂行办法〉的通知》（琼金监〔2021〕37号）	"办法"
	32. 2020年4月7日：《中国银保监会海南监管局关于修改〈关于简化中国（海南）自由贸易试验区保险公司分支机构和高级管理人员准入方式的实施细则〉的通知》（琼银保监发〔2020〕9号）	"细则"
	33. 2020年2月18日：《国家外汇管理局海南省分局关于支持海南自由贸易港建设外汇创新业务政策的通知》（琼汇发〔2020〕1号）	"通知"
	34. 2020年6月19日：《国家外汇管理局海南省分局关于开展贸易外汇收支便利化试点工作的通知》（琼汇发〔2020〕10号）	"通知"
	35. 2020年11月26日：《国家外汇管理局海南省分局关于在海南自由贸易港开展港内公司境外上市登记改革试点的通知》（琼汇发〔2020〕21号）	"通知"
	36. 2020年11月27日：《国家外汇管理局海南省分局关于支持海南开展新型离岸国际贸易外汇管理的通知》（琼汇发〔2020〕22号）	"通知"
	37. 2021年4月9日：《海南省人民政府关于提高上市公司质量促进资本市场发展的若干意见》（琼府〔2021〕15号）	"意见"
	38. 2021年6月人民银行海口中心支行等10部门：《关于金融支持海南自贸港重点园区的指导意见》（琼银发〔2021〕70号）	"意见"

政策类型	政策名称	政策的形式
五、人才政策（共20件，占比14%）	39. 2020年9月16日：《海南省人民政府关于印发〈海南自由贸易港外籍"高精尖缺"人才认定标准（2020—2024年试行）〉的通知》（琼府〔2020〕43号）	"标准"
	40. 2020年9月21日：《海南省人民政府关于印发〈海南自由贸易港境外人员参加职业资格考试管理办法（试行）〉的通知》（琼府〔2020〕44号）	"办法"
	41. 2020年9月21日：《海南省人民政府关于印发〈海南自由贸易港境外人员执业管理办法（试行）〉的通知》（琼府〔2020〕44号）	"办法"
	42. 2020年4月15日：《中共海南省委人才工作委员会关于印发〈海南省人才团队建设实施办法（试行）〉的通知》（琼人才通〔2020〕3号）	"办法"
	43. 2020年4月15日：《中共海南省委人才工作委员会关于印发〈海南省优化大师级人才服务保障实施办法〉的通知》（琼人才通〔2020〕3号）	"办法"
	44. 2020年4月15日：《中共海南省委人才工作委员会关于印发〈海南省新型智库建设管理办法〉的通知》（琼人才通〔2020〕3号）	"办法"
	45. 2020年9月21日：《中共海南省委人才工作委员会关于印发〈关于开展海南自由贸易港国际人才服务管理改革试点工作的实施方案〉的通知》（琼人才通〔2020〕5号）	"方案"
	46. 2020年9月23日：《中共海南省委办公厅　海南省人民政府办公厅关于印发〈海南自由贸易港高层次人才认定办法〉的通知》（琼办发〔2020〕53号）	"办法"
	47. 2020年3月11日：《中共海南省委统一战线工作部　中共海南省委人才发展局关于印发〈港澳台地区专业人才在中国（海南）自由贸易试验区、海南自由贸易港执业管理办法〉的通知》（琼统通〔2020〕12号）	"办法"
	48. 2020年7月22日：《中共海南省委统一战线工作部关于印发〈海南自由贸易港园区港澳台侨服务工作站管理办法（试行）〉的通知》（琼统通〔2020〕36号）	"办法"
	49. 2020年12月17日：《中共海南省委统一战线工作部　中共海南省委人才发展局关于印发〈鼓励港澳台地区人才服务海南发展若干意见〉的通知》（琼统通〔2020〕46号）	"意见"

续表

政策类型	政策名称	政策的形式
五、人才政策 （共20件，占比14%）	50. 2020年9月23日：《中共海南省委人才工作委员会办公室关于印发海南自由贸易港高层次人才分类标准（2020）的通知》（琼人才办通〔2020〕11号）	"标准"
	51. 2020年9月25日：《中共海南省委人才工作委员会办公室关于印发海南自由贸易港人才服务"单一窗口"建设方案的通知》（琼人才办通〔2020〕15号）	"方案"
	52. 2020年6月16日：《中共海南省委人才发展局关于印发〈海南省高层次人才服务专员管理办法〉的通知》（琼人才局通〔2020〕25号）	"办法"
	53. 2020年9月22日：《中共海南省委人才发展局等部门印发〈海南自由贸易港对境外人员开放职业资格考试目录清单（2020）〉的通知》（琼人才局通〔2020〕30号）	"清单"
	54. 2020年9月22日中共海南省委人才发展局等部门：《印发〈海南自由贸易港认可境外职业资格目录清单（2020）〉的通知》（琼人才局通〔2020〕30号）	"清单"
	55. 2020年11月20日：《中共海南省委人才发展局海南省卫生健康委员会关于印发〈海南省卫生健康系统留学回国人员认定卫生系列高级专业技术资格办法（试行）〉的通知》（琼卫人〔2020〕40号）	"办法"
	56. 2020年6月19日：《海南省人力资源和社会保障厅等七部门关于印发〈吸引留住高校毕业生建设海南自由贸易港的若干政策措施〉的通知》（琼人社发〔2020〕119号）	"措施"
	57. 2020年6月9日：《海南省教育厅关于印发〈引进知名高校补助资金管理办法（暂行）〉的通知》（琼教规〔2020〕9号）	"办法"
	58. 2020年9月27日：《海南省市场监督管理局关于印发〈关于持永久居留身份证外籍高层次人才创办科技型企业试行办法〉的通知》（琼市监规〔2020〕8号）	"办法"

续表

政策类型	政策名称	政策的形式
六、运输政策 （共11件，占 比7.7%）	59. 2020年9月29日国家发展改革委：《海南现代综合交通运输体系规划》	"规划"
	60. 2020年9月3日：《财政部 交通运输部 税务总局关于海南自由贸易港国际运输船舶有关增值税政策的通知》（财税〔2020〕41号）	"通知"（该政策也同时属税收政策）
	61. 2021年1月5日：《财政部 海关总署 税务总局关于海南自由贸易港试行启运港退税政策的通知》（财税〔2021〕1号）	"通知"（该政策也同时属税收政策）
	62. 2021年2月26日财政部、交通运输部、商务部、海关总署、税务总局：《关于海南自由贸易港内外贸同船运输境内船舶加注保税油和本地生产燃料油政策的通知》（财税〔2021〕2号）	"通知"（该政策也同时属税收政策）
	63. 2020年12月2日：《国家税务总局关于发布〈国际运输船舶增值税退税管理办法〉的公告》（国家税务总局公告2020年第18号）	"办法"（该政策也同时属税收政策）
	64. 2020年9月18日：《交通运输部关于在中国（海南）自由贸易试验区深化改革开放调整实施有关规章规定的公告》（交法规〔2020〕11号）	"公告"
	65. 2020年7月9日：《海关总署关于调整海南进出境游艇有关管理事项的公告》（海关总署公告2020年第80号）	"公告"
	66. 2020年6月3日：《中国民航局关于印发〈海南自由贸易港试点开放第七航权实施方案〉的通知》	"方案"
	67. 2020年6月12日：《海南海事局关于试点签发〈三亚辖区船舶管理证书〉的公告》（海南海事局公告2020年第2号）	"公告"
	68. 2020年11月3日：《海南海事局关于印发〈海南自由贸易港国际船舶登记程序规定〉的通知》（琼海船舶〔2020〕17号）	"规定"
	69. 2020年11月27日《海南海事局 海口海关 海口出入境边防检查总站关于印发〈海南口岸国际航行船舶联合登临检查工作程序〉的通知》（琼海船舶〔2020〕18号）	"程序"

政策类型	政策名称	政策的形式
七、产业政策（共17件，占比12.6%）	70. 2020 年 7 月推进海南全面深化改革开放领导小组办公室：《智慧海南总体方案（2020—2025 年）》	"方案"
	71. 2020 年 7 月推进海南全面深化改革开放领导小组办公室：《海南能源综合改革方案》	"方案"
	72. 2021 年 7 月 27 日国家发展改革委、财政部、税务总局：《关于印发〈海南自由贸易港鼓励类产业目录（2020 年本）〉的通知》（发改地区规〔2021〕120 号）	"目录"
	73. 2020 年 12 月 2 日：《科技部办公厅、海南省人民政府办公厅关于印发〈海南开放创新合作机制〉的通知》（国科办区〔2020〕105 号）	"机制"
	74. 2020 年 5 月 26 日：《国家林业和草原局办公室关于做好海南省林木种子生产经营许可证核发权限调整工作的通知》（便函场〔2020〕189 号）	"通知"
	75. 2020 年 11 月 2 日：《中共海南省委　海南省人民政府关于促进中医药在海南自由贸易港传承创新发展的实施意见》（琼发〔2020〕14 号）	"意见"
	76. 2020 年 3 月 20 日：《海南省人民政府关于印发〈海南省旅游业疫后重振计划——振兴旅游业三十条行动措施（2020—2021 年）〉的通知》（琼府〔2020〕21 号）	"措施"
	77. 2020 年 6 月 2 日：《海南省人民政府关于印发〈海南自由贸易港博鳌乐城国际医疗旅游先行区临床急需进口医疗器械管理规定〉的通知》（琼府〔2020〕28 号）	"规定"
	78. 2020 年 10 月 24 日：《海南省人民政府关于印发〈海南省支持高新技术企业发展若干政策（试行）〉的通知》（琼府〔2020〕50 号）	"政策"
	79. 2020 年 7 月 31 日：《海南省人民政府办公厅关于印发〈中国（三亚）跨境电子商务综合试验区实施方案〉的通知》（琼府办函〔2020〕207 号）	"方案"
	80. 2020 年 9 月 1 日：《海南省人民政府办公厅关于印发〈海南自由贸易港博鳌乐城国际医疗旅游先行区制度集成创新改革方案〉的通知》（琼府办〔2020〕33 号）	"方案"

续表

政策类型	政策名称	政策的形式
七、产业政策（共17件，占比12.6%）	81. 2020年12月13日：《海南省人民政府办公厅关于印发〈海南省产业园区管理暂行办法〉的通知》（琼府办〔2020〕39号）	"办法"
	82. 2021年1月15日海南省发展和改革委员会等五部门：《关于印发〈海南省行业协会商会监管实施办法（试行）〉的通知》（琼发改规〔2021〕1号）	"办法"
	83. 2020年5月9日：《海南省工业和信息化厅关于印发〈海南省加快区块链产业发展若干政策措施〉的通知》（琼工信信产〔2020〕89号）	"措施"
	84. 2020年7月27日：《海南省财政厅 海南省商务厅关于印发〈海南省支持会展业发展资金管理办法〉的通知》（琼财旅规〔2020〕11号）	"办法"
	85. 2021年1月6日海南省科学技术厅等四部门：《关于印发〈海南省关于支持重大新药创制国家科技重大专项成果转移转化的若干意见〉的通知》（琼科〔2021〕4号）	"意见"
	86. 2020年3月27日：《海南省药品监督管理局关于印发〈海南博鳌乐城国际医疗旅游先行区临床急需进口药品带离先行区使用管理暂行办法〉的通知》（琼药监综〔2020〕3号）	"办法"
八、税收政策（共19件，占比14.7%）	87. 2020年6月23日财政部、税务总局：《关于海南自由贸易港企业所得税优惠政策的通知》（财税〔2020〕31号）	"通知"
	88. 2020年6月23日财政部、税务总局：《关于海南自由贸易港高端紧缺人才个人所得税政策的通知》（财税〔2020〕32号）	"通知"
	89. 2020年6月29日财政部、海关总署、税务总局：《关于海南离岛旅客免税购物政策的公告》（财政部 海关总署 税务总局公告2020年第33号）	"公告"
	90. 2021年4月26日财政部、海关总署、税务总局：《关于中国国际消费品博览会展期内销售的进口展品税收优惠政策的通知》（财关税〔2021〕32号）	"通知"
	91. 2020年7月6日海关总署：《关于发布〈海南离岛旅客免税购物监管办法〉的公告》（海关总署公告2020年第79号）	"办法"

政策类型	政策名称	政策的形式
八、税收政策（共 19 件，占比 14.7%）	92. 2020 年 9 月 29 日：《国家税务总局关于发布〈海南离岛免税店销售离岛免税商品免征增值税和消费税管理办法〉的公告》（国家税务总局公告 2020 年第 16 号）	"办法"
	93. 2021 年 2 月 25 日：《财政部　海关总署　税务总局关于增加海南离岛旅客免税购物提货方式的公告》（财政部　海关总署　税务总局公告 2021 年第 2 号）	"公告"
	94. 2020 年 10 月 9 日：《海口海关关于实施海南离岛免税进口食品化妆品特定附条件放行监管创新模式的公告》（海口海关公告〔2020〕6 号）	"公告"
	95. 2020 年 11 月 11 日：《财政部　海关总署　税务总局关于海南自由贸易港原辅料"零关税"政策的通知》（财关税〔2020〕42 号）	"通知"
	96. 2020 年 11 月 30 日海关总署：《关于发布〈海南自由贸易港进口"零关税"原辅料海关监管办法（试行）〉的公告》（海关总署公告〔2020〕121 号）	"办法"
	97. 2020 年 12 月 25 日：《财政部　海关总署　税务总局关于海南自由贸易港交通工具及游艇"零关税"政策的通知》（财关税〔2020〕54 号）	"办法"
	98. 2021 年 2 月 24 日：《财政部　海关总署　税务总局关于海南自由贸易港自用生产设备"零关税"政策的通知》（财关税〔2021〕7 号）	"通知"
	99. 2021 年 3 月 4 日海关总署：《关于发布〈海南自由贸易港自用生产设备"零关税"政策海关实施办法（试行）〉的公告》（海关总署公告〔2021〕23 号）	"办法"
	100. 2020 年 8 月 26 日：《海南省人民政府关于印发〈海南自由贸易港享受个人所得税优惠政策高端紧缺人才清单管理暂行办法〉的通知》（琼府〔2020〕41 号）	"办法"
	101. 2020 年 12 月 30 日：《海南省人民政府关于印发〈海南自由贸易港"零关税"进口交通工具及游艇管理办法（试行）〉的通知》（琼府〔2020〕60 号）	"办法"

政策类型	政策名称	政策的形式
八、税收政策 （共19件，占 比14.7%）	102. 2021年5月21日：《海南省人民政府办公厅关于规范产业扶持财税政策有关事项的通知》（琼府办〔2021〕18号）	"通知"
	103. 2020年12月15日海南省财政厅等四部门：《海南省财政厅　国家税务总局海南省税务局　海南省市场监督管理局　中共海南省委人才发展局关于落实海南自由贸易港高端紧缺人才个人所得税优惠政策有关问题的通知》（琼财税〔2020〕1019号）	"通知"
	104. 2020年7月10日：《海南省财政厅　海南省商务厅　海南省市场监督管理局关于海南离岛免税购物经营主体有关问题的公告》（海南省财政厅公告2020年第6号）	"公告"
	105. 2020年7月31日：《国家税务总局海南省税务局关于海南自由贸易港企业所得税优惠政策有关问题的公告》（国家税务总局海南省税务局公告2020年第4号）	"公告"
九、法律法规 （共16件，占 比11.2%）	106. 2020年4月29日：《全国人民代表大会常务委员会关于授权国务院在中国（海南）自由贸易试验区暂时调整适用有关法律规定的决定》	"决定"
	107. 2020年12月26日：《全国人民代表大会常务委员会关于设立海南自由贸易港知识产权法院的决定》	"决定"
	108. 2020年6月18日：《国务院关于在中国（海南）自由贸易试验区暂时调整实施有关行政法规规定的通知》（国函〔2020〕88号）	"通知"
	109. 2021年1月8日：《最高人民法院关于人民法院为海南自由贸易港建设提供司法服务和保障的意见》（法发〔2021〕1号）	"意见"
	110. 2020年1月6日海南省人大常委会：《海南省反走私暂行条例》	"条例"
	111. 2020年4月2日：《海南省人大常委会关于海南自由贸易港洋浦经济开发区等重点园区管理体制的决定》	"决定"
	112. 2020年7月31日海南省人大常委会：《海南省人民代表大会常务委员会关于批准在洋浦经济开发区等六个园区推广适用"三园"特别极简审批的决定》	"决定"

续表

政策类型	政策名称	政策的形式
九、法律法规 （共16件，占 比11.2％）	113. 2020年6月16日海南省人大常委会：《海南自由贸易港博鳌乐城国际医疗旅游先行区条例》	"条例"
	114. 2020年12月2日海南省人大常委会：《海南自由贸易港三亚崖州湾科技城条例》	"条例"
	115. 2020年12月30日海南省人大常委会：《海南自由贸易港海口江东新区条例》	"条例"
	116. 2020年6月16日海南省人大常委会：《海南省多元化解纠纷条例》	"条例"
	117. 2020年7月31日海南省人大常委会：《海南自由贸易港消防条例》	"条例"
	118. 2020年9月3日海南省人大常委会：《海南热带雨林国家公园条例（试行）》	"条例"
	119. 2020年12月2日海南省人大常委会：《海南省生态保护补偿条例》	"条例"
	120. 2020年12月2日海南省人大常委会：《海南热带雨林国家公园特许经营管理办法》	"办法"
	121. 2020年7月31日海南省人大常委会：《关于海南省资源税具体适用税率等有关事项的决定》	"决定"
十、保障措施 （共18件，占 比12.6%）	122. 2020年12月25日：《人力资源社会保障部关于印发〈支持海南自由贸易港人力资源和社会保障事业创新发展的实施意见〉的通知》（人社部发〔2020〕77号）	"意见"
	123. 2020年7月17日：《海南省人民政府关于委托实施部分省级用地行政审批事项的决定》（海南省人民政府令第289号）	"决定"
	124. 2020年11月24日：《海南省人民政府关于印发〈海南省实施国务院授权土地征收审批事项管理办法〉的通知》（琼府〔2020〕54号）	"办法"
	125. 2021年1月4日：《海南省人民政府关于修改〈海南省土地储备整理管理暂行办法〉的决定》（海南省人民政府令第296号）	"办法"
	126. 2021年2月3日：《海南省人民政府关于印发〈海南省省级土地储备运作机制〉的通知》（琼府〔2021〕7号）	"机制"

续表

政策类型	政策名称	政策的形式
	127. 2020 年 4 月 26 日：《中共海南省委办公厅 海南省人民政府办公厅印发〈关于加快推进公共法律服务体系建设的实施意见〉的通知》（琼办发〔2020〕24 号）	"意见"
	128. 2020 年 10 月 9 日：《中共海南省委办公厅 海南省人民政府办公厅关于印发〈海南自由贸易港制度集成创新行动方案（2020—2022 年）〉的通知》 （琼办发〔2020〕55 号）	"方案"
	129. 2020 年 10 月 10 日：《中共海南省委办公厅 海南省人民政府办公厅关于印发〈海南省创一流营商环境行动计划（2020—2021 年）〉的通知》（琼办发〔2020〕56 号）	"计划"
	130. 2020 年 4 月 13 日：《海南省人民政府办公厅关于加快推进实施标准地制度的通知》（琼府办〔2020〕19 号）	"通知"
	131. 2021 年 3 月 16 日：《海南省人民政府办公厅关于印发海南省建设占用永久基本农田调整补划管理办法的通知》（琼府办〔2021〕9 号）	"办法"
十、保障措施（共 18 件，占比 12.6%）	132. 2020 年 9 月 1 日：《海南省人民政府办公厅关于印发〈海南省政务服务事项目录管理办法〉的通知》（琼府办〔2020〕34 号）	"办法"
	133. 2020 年 9 月 1 日：《海南省人民政府办公厅关于印发〈海南省一体化政务服务平台电子证照应用管理实施办法〉的通知》（琼府办〔2020〕34 号）	"办法"
	134. 2020 年 8 月 29 日：《海南省自然资源和规划厅关于印发〈海南热带雨林国家公园自然资源资产管理办法（试行）〉的通知》（琼自然资〔2020〕263 号）	"办法"
	135. 2020 年 11 月 10 日海南省自然资源和规划厅等七部门：《关于海南省建设用地出让控制指标和产业项目用地准入协议实施有关问题的通知》（琼自然资规〔2020〕9 号）	"通知"
	136. 2020 年 10 月 20 日：《海南省自然资源和规划厅关于重大带动作用产业项目用地协议出让（出租）有关事项的通知》（琼自然资规〔2020〕195 号）	"通知"
	137. 2020 年 12 月 1 日：《海南省自然资源和规划厅关于印发〈海南省产业用地先租后让管理实施细则〉的通知》（琼自然资规〔2020〕13 号）	"细则"

续表

政策类型	政策名称	政策的形式
十、保障措施（共18件，占比12.6%）	138. 2021年5月28日：《海南省自然资源和规划厅关于在洋浦经济开发区等重点园区实施国土空间用途转用和规划审批制度改革试点的意见》（琼自然资规〔2021〕3号）	"意见"
	139. 2020年8月10日中国人民银行海口中心支行：《关于印发〈海南省区域洗钱和恐怖融资风险评估机制〉的函》（琼银函〔2020〕39号）	"机制"

　　注：根据中国海南省自由贸易港工作委员会办公室汇编的《海南自由贸易港建设白皮书（2021）》中的附录2《海南自由贸易港重点政策文件目录》，2020年6月1日至2021年5月30日的重点政策为137件，但其中有的政策根据文号为一件，但实际为两件或三件。例如，在人才政策中，《海南自由贸易港重点政策文件目录》中2020年9月21日《海南省人民政府关于印发〈海南自由贸易港境外人员参加职业资格考试管理办法（试行）〉的通知》（琼府〔2020〕44号）和2020年9月21日《海南省人民政府关于印发〈海南自由贸易港境外人员执业管理办法（试行）〉的通知》（琼府〔2020〕44号）同为一个文号，被视为一件政策，但这两件政策的客体不一样，本书将之视为两件政策。此外，2020年4月15日《中共海南省委人才工作委员会关于印发〈海南省人才团队建设实施办法（试行）〉的通知》（琼人才通〔2020〕3号）、2020年4月15日《中共海南省委人才工作委员会关于印发〈海南省优化大师级人才服务保障实施办法〉的通知》（琼人才通〔2020〕3号）和2020年4月15日《中共海南省委人才工作委员会关于印发〈海南省新型智库建设管理办法〉的通知》（琼人才通〔2020〕3号）同为一个文号，被视为一件政策，但这三件政策的客体不一样，本书将之视为三件政策。

　　政策的数量可以反映出不同政策的制定方式和价值取向。根据本书的统计，顶层设计方面的政策占1.4%，贸易政策占4.2%，投资政策占12.6%，金融政策占9%，人才政策占14%，运输政策占7.7%，产业政策占12.6%，税收政策占14.7%，法律法规占11.2%，保障政策占12.6%。

　　从政策数量分析，税收政策和人才政策所占比例最高，其次为投资政策和产业政策，法律法规和保障政策再次之，顶层政策所占比例最少，贸易政策所占比例倒数第二，运输政策倒数第三，金融政策倒数第四。

　　综上，从政策数量这个角度来看，政策制定主体似乎更加关注税收政策和人才政策，投资政策和产业政策次之，而贸易政策反倒是没有得到应有的重视。

二、政策制定主体

　　本书对政策制定主体的分析主要从发文主体层次、单独发文数量、联合发文数量这三方面展开研究。

(一) 发文主体层次

发文主体层次不同,政策的效力也不一样,实施的效果亦有所差别。从海南自贸港143项重点政策的统计情况看,中央层面出台的政策有37项,占政策总数量的26.04%;地方层面制定的政策有92项,占总数量的64.78%。因此,这体现出海南省委、省政府政府积极发挥主体责任,积极落实各项中央发布的政策。在地方层面制定的政策中,省委(包括办公厅)、省人大常委会、省政府(包括办公厅)和省直属部门所制定的政策数量正好相同,各占一半,也反映出省委、省政府积极推动自贸港政策的力度和决心。这种情况与海南省自由贸易试验区政策发文情况有些相似。具体如表4-5所示。

表4-5 发文主体层次统计表

发文主体层次	发文数量	所占比例(%)
中共中央(包括办公厅)、全国人大常委会、国务院(包括办公厅)	7	4.92%
中央部委	30	21.12%
海南省委(包括办公厅)、省人大常委会、省政府(包括办公厅)	46	32.39%
省直属部门	46	32.39%
其他	13	9.15%
合计	142	100%

从政策发文主体来看,海南省自由贸易试验区相关政策文本涉及中央层面的发文机构共计15个,地方层面发文机构28个。中央层面发文最多的主体是中共中央和国务院(包括办公厅),发文数量为5件,约占中央层面发文数量的29%,其次为财政部(2件)。地方层面发文主体则以海南省各级政府为主体,共计发文134件,约占总发文数量的89%。地方各发文机构中,海南省政府办公厅发文28件,在地方层面发文主体中占据主导地位。[①]

(二) 单独发文数量

根据海南自贸港143项重点政策的单独发文数量统计情况,单独发文的数

---

① 李宜钊,叶熙.海南自由贸易试验区政策发展评价:基于151件政策文本的量化分析[J].海南大学学报(人文社会科学版),2020,38(1):43-51.

量有 98 项，单独发文主体有 29 个。单独发文数量最多的是海南省政府（包括办公厅），发文数量为 27 项，占单独发文总数量的 27.55%；其次是海南省人大常委会，发文数量为 12 项，占单独发文总数量的 12.24%；再次是海关总署和海南省市场监管局，各占 7 项，分别占单独发文总数量的 7.14%；接下来是中共海南省委人才工作委员会，占 6 项，占单独发文总数量的 6.12%；国家外汇管理局海南省分局和海南省资规厅各占 4 项，分别占单独发文总数量的 4.08%；全国人大常委会发文 3 项，占单独发文总数量的 3.06%；国务院（包括办公厅）、国家发展改革委、国家税务总局、海口海关、国家金融监督管理总局海南省分局（原海南银保监局）、中国人民银行海口中心支行、海南海事局、推进海南全面深化改革领导小组各占 2 项，分别占单独发文总数量的 2.04%；剩下的发文主体各占 1 项，分别占单独发文总数量的 1.02%。具体如表 4-6 所示。

表 4-6 单独发文数量统计表

发文主体名称	发文数量	所占比例（%）
中共中央（包括办公厅）	0	0
全国人大常委会	3	3.06%
国务院（包括办公厅）	2	2.04%
国家发展改革委	2	2.04%
商务部	1	1.02%
财政部	0	0
国家税务总局	2	2.04%
海关总署	7	7.14%
交通运输部	1	1.02%
人力资源和社会保障部	1	1.02%
中国人民银行	0	0
国家金融监督管理总局（原银保监会）	0	0
中国证监会	0	0
国家外汇管理总局	0	0
国家市场监管总局	0	0
中共海南省委（包括办公厅）	0	0
海南省人大常委会	12	12.24%

发文主体名称	发文数量	所占比例（%）
海南省政府（包括办公厅）	27	27.55%
海南省财政厅	0	0
海南省发改委	0	0
海南省商务厅	0	0
海南省市场监管局	7	7.14%
海口海关	2	2.04%
海南省税务局	0	0
国家外汇管理局海南省分局	4	4.08%
中国证监会海南证监局	0	0
国家金融监督管理总局海南省分局（原海南银保监局）	2	2.04%
海南省资规厅	4	4.08%
海南省农业农村厅	1	1.02%
中国人民银行海口中心支行	2	2.04%
中共海南省委人才工作委员会	6	6.12%
中共海南省委统一战线工作部	1	1.02%
中共海南省委人才发展局	1	1.02%
海南省教育厅	1	1.02%
海南海事局	2	2.04%
海南省工业和信息化厅	1	1.02%
海南省药品监督管理局	1	1.02%
推进海南全面深化改革领导小组	2	2.04%
中国民用航空局	1	1.02%
国家林业和草原局	1	1.02%
最高人民法院	1	1.02%
合计	98	

　　从单独发文的数量看，海南省政府（包括办公厅）最为积极主动，发文数量为27项，遥遥领先于其他发文主体，比排在第二位的海南省人大常委会还要

多一倍。从数量分布分析，发文数量差别较大。发文数量多的政策主体较少，集中在海南省政府（包括办公厅）、海南省人大常委会、海关总署、海南省市场监管局、中共海南省委人才工作委员会、国家外汇管理局海南省分局和海南省资规厅，基本上属于地方层面，而其他政府主体发文数量较少，也体现出他们对海南自贸港政策供给热情不高，参与度有限。

（三）联合发文数量

联合发文反映出政府部门的政策协同、联动程度。根据对海南143项政策联合发文数量的统计，两个部门联合发文的数量为18项，占所有政策总数的41.86%，三个部门联合发文的数量为12项，占所有政策总数的27.91%，四个部门联合发文的数量为6项，占所有政策总数的13.96%，五个部门、七个部门和十个以上部门联合发文的数量为2项，占所有政策总数的4.65%，十个部门联合发文的数量为1项，占所有政策总数的2.32%。以上联合发文的情况共7种，而单独发文的情况却有29种（个）。单独发文的数量大大超过联合发文的数量。具体如表4-7所示。

表4-7　联合发文数量统计表

联合发文部门数量	发文数量	所占比例
两个部门	18（其中2件中央部委和海南省联合发文）	41.86%
三个部门	12	27.91%
四个部门	6	13.96%
五个部门	2	4.65%
六个部门	0	0
七个部门	2	4.65%
八个部门	0	0
九个部门	0	0
十个部门	1	2.32%
十个以上部门	2	4.65%
合计	43	100%

有研究者经过研究发现，海南省政策发文主体目前多以单部门为主，单主体发文数量远高于多主体联合发文数量，这反映了海南自贸区政策制定中部门协同偏弱的事实。而海南自贸区的建设是一项系统性工程，需要通过各个子系

统之间的协作发挥系统的最大功效，形成不同部门在政策制定环节的协同网络，这样才能切实推进海南自贸区政策体系的建设。①

虽然联合发文数量多达43项，但大多数属于中央部委层面之间和地方层面之间的联合发文，中央部委和地方之间联合发文的情况较少。在143项政策文本中海南省和中央部委联合发文仅2项，占总样本数的1.4%，这表明在海南自贸港政策制定方面，中央各部委和地方政府部门之间的协调性、联动性和统筹能力比较弱，还有进一步优化的空间。增强央地政策主体间的合作和联动，清晰划分各自的责任，将有效地避免更多"上下扯皮""政策打架"的不利情况，有利于推进海南自贸港政策的落地执行。从联合发文的情况看，国家税务总局和海南省税务局、科技部和海南省政府之间显示出较好的联动意愿和政策协同度。

三、政策文种类型

从政策文种来看，海南自贸港政策采取法律、条例、办法、意见、方案、通知、规定、公告、清单、细则、计划、决定、机制、程序、标准、措施、批复等形式，如表4-8所示。

表4-8　政策文种分析一览表

文种类型	数量	百分比
法律	1	0.69%
条例	8	5.59%
办法	39	27.27%
意见	16	11.18%
方案	13	9.09%
通知	24	16.78%
规定	4	2.79%
公告	9	6.29%
清单	5	3.49%
细则	2	1.3%

① 李宜钊，叶熙.海南自由贸易试验区政策发展评价：基于151件政策文本的量化分析[J].海南大学学报（人文社会科学版），2020，38（1）：43-51.

文种类型	数量	百分比
计划	1	1.3%
决定	7	4.89%
机制	3	2.09%
程序	1	0.69%
标准	2	1.3%
措施	4	2.79%
批复	1	0.69%
规划	1	0.69%
目录	1	0.69%
政策	1	0.69%
合计	143	100%

政策文种类型是政府部门规范性文件颁布的外在属性表现，政策形式不同，其所反映的政策权威性、稳定性和可操作性都不同。从表4-8可以看出，办法是海南自贸港政策最常见的形式，以"办法"形式出现的政策文种为39件，占所有政策文种种类总数的27.27%；其次是以"通知"形式出现的政策文种，共24件，占所有政策文种种类总数的16.78%；以"意见"形式出现的政策文种为16件，占比11.18%；以"方案"形式出现的政策文种为13件，占比9.09%；以"公告"形式出现的政策文种为9件，占比6.29%；以"条例"形式出现的政策文种为8件，占比5.59%；以"决定"形式出现的政策文种为7件，占比4.89%；以"清单"形式出现的政策文种为5件，占比3.49%；以"规定"和"措施"形式出现的政策文种各为4件，占比2.79%；以"机制"形式出现的政策文种为3件，占比2.09%；以"细则""标准"形式出现的政策文种各为2件，占比1.3%；以"法律""计划""程序""批复""规划""目录""政策"形式出现的政策文种各为1件，占比0.69%。

一般来说，采用"法律""条例"的形式出现的政策具有较高权威性和稳定性，政策层次高，是成熟并且长期的政策通过立法程序转化为法律的体现，也即前文所述的"政策法律化"。

小　结

1. 本书认为政策供给是政策主体依据一定规则为解决社会问题、满足政策需求而进行的政策过程。

2. 从中国特色自由贸易港政策有效供给的角度出发，应考虑政策环境和政策需求，努力实现海南自贸港建设目标，而不是为了完成任务或临时应急而制定政策。

3. 著者在中国知网、中文维普等网站进行文献搜索，都无法找到"中国特色自由贸易港政策供给"或"海南自由贸易港政策供给"的概念，为了研究需要，本书将中国特色自由贸易港政策供给定义为：为满足建设有中国特色的现代产业体系（支持主导产业发展等）、一流营商环境建设、深化改革开放、生态文明建设等目标，实现国家全面建成具有较强国际影响力的高水平自由贸易港目标的政策过程。

4. 中国特色自由贸易港政策的演进可以大致划分为海南自贸港设立以前的经济发展政策和海南自贸港区（港）政策两个阶段。海南自贸港设立以前的经济发展政策包括：（一）以农业为主导的经济政策（1950—1987 年）；（二）经济特区政策（1988—1995 年）；（三）"一省两地"政策（1996—2009 年）；（四）国际旅游岛政策（2010—2017 年）；（五）海南自贸区（港）政策即从2018 年实施至今的政策。通过对经济发展政策（主要是产业政策）演进的梳理，著者发现政策本身具有延续性，而自贸港提出更高的建设要求。

5. 本书对中国特色自由贸易港政策从实体上分为内容和形式两方面。内容的研究主要参考中共海南省委自由贸易港工作委员会办公室编写的《海南自由贸易港建设白皮书（2021）》中的"海南自由贸易港重点政策文件"的分类标准，即按照产业政策、贸易政策、投资政策、金融政策、税收政策、人才政策、保障政策等方面进行研究。需要指出的是，制定产业政策、贸易政策、投资政策、金融政策、税收政策等属于中央的事权，并且在 2018 年之前，海南并没有单独的这些政策，因此，有必要站在全国的角度对这些政策的发展脉络进行梳理，然后再探讨海南自贸港在各自领域中比较特殊的政策。没有特殊规定的，海南自贸港依然会执行全国层面的政策。

6.《海南自由贸易港建设总体方案》提到的产业政策，其中涉及现代服务业、高新技术等新兴产业战略属于产业组织政策；而里面提及的博鳌乐城国际医疗旅游先行区、文化旅游产业园、游艇产业改革发展创新试验区、文昌国际航天城、三亚深海科技城等属于产业布局政策；海洋物流、海洋旅游、海洋信息服务、海洋工程咨询、涉海金融、涉海商务、生物医药、新能源汽车、智能汽车等属于产业结构政策。只是还缺少产业技术政策，另外，产业组织、产业结构和产业布局之间的关系好像缺少一定逻辑性。

海南自贸港的产业政策不仅由《海南自由贸易港建设总体方案》进行明确规定，而且还以法律的形式固定下来。2021年6月10日通过并施行的《海南自由贸易港法》"第六章产业发展与人才支撑"中的第三十八条规定："国家支持海南自由贸易港建设开放型生态型服务型产业体系，积极发展旅游业、现代服务业、高新技术产业以及热带特色高效农业等重点产业。"第三十九条规定："海南自由贸易港推进国际旅游消费中心建设，推动旅游与文化体育、健康医疗、养老养生等深度融合，培育旅游新业态新模式。"《海南自由贸易港法》不仅规定了旅游业、现代服务业、高新技术产业三大重点产业，还增加了以及热带特色高效农业，形成"3+1"重点产业格局。值得注意的是，《海南自由贸易港法》使用的是"重点产业"这样的表述，本书认为此处的"重点产业"等同于"主导产业"。

7. 贸易政策是一国政府为了实现特定目标而制定和实施的、对外贸活动进行规制的经济政策。贸易政策本应包括国内贸易政策和对外贸易两方面，但一般情况下，贸易政策主要指的是国家的对外贸易政策。本书亦是在这个意义上使用"贸易政策"一词。通过梳理我国贸易政策的发展进程，很难得出海南自贸港不必实施"加强对外贸易法治建设；积极融入经济全球化进程，进一步开放货物和服务市场；主动运用贸易救济措施，维护国内产业安全；促进国内国际双循环，加快培育参与国际合作和竞争新优势"这些全国通用政策的结论，而是应该认为海南自贸港在这些原有政策中做得更好，走在全国对外开放的前列。例如，海南自贸港要进一步开放货物和服务市场，实行"零关税"和"一线放开、二线管住"的贸易自由便利化政策。海南自由贸易港的建设体现了中国特色，符合海南的发展定位。在学习和借鉴国际自由贸易港建设经验的基础上，海南自贸港的发展不以转口贸易和加工制造为重点，而是重点发展服务贸易等领域。

8. 一个国家的投资包括外商直接投资和该国对外直接投资两方面。相应地，投资政策也可以分为吸收外国直接投资的政策和我国对外直接投资政策这两方面。投资政策就是一个政府为实现特定目标而制定和实施的，对吸引外国直接投资活动和对外直接投资进行规制的经济政策。与贸易政策一样，海南自贸港投资政策亦应坚持全国性投资政策的基本原则，包括"外商投资准入前国民待遇加负面清单的管理制度""坚持引进来和走出去并重"等。在此基础上，还要增加投资自由便利化措施，以最大程度吸引外商投资及先进技术和管理经验，支持外商全面参与自由贸易港的建设。具体包括实施市场准入承诺即入制、创新完善投资自由制度、建立健全公平的竞争制度和完善产权保护制度。

9. 金融政策通常被称为货币政策。货币政策是指一国中央银行为实现特定经济目标，在一定时期内采取的调整货币供应的措施和规定的行为规则，主要包括信贷政策、利率政策和汇率政策。广义的金融政策则是政府影响金融机构或金融市场运行的经济政策。金融政策属于国家宏观调控的范畴，亦属于中央事权。海南自贸港金融政策也应在国家整体金融政策的指导下进行某些方面的创新。很显然，海南自贸港金融政策也应遵循党的二十大报告、中央金融工作会议、中央经济工作会议和政府工作报告所涉及的金融政策（包括货币政策），除此以外，坚持金融服务实体经济的原则，重点围绕贸易投资自由化便利化，有序推进海南自由贸易港与境外资金自由便利流动。具体措施包括构建多功能自由贸易账户体系，便利跨境贸易投资资金流动，扩大金融业对内对外开放，并加快金融改革和创新。

10. 税收政策是国家为了实现特定目标而制定和实施的保障政府收入、促进公平分配和宏观调控的经济政策。税收政策和前面的产业政策、外贸政策、金融政策一样，均属于中央事权，海南自贸港的税收政策不可能独立于全国的税收政策，只能是在全国基本税收政策的基础上有所变通、有所改进。根据《海南自由贸易港建设总体方案》的规定，按照零关税、低税率、简税制、强法治、分阶段的原则，逐步建立与高水平自由贸易港相适应的税收制度。

11. 人才政策是指党和政府为了实现一定时期的特定目标而制定和实施的人才引进、人才培养、人才使用和人才保留等政策的总称。海南自贸港人才政策充分体现在"一本三基四梁八柱"中的"三基"之中。包括实施人才强国战略，深化人才发展体制机制改革，推行更加积极、开放和有效的人才政策，加速形成人人渴望成才、人人努力成才、人人皆可成才、人人尽展其才的良好环境。针对海南自由贸易港的发展需求，特别针对高端产业人才，实施更加开放的人才引进和居留政策，以实现打造人才聚集高地的目标。

12. 海南自贸港保障政策包括加强党的全面领导、强化政策保障、完善实施机制、稳步推进政策落地等。

13. 对于中国特色自由贸易港政策的形式，目前比较少有学者涉猎。本书对中国特色自由贸易港政策的形式分析包括政策数量、政策制定主体、政策文种三方面。

14. 从政策数量来看，从2020年6月1日起，中央（包括中共中央、国务院和国家各部委）和海南省（包括省委、省政府和海南省各厅局）发布一系列自贸港政策，数量多达几百件，并且其数量还在不断增加。为了研究方便，本书截取2020年6月1日至2021年5月31日中央和海南省发布的143件自贸港重点政策作为研究样本，该143件政策亦是由中共海南自由贸易港工作委员会办公室所汇编，也可以认为是官方正式认可的重点政策，具有一定代表性。政策的数量可以反映出不同政策的制定方式和价值取向。从政策数量分析，税收政策和人才政策所占比例最高，其次为投资政策和产业政策，法律法规和保障政策再次之，顶层政策所占比例最少，贸易政策所占比例倒数第二，运输政策倒数第三，金融政策倒数第四。因此，从政策数量这个角度来看，政策制定主体似乎比较关注税收政策和人才政策，其次为投资政策和产业政策，而贸易政策反倒是没有得到应有的重视。

15. 本书对政策制定主体的分析主要从发文主体层次、单独发文数量、联合发文数量这三方面展开研究。第一，发文主体层次不同，政策的效力也不一样，实施的效果亦有所差别。从海南自贸港143项重点政策的统计情况看，中央层面出台的政策有37项，占政策总数量的26.04%，地方层面制定的政策有92项，占总数量的64.78%。因此，体现出海南省政府积极发挥主体责任，积极落实各项中央发布的政策。在地方层面制定的政策中，省委（包括办公厅）、省人大常委会、省政府（包括办公厅）和省直属部门所制定的政策数量正好相同，各占一半，也说明省委、省政府积极推动自贸港政策的力度和决心。第二，从单独发文数量情况来分析，海南省政府（包括办公厅）最为积极主动，发文数量为27项，遥遥领先于其他发文主体，比排在第二位的海南省人大常委会还要多一倍。从数量分布分析，发文数量差别较大。发文数量多的政策主体较少，集中在海南省政府（包括办公厅）、海南省人大常委会、海关总署、海南省市场监管局、中共海南省委人才工作委员会、国家外汇管理局海南省分局和海南省资规厅，基本上属于地方层面，而其他政府主体发文数量较少，也体现出他们对海南自贸港政策供给热情不高，参与度有限。第三，虽然联合发文数量多达

43 项，但大多数属于中央部委层面之间和地方政府层面之间的联合发文，中央部委和地方政府之间联合发文的情况较少。在 143 项政策文本中海南省和中央部委联合发文才 2 项，占总样本数的 1.4%，这表明在海南自贸港政策制定方面，中央各部委和地方政府部门之间的协调性、联动性和统筹能力比较弱，还有进一步优化的空间。提高央地政策主体间的合作和联动，清晰划分各自的责任，将有效地避免更多"上下扯皮""政策打架"的不利情况，有利于推进海南自贸港政策的落地执行。从联合发文的情况看，国家税务总局和海南省税务局、科技部和海南省政府之间显示出较好的联动意愿和政策协同度。

16. 政策文种类型是政府部门规范性文件颁布的外在属性表现，政策形式不同，其所反映的政策权威性、稳定性、可操作性都不同。从本书的统计数据可以看出，办法是海南自贸港政策最常见的形式，以"办法"形式出现的政策文种为 39 件，占所有政策文种种类总数的 27.27%，其次是以"通知"形式出现的政策文种，共 24 件，占所有政策文种种类总数的 16.78%；以"意见"形式出现的政策文种为 16 件，占比 11.18%；以"方案"形式出现的政策文种为 13 件，占比 9.09%；"公告"形式出现的政策文种为 9 件，占比 6.29%；以"条例"形式出现的政策文种为 8 件，占比 5.59%；以"意见"形式出现的政策文种 7 件，占比 4.89%；以"清单"形式出现的政策文种为 5 件，占比 3.49%；以"规定"和"措施"形式出现的政策文种各为 4 件，占比 2.79%；以"机制"形式出现的政策文种为 3 件，占比 2.09%；以"细则""标准"形式出现的政策文种各为 2 件，占比 1.3%；以"法律""计划""程序""批复""规划""目录""政策"形式出现的政策文种各为 1 件，占比 0.69%。

一般来说，采用"法律""条例"的形式出现的政策具有较高权威性和稳定性，政策层次高，是成熟并且长期的政策通过立法程序转化为法律的体现。也即前文所述的"政策法律化"。

第五章

中国特色自由贸易港政策供给影响因素分析

本书遵循这样的研究思路，通过对海南自贸港内部因素进行 SWOT 分析，找出解决问题的相关对策，再针对这些对策和借鉴境外自贸港的有益经验，提出政策供给建议。本章主要进行 SWOT 分析，并找出解决问题的相关对策。

第一节　外部环境因素

本书前述关于中国特色自由贸易港政策环境的分析，采用宏观环境分析方法，即从政治、经济、社会文化、科学技术、自然生态和法律等方面对环境因素进行分析，本书从国际环境、国内环境以及海南的自然生态环境、政治和法治环境、经济发展环境、社会文化环境、科技发展环境等方面展开。

海南自贸港政策是党和政府在分析国际、国内各种复杂外部环境的基础上，为解决相关政策需求并结合海南的实际情况而量身定制的。本章进行简化处理，将政策供给的外部环境影响因素主要分为政治与法律因素、经济因素、社会和文化因素、技术因素这四方面。取这四个因素的英文单词首字母的组合，便为PEST，故该种分析方法亦称 PEST 分析模型。

一、政治和法律因素

政治和法律因素主要是指一个国家或地区的政治制度、政府政策和法律法规以及国际政治法律因素对政策供给的影响。政治因素包括国家基本政治制度、政局稳定状况、政府效能、执政党的态度和推行的基本政策、利益集团等。法律因素包括产权保护、合同执行、司法公正、税法规定、劳动者保护法、消费者权益保护法、知识产权保护法、环境保护法等。

从政治因素方面分析，我国建立起适合本国国情的社会主义制度，政局稳定。政府积极进行"放管服"改革，不断完善营商环境，尤其是党的二十大报告提出，新时代新征程中国共产党的使命任务就是团结带领全国各族人民全面建成社会主义现代化强国、实现第二个百年奋斗目标，以中国式现代化全面推进中华民族伟大复兴。

在法治建设方面，党的二十大报告强调坚持走中国特色社会主义法治道路，建设中国特色社会主义法治体系、建设社会主义法治国家，围绕保障和促进社会公平正义，坚持依法治国、依法执政、依法行政共同推进，坚持法治国家、法治政府、法治社会一体化建设，全面推进科学立法、严格执法、公正司法、全民守法，全面推进国家各方面工作法治化。

因此，无论是政治还是法律因素都有利于海南自贸港建设，可为中国特色自由贸易港政策供给提供良好的政治法律环境。

二、经济因素

经济因素是指能使自贸港保持正常运行或使之能更有效发挥作用的社会经济状况和国家经济政策的总和。主要包括国家或地区的社会经济结构、经济发展水平、经济体制、宏观经济政策、当期经济状况等。

当前，我国加快构建新发展格局，着力推动高质量发展，即加快构建以国内大循环为主体、国内国际双循环相互促进的新发展格局，实施扩大内需战略同深化供给侧结构性改革有机结合，依托我国超大规模市场优势，通过国内大循环吸引全球资源要素，增强国内国际两个市场、两种资源的联动效应，提升贸易投资合作的质量和水平。为更好推动高质量发展，习近平总书记在2023年年底提出加快发展"新质生产力"。"新质生产力"指的是创新在经济发展中起到主导作用，从而摆脱传统的经济增长方式和生产力发展路径，具有高科技、高效能、高质量等特征，符合新发展理念的先进生产力质态。2024年3月，李强总理代表国务院所作的政府工作报告提出，大力推进现代化产业体系建设，加快发展新质生产力。此外，无论是党的二十大报告还是政府工作报告，都提到加快建设海南自贸港、赋予海南自贸港更多自主权。

国际经济因素也会对自贸港政策供给产生深刻影响。例如，由于某些发达资本主义国家单边主义、贸易保护主义抬头，不断对华出台各种贸易制裁措施，这给自贸港贸易政策的制定和实施带来复杂、不确定的负面影响。

分析国内外经济因素，其既有有利的方面，又存在不利的因素。国家高度重视自贸港发展，新时期国内经济的高质量发展要求、国家积极稳健的宏观经济政策、发展"新质生产力"等为中国特色自由贸易港政策供给提供了坚实的经济发展环境，这是有利的方面，而国际经济的单边主义、保护主义又给中国特色自由贸易港政策供给带来挑战。

三、社会和文化因素

社会和文化因素指特定历史时期社会发展的一般状况，主要包括人口因素、社会流动性、消费心理、生活方式、文化传统、价值观等因素对自贸港政策供给的影响。

由前文的社会文化环境分析中可知，2010 年海南省每十万人中拥有大专及以上文化程度为 7728 人，比全国平均水平（每十万人中拥有大专及以上文化程度为 8930 人）还要少。因此，海南人才短缺现象较为突出。

2022 年中共海南省第八次党代会报告指出，海南当前面临的突出问题是全面深化改革开放任务繁重而艰巨，同时面临基础薄弱、市场主体少、经济流量小、外向度低以及人才短缺等多方面的矛盾。主要表现为：制度集成创新能级还不够高，部分政策设计还不够精准，经济发展质量效益还不够好，市场主体对营商环境还不够满意，绿水青山转化为金山银山的路径还不够多，风险防控还存在薄弱环节，人民群众获得感还不够强。

2024 年 1 月海南省政府工作报告中指出，城乡区域发展差距较大，民生领域还有不少短板弱项，防范化解风险任务艰巨；自贸港制度需要提升创新能级，营商环境仍有改进空间，经营主体和百姓的满意度仍有待提高。改革创新、狠抓落实、部门协同、政府效能有待增强，服务群众的能力和水平有待进一步提高；形式主义、官僚主义现象不同程度存在，主动发现问题、主动担当作为不够。

社会和文化因素方面存在的问题主要表现在人才短缺，尤其是高精尖人才的奇缺，还有改革创新精神、主动精神及人民群众获得感不足等。

四、技术因素

技术因素指社会技术总水平及其变化趋势，技术进步、技术突破对政策供给的影响。技术因素主要包括国家或地区的科技体制、科技政策、科技水平和科技发展趋势等。

科技创新在应对人类共同挑战、实现可持续发展中的作用越来越大。新一轮科技革命和产业变革蓄势待发，以5G、4K、AI、大数据、物联网等为代表的新一代信息技术正引领人类社会加速迈入数字经济时代，推动生产生活方式发生颠覆性变革。以绿色、智能、泛在为特征的群体性技术突破，重大颠覆性创新不时出现，成为重塑世界经济结构和竞争格局的关键。以信息技术、生物技术、材料科学、空间技术、人工智能等为代表的新技术给人们的生活带来翻天覆地的变化，如果未能抓住技术发展趋势特点，制定的自贸港政策就会落后于时代的发展，不能适应新科技革命。

从技术层面进行分析，机会和挑战并存。高新技术发展给海南自贸港建设带来新的发展机遇，并且海南以高新技术作为主导产业来优先发展，这是有利的方面。存在的挑战是海南缺少尖端技术人才，并且发展高新技术的配套设施不完善，科研成果转换率低，高科技应用场景不多，一定程度上不利于高新技术产业的健康快速发展。

第二节　内外部环境和条件分析

一、SWOT 分析模型概述

政策主体在分析政策供给的外部环境因素后，往往会结合内部条件进行综合分析，从而作出科学、准确的政策决策。SWOT 分析模型给我们提供了很好的分析问题思路。

SWOT 分析模型可以将与自贸港政策供给密切相关的主要内部优势和劣势以及外部机会和威胁等通过调查列举出来，并依照矩阵形式进行排列，然后用系统分析的思路把各种因素相互匹配进行分析进而推导出有益结论，以帮助政策主体进行决策。其中，S 指政策主体内部的优势（strength），W 指政策主体内部的劣势（weakness），O 代表外部环境的机会（opportunity），T 代表外部环境的威胁（threat）。

通过 SWOT 分析，政策主体最终作出决策，会采取相应措施：增长型策略（SO）、多元化策略（ST）、扭转型策略（WO）、防御型策略（WT）。其分析结果如下表（表5-1）所示。

表 5-1　自贸港政策供给 SWOT 模型分析表

		外部因素	
		外部机会	外部威胁
内部因素	内部优势	增长策略（SO）	多元化策略（ST）
	内部劣势	扭转型策略（WO）	防御型策略（WT）

二、海南自贸港的 SWOT 分析

（一）外部机会

根据前文的外部环境及海南的自身发展条件，本书概括海南自贸港的外部机会有：

1. 成为我国支持经济全球化、构建人类命运共同体的实际行动。

2. 习近平总书记亲自谋划、亲自部署、亲自推动，建设中国特色自由贸易港。

3. "一带一路"倡议的支点地区和"21 世纪海上丝绸之路"的重要支点，我国面向太平洋和印度洋的重要对外开放门户。

（二）外部威胁

海南自贸港的外部威胁主要有：

1. 逆全球化思潮抬头，单边主义、保护主义明显上升，世界经济复苏乏力。

2. 与国内其他自由贸易试验区（包括大湾区、横琴开发区等）竞争激烈。

3. 与香港自由贸易港的腹地重合，而香港自由贸易港发展的历史长，基础雄厚，具有先发优势。

（三）内部优势

海南自贸港的内部优势有：

1. 具有建设自贸港的国家战略优势，包括建设全面深化改革开放试验区、国家生态文明试验区、国际旅游消费中心、国家重大战略服务保障区（"三区一中心"）。

2. 具有区位优势，毗邻东南亚，背靠大陆腹地，地理位置相对独立。

3. 具有生态优势，中国最大的亚热带地区，自然生态环境位居全国前列。

4. 具有吸引全球资源的优势，以最开放的政策、良好的生态环境以及最优营商环境建设吸引全球资源的集聚。

（四）内部劣势

海南自贸港的内部劣势主要有：

1. 经济基础薄弱，对外开放水平不高，人才短缺。

2. 营商环境建设水平有待进一步提高。

3. 法治建设和政务服务水平有待进一步加强。

4. 软硬件设施配备不完善，协调性不高，无法与国际标准接轨。

（五）采取策略

在分析以上内外部环境和条件之后，分别得出以下增长型策略、多元化策略、扭转型策略和防御型策略。

1. 增长型策略（SO）是政策主体利用内部优势把握外部机会而采取的战略决策，通常情况下，需要先采用 WO、ST 或 WT 策略后才逐步采取 SO 策略。海南自贸港增长型策略包括：利用好建设自贸港的机会，先行先试，成为我国对外开放最高水平的靓丽名片。在"一带一路"倡议下，紧紧围绕自身区位优势，打造中国企业进入东南亚的总部基地和东南亚企业进入中国市场的总部基地。利用开放政策、生态优势吸引全球资源集聚，积极发展旅游业、现代服务业和高新技术产业。

2. 多元化策略（ST）是利用自身的优势，回避或减少外部威胁的冲击，政策主体在多元化策略中寻找发展的机会，或进一步增强自身优势以对抗外部威胁。海南自贸港多元化战略包括：建设中国特色自由贸易港，确保自由贸易港风险不外溢，与香港自由贸易港协调分工；为"一带一路"国家和东南亚国家开拓功能创新的离岸业务和现代服务业，与国内其他自贸区功能互补；利用政策优势和生态优势，加大力度吸引人才和技术要素，通过人力资源和创新优势发展自由贸易港。

3. 扭转型策略（WO）是借助外部出现的机会来弥补自身的内部劣势。如果政策主体自身比较弱小，也不一定能够抓住外部机会。因此，WO 的主旨在于应充分利用环境带来的机会，设法消除自身劣势。海南自贸港扭转型策略包括：积极争取国家及各部委支持，落实《海南自由贸易港法》各项规定，进一步优化营商环境；通过产业政策扶持，壮大主导产业，提高对外开放水平；加快总部经济建设，加深与大湾区、其他自贸区合作，提升软硬件设施，对标世界最高水平开放标准。

4. 防御型策略（WT）是弥补内部劣势并规避外部威胁的防御性战略决策。

海南自贸港防御性策略包括：加快政府"放管服"改革和数字化政府建设，确实提升法治建设和政务服务水平；以一流营商环境留住企业；对海南内海港、空港进行资源整合，对各产业园区各港划分出明确的区域并定位功能，错位发展。

SWOT 分析经常以分析矩阵的形式出现。曾有研究者采用 SWOT 分析方法对重庆依托自贸试验区建设自贸港的政策供给进行研究，SWOT 分析矩阵如下①：

表 5-2　重庆自贸港政策供给 SWOT 分析表

	优势分析（S）	劣势分析（W）
外部挑战（T）	ST 战略（多种经营战略）：利用优势，回避威胁 ①充分利用重庆的地缘优势和产业优势，增强核心竞争力，积极与周边省市合作，防止恶性竞争 ②加快产业转型升级，引进先进技术，增强区内企业自主创新能力，有效应对新的国际贸易形势 ③提升贸易便利化程度，对接国际高标准的贸易规则，吸引外商、外资入驻，提升竞争力	WT 战略（防御型战略）：减少弱点，回避威胁 ①借鉴国外自由贸易港的发展运营经验，建设独具特色的重庆自由贸易港，避免经营业务重复造成的资源浪费 ②坚持管理体制机制的创新，提高效率，优化执法资源，创新查验机制，推进综合执法，强化安全高效管理 ③采取行之有效的措施规避风险
内部机遇（O）	SO 战略（增长型战略）：发展优势，利用机会 ①积极用好"一带一路"、长江经济带、西部大开发等国家战略资源，发挥自贸试验区改革红利，加快推进内陆开放高地建设 ②加强与"一带一路"国家及东盟国家的战略合作，稳固与欧美传统贸易伙伴的合作关系，促进双方的经贸交往深入先进技术、文化等多个领域，提高贸易质量 ③优化人才培养环境，加强与重庆本地高校和科研机构的合作联动	WO 战略（扭转型战略）：利用机会，克服劣势 ①利用国家重视重庆发展的契机，加强自贸试验区内基础设施建设，提升各个口岸的运载能力 ②进一步深化在国际贸易"单一窗口""互联网+通关""智检口岸"等口岸通关的改革 ③用好自贸试验区内的改革自主权，在政府职能转变、金融管理与服务、投资便利化等方面进行更深入的制度创新的尝试与探索

还有研究者对建设海南自贸港的内外部因素进行分析后，提出"建设海南

---

① 高涵. 重庆依托自贸试验区建设自由贸易港的政策供给研究［D］. 重庆：重庆大学，2019：27.

自由贸易港的 SWOT 分析矩阵表"如下①：

表 5-3　建设海南自由贸易港的 SWOT 分析表

	优势（Strength）	劣势（Weakness）
内部能力 **外部机会**	1. 国家战略优势：国际旅游岛加自由贸易港两大战略落户海南，带来了极为难得的历史性机遇 2. 区位优势：作为祖国南海的门户，可便捷利用国内国外资源 3. 生态优势：中国最大的湿热带地区，拥有最丰富的生态系统，自然环境冠居全国 4. 旅游资源优势：良好的生态环境以及国际旅游岛战略的长期建设，为海南带来了巨大的旅游资源优势	1. 经济基础薄弱，对外开放水平存在劣势 2. 尚缺乏与自由贸易试验区（港）相适应的法律体系 3. 现行自由贸易试验管理体制尚不完善，存在多头管理 4. 港口基础设施落后，软硬件设施配备不完善，协调性不高，无法与国际标准接轨
机会（Opportunities）	SO 策略	WO 策略
1. 作为全面深化改革开放的试验田，海南拥有其他地区不可比拟的机会，这也是海南建省三十年以来最大的机遇 2. 作为"一带一路"倡议的支点地区拥有无限的机遇	1. 利用好"试验田"的机会，参考国际经验设计出适合海南实情的自由贸易港模式，加快进程先行先试（S1，O1） 2. 在"一带一路"倡议下，紧紧围绕自身区位优势，打造辐射南海区域的总部经济中心，与"一带一路"国家开展如航运、金融、旅游、人才互换等领域的合作（S2，S4，O2）	1. 积极向国家及各部委争取自主权，研究制定中国特色自由贸易港法律体系（W2，O1） 2. 参考先进自由贸易港经验，推动现有自由贸易试验区管理体制改革（W3，O1） 3. 前期加大投入建设海港、空港的软硬件设施，配合战略发展和政策配套落地（W4，O2）
威胁（Threats）	ST 策略	WT 策略
1. 面临与国内其他自由贸易试验区的激烈竞争 2. 与香港自由贸易港的腹地重合，应如何协调合作还没有划定出明确界限	1. 设计出具有中国特色的独特监管模式，保证自由贸易港政策不溢出到外地，与香港自由贸易港协调分工（S1，T2） 2. 明确目标为"一带一路"国家和东南亚国家，开拓功能创新的离岸业务和现代服务业，与国内其他地区功能互补（S2，T2） 3. 利用政策优势，积极探索制定金融领域的优惠政策，并加大力度吸引人才入驻，通过人力资源的优势发展自由贸易港（S1，S3，T1）	1. 设立企业性质的专业管理机构，对港区内运营相关事务进行专业化管理（W3，T1） 2. 对海南内海港、空港进行资源整合，对各地各港划分出明确的区域并定位功能，错位发展（W4，T2）

---

① 张思聪. 海南建设中国特色自由贸易港的对策研究［D］. 海口：海南大学，2019：17.

对于以上分析结果，本书有赞成的地方，也有不赞成之处，根据前文分析，本书提出以下SWOT分析矩阵表（表5-4）：

表5-4　中国特色自由贸易港政策SWOT分析矩阵表

	内部优势（Strength）	内部劣势（Weakness）
内部能力 外部机会	1. 建设自贸港的国家战略优势：建设全面深化改革开放试验区、国家生态文明试验区、国际旅游消费中心、国家重大战略服务保障区（S1） 2. 区位优势：毗邻东南亚，背靠大陆腹地，地理位置相对独立（S2） 3. 生态优势：中国最大的亚热带地区，自然生态环境位居全国前列（S3） 4. 吸引全球资源的优势：以最开放的政策、良好的生态环境以及最优营商环境吸引全球资源的集聚（S4）	1. 经济基础薄弱，对外开放水平不高，人才短缺（W1） 2. 营商环境建设水平有待进一步提高（W2） 3. 法治建设和政务服务水平有待进一步加强（W3） 4. 软硬件设施配备不完善，协调性不高，无法与国际标准接轨（W4）
外部机会（Opportunities）	SO策略（增长型）	WO策略（扭转型）
1. 成为我国支持经济全球化，构建人类命运共同体的实际行动（O1） 2. 习近平总书记亲自谋划、亲自部署、亲自推动，建设中国特色自由贸易港（O2） 3. "一带一路"倡议的支点地区和"21世纪海上丝绸之路"的重要战略支点，我国面向太平洋和印度洋的重要对外开放门户（O3）	1. 利用好建设自贸港的战略契机，先行先试，成为我国对外开放最高水平的亮丽名片（S1，O1） 2. 在"一带一路"倡议下，紧紧围绕自身区位优势，打造中国企业进入东南亚的总部基地和东南亚企业进入中国市场的总部基地（S2，S4，O3） 3. 利用开放政策优势、生态优势等吸引全球资源集聚，积极发展旅游业、现代服务业、高新科技产业（S3，S4，O1）	1. 积极争取国家及各部委支持，落实《海南自由贸易港法》各项规定，进一步优化营商环境（W2，O2） 2. 通过产业政策扶持，壮大主导产业，提升对外开放水平（W1，O1） 3. 加快总部经济建设，加深与大湾区、其他自贸区合作，提升软硬件设施，对标世界最高水平开放标准（W4，O3）

外部威胁（Threats）	ST策略（多元化）	WT策略（防御型）
1. 逆全球化思潮抬头，单边主义、保护主义明显上升，世界经济复苏乏力（T1） 2. 与国内其他自由贸易试验区（包括大湾区横琴开发区等）竞争激烈（T2） 3. 与香港自由贸易港的腹地重合，而香港自由贸易港发展的历史长，基础雄厚，具有先发优势（T3）	1. 建设中国特色自由贸易港，确保自贸港风险不外溢，与香港自由贸易港协调分工（S1，T3） 2. 为"一带一路"国家和东南亚国家开拓功能创新的离岸业务和现代服务业，与国内其他自贸区功能互补（S2，T2） 3. 利用政策优势和生态优势，加大力度吸引人才和技术要素，通过人力资源和创新优势发展自由贸易港（S1，S3，T1）	1. 加快政府"放管服"改革和数字化政府建设，确实提升法治建设和政务服务水平。以一流营商环境留住企业（W2，W3，T2） 2. 对海南内海港、空港进行资源整合，对各产业园区各港划分出明确的区域并定位功能，错位发展（W1，T2）

小　结

1. 通过对海南自贸港外部环境因素和内部因素进行 SWOT 分析，找出解决问题的相关对策，再针对这些对策提出政策供给建议。

2. 在中国特色自由贸易港政策供给影响因素方面，中国特色自由贸易港政策是党和政府在分析国际、国内各种复杂外部环境的基础上，为解决相关政策需求并结合海南的实际情况而量身定做的。本书进行简化处理，将政策供给的外部环境影响因素分为政治与法律因素（political and legal factors）、经济因素（economical factors）、社会和文化因素（social and cultural factors）、技术因素（technological factors）这四方面。取这四个因素的英文单词首字母的组合，便为 PEST，故该种分析方法亦称 PEST 分析模型。

3. 通过政治和法律因素分析，无论是政治还是法律因素都是有利于海南自贸港建设，都为中国特色自由贸易港政策供给提供了良好政治法律环境。

4. 分析国内外经济因素，其既有有利的方面，又存在不利的因素。国家高度重视自贸港发展、新时代国内经济高质量发展、国家积极稳健的宏观经济政策、发展"新质生产力"等为中国特色自由贸易港政策供给提供了坚实的经济发展环境，这是有利的方面。而国际经济的单边主义、保护主义又给中国特色自由贸易港政策供给带来了挑战。

5. 社会和文化因素方面，存在的问题主要表现在人才短缺，尤其是高精尖人才的奇缺，还有改革创新精神、主动精神及人民群众获得感不足等。

6. 从技术层面进行分析，机会和挑战并存。高新技术发展给海南自贸港建设带来新的发展机遇，并且海南以高新技术作为主导产业来优先发展，这是有利的方面。存在的挑战是海南缺少尖端技术人才，并且发展高新技术的配套设施不完善，科研成果转换率低，高科技应用场景不多，一定程度上不利于高新技术产业的健康快速发展。

7. SWOT 分析模型通过调查和列举与自贸港政策供给密切相关的主要内部优势和劣势，以及外部机会和威胁，这些因素会依据矩阵形式进行排列，随后通过系统分析的思路，将各种因素相互匹配，从而推导出有益的结论，帮助政策主体做出决策。

8. 海南自贸港的外部机会主要有：（1）成为我国支持经济全球化，构建人类命运共同体的实际行动。（2）习近平总书记亲自谋划、亲自部署、亲自推动，建设中国特色自由贸易港。（3）"一带一路"倡议的支点地区和"21 世纪海上丝绸之路"的重要战略支点，我国面向太平洋和印度洋的重要对外开放门户。

9. 海南自贸港的外部威胁主要有：（1）逆全球化思潮抬头，单边主义、保护主义明显上升，世界经济复苏乏力。（2）与国内其他自由贸易试验区（包括大湾区、横琴开发区等）竞争激烈。（3）与香港自由贸易港的腹地重合，而香港自由贸易港发展的历史长，基础雄厚，具有先发优势。

10. 海南自贸港的内部优势主要有：（1）建设自贸港具有重要的国家战略优势，其中包括建设全面深化改革开放试验区、国家生态文明试验区、国际旅游消费中心以及国家重大战略服务保障区（"三区一中心"）。（2）具有区位优势，毗邻东南亚，背靠大陆腹地，地理相对独立。（3）具有生态优势，中国最大的亚热带地区，自然生态环境位居全国前列。（4）具有吸引全球资源的优势，以最开放的政策、良好的生态环境以及最优营商环境建设吸引全球资源的集聚。

11. 海南自贸港的内部劣势主要有：（1）经济基础薄弱，对外开放水平不高，人才短缺。（2）营商环境建设水平有待进一步提高。（3）法治建设和政务服务水平有待进一步加强。（4）软硬件设施配备不完善，协调性不高，无法与国际标准接轨。

12. 在分析以上内外部环境和条件之后，分别得出以下增长型策略（SO）、多元化策略（ST）、扭转型策略（WO）和防御型策略（WT）。

13. 海南自贸港增长型策略包括：利用好建设自贸港的机会，先行先试，成为我国对外开放最高水平的靓丽名片。在"一带一路"倡议下，紧紧围绕自身区位优势，打造中国企业进入东南亚的总部基地和东南亚企业进入中国市场的总部基地。利用开放政策、生态优势吸引全球资源集聚，积极发展旅游业、现代服务和高新技术产业。

14. 海南自贸港多元化战略包括：建设中国特色自由贸易港，确保自由贸易港风险不外溢，与香港自由贸易港协调分工；为"一带一路"国家和东南亚国家，开拓功能创新的离岸业务和现代服务业，与国内其他自贸区功能互补；利用政策优势和生态优势，加大力度吸引人才和技术要素，通过人力资源和创新优势发展自由贸易港。

15. 海南自贸港的转型策略包括：积极争取国家及各部委支持，落实《海南自由贸易港法》各项规定，进一步优化营商环境。通过产业政策扶持，壮大主导产业，提高对外开放水平。加快总部经济建设，加深与大湾区、其他自贸区合作，提升软硬件设施，对标世界最高水平开放标准。

16. 海南自贸港防御性策略包括：加快政府"放管服"改革和数字化政府建设，确实提升法治建设和政务服务水平。以一流营商环境留住企业。对海南内海港、空港进行资源整合，对各产业园区各港划分出明确的区域并定位功能，错位发展。

第六章

中国特色自由贸易港政策供给工具

我国政府高度重视政策工具的作用，如经济政策工具中的货币政策工具和财政政策工具等，也比较重视政策工具之间的协调配合。对学界而言，中国特色自由贸易港政策供给工具是一个崭新的研究领域。

第一节　政策供给工具概述

一、政策供给工具的界定

所谓政策工具，指的是被设定为旨在实现一定政策目标的各种措施、策略、方法、技术、机制、行为、作为以及配置的人力、资金、设备、资源等手段。[①]

政策工具是旨在解决社会问题或达成政策目标而采取的具体、明确的手段和方式，可分为市场化工具、工商管理技术和社会化手段三种。[②]

政策工具的概念可以定义为：人们为了解决某一社会问题，实现这一政策目标而采用的手段和方式。[③]

通俗来讲，政策工具就是政府借以推行政策和实现政策目标的手段，是政府在贯彻实施政策时拥有的实际方法和措施。[④]

[①]　宁骚. 公共政策学［M］. 3 版. 北京：高等教育出版社，2018：143.

[②]　陈振明. 政策科学：公共政策分析导论［M］. 2 版. 北京：中国人民大学出版社，2003：147-148.

[③]　杨道田. 公共政策学［M］. 上海：复旦大学出版社，2015：121.

[④]　陈刚. 公共政策学［M］. 武汉：武汉大学出版社，2011：145.

从以上专家学者的研究情况看，大家基本同意政策工具是为了解决社会问题和实现政策目标而采取的手段和方法。

2024年3月，李强总理代表国务院所作的政府工作报告多处涉及政策工具。例如，"强化宏观政策逆周期和跨周期调节，继续实施积极的财政政策和稳健的货币政策，加强政策工具创新和协调配合""积极的财政政策要适度加力、提质增效。综合考虑发展需要和财政可持续，用好财政政策空间，优化政策工具组合""研究储备政策要增强前瞻性、丰富工具箱"等。

政策工具供给不足也会影响政策执行的效果。对此，有学者指出，政策质量低劣也常常被认为是导致政策执行效果不佳的根本原因，其主要表现为：（1）政策目标错位或模糊不清。目标是政策执行的方向和指南，若目标错位或模糊不清，都将导致执行偏离预定方向而影响政策效果。（2）政策"打架"。若政策出自不同部门而产生内容冲突和矛盾，发生政策"打架"现象，将导致执行者难以判断正确执行标准，进而产生执行混乱和偏差。（3）政策不可行。如缺乏接地气的实际操作性、操作方案缺失或政策工具配置不当，将极大地增加执行难度，甚至使政策无法实施。政策需兼具目标与工具，否则目标难以实现。（4）政策缺乏稳定性和连续性。政策缺乏稳定性和连续性将削弱执行者的信心，导致执行偏差。政策环境的变化增加了执行的复杂性和挑战性。①

本书认为政策工具与政策供给工具在一定情况下可以相互替代，因此，现有关于政策工具的研究成果基本可以用在政策供给工具方面。综上，本书认为中国特色自由贸易港政策供给工具是政府为实现建设海南自贸港目标而采取的具体手段和方法。

二、政策供给工具分类

基本的政策工具分为传统的政策工具和新型的政策工具。传统的政策工具可以分为行政工具、法律工具、经济工具和沟通工具四大类型。新型的政策工具包括：（1）市场化工具。如民营化、用者付费、合同外包、凭单制、分散决策、放松管制、产权交易、内部市场等。（2）工商管理技术。如全面质量管理、目标管理、绩效管理、战略管理、顾客服务、标杆管理、流程再造等。（3）社会化手段。如社区治理、个人与家庭、志愿者服务、公司伙伴关系、公众参与

---

① 宁骚.公共政策学［M］.3版.北京：高等教育出版社，2018：315-316.

及听证会。①

　　学者豪利特和拉米什认为，政策工具可以根据国家干预程度的高低而划分为自愿性政策工具（社区、自愿性组织、市场）、混合型政策工具（信息与劝诫、补贴、产权拍卖、征税和用户付费）和强制性政策工具（管制、公共企业、直接提供）。② 一些研究者认为，政策执行的基本手段包括行政手段、法律手段、经济手段和思想诱导手段等。③ 这种分类方法与传统的政策工具比较类似。

　　Rothwell 和 Zegveld 将政策工具分为供给型政策、需求型政策、环境型政策。④ 政策工具作为政策制定者为实现政策目标而采取的政策干预手段，其维度划分与科学设计对政策目标的实现具有直接影响。工具划分方式采用学界通用的由 Rothwell 和 Zegveld 提出的供给型、环境型和需求型三大维度：（1）供给型政策工具是指通过人才支持、要素保障、设施建设等方面直接供给推动试点城市建设；（2）需求型政策工具是指通过政府购买、公私合营等方式来引导消费需求调整，为社会、市场、消费者等提供明确的方向指引，并协调相应资源整合，以改善外部不确定因素的影响；（3）环境型政策工具是通过法规管制、金融支持等方式为推进试点城市有序建设提供良好的发展环境，包括目标规划、管理措施与机制、金融支持、法规管制、财税优惠等维度。⑤

　　可见，学者们关于政策工具的分类尚未形成一致意见。由于将政策工具划分为供给型政策、需求型政策、环境型政策这三种类型与本书的政策供给研究有同语反复之嫌，因此本书认为中国特色自由贸易港政策供给工具主要包括行政工具、法律工具、经济工具和沟通工具四种。本章节将按照上述分类标准展开讨论。

---

① 杨道田．公共政策学［M］．上海：复旦大学出版社，2015：125-133.

② 陈刚．公共政策学［M］．武汉：武汉大学出版社，2011：145-147.

③ 陈振明．政策科学：公共政策分析导论［M］．2 版．北京：中国人民大学出版社，2003：230-232.

④ ROTHWELL R，ZEGVELD W. Reindusdalization and Technology［M］．London：Logman Group Limited，1985：83-104.

⑤ 胡若晨，朱菊芳．政策工具理论视角下国家体育消费试点城市政策供给特征与实践研究［J］．浙江体育科学，2024，46（2）：41.

第二节　行政工具

一、行政工具的定义

行政工具是指政府依托其政权力量，通过层级分明的行政组织体系，制定、颁布及实施政策、指令与计划等方面，旨在达成国家对社会的有效领导、组织与管理目标。[①]

还有专家认为，行政手段是依靠行政组织的权威，采用行政命令、指示、规定及规章制度等行政方式，按照行政系统、行政层次和行政区划来实施政策的方法。[②]

也有专家基本同意以上定义，认为政策手段与政策工具在本质上是统一的，均指政策主体为实现特定政策任务和目标而采取的一系列措施和方法。[③]

本书赞成以上专家关于行政工具的定义，因此，中国特色自由贸易港政策行政工具是政府为实现建设海南自贸港目的而采用行政命令、通知、指示、规章制度等形式来实施政策的手段和方法。

二、行政工具的特点

行政工具具有权威性、强制性、垂直性、具体性、非经济利益性、封闭性的特点。

行政手段具有较强的约束力，带有强制性、无偿性、具体性，行政手段容易做到协调统一，令行禁止。

行政手段具有权威性、强制性、对象的有限性和时效性。

三、行政工具的分类

行政工具从作用性质来看，可以分为行政命令手段、行政引导手段、行政

---

① 杨道田. 公共政策学［M］. 上海：复旦大学出版社，2015.
② 罗红. 公共政策理论与实践［M］. 沈阳：沈阳出版社，2014：99.
③ 吴元其，周业柱，储亚萍，等. 公共政策新论［M］. 合肥：安徽大学出版社，2009：91.

信息手段、行政咨询服务手段。①

从前面的定义来看，行政手段可分为行政命令、指示、规定及规章制度等种类。

根据前文提到的中共海南省自贸港工作委员会编写的《海南自由贸易港建设白皮书（2021）》附件中的143项重点政策来分析，按照占比由高到低排列，海南自由贸易港政策行政工具主要包括办法（占比27.27%）、通知（占比16.78%）、意见（占比11.18%）、方案（占比9.09%）、公告（占比6.22%）和决定（占比4.89%）等种类。

四、行政工具的优点和不足

1. 行政工具的优点。行政手段在政策执行中能有效确保命令的统一和有效执行，尤其在应对紧急和突发问题时，能迅速改变局势，保障政策顺利实施。行政工具因其灵活性、无偿性和协调性，显著提升了政策执行的效率。②

2. 行政工具的不足。行政工具可能抑制下级的主动性和创造性，信息传递可能迟缓失真，沟通困难。使用时应尊重规律，考虑需求，遵循逐级负责原则，控制使用范围，注意操作技巧，避免主观随意性，力求高效。行政手段对上级机关严谨性要求高，也会限制下级积极性，因此应限制其运用，避免滥用。③

第三节　法律工具

一、法律工具的定义

法律工具是指国家行政机关在行政管理领域内，依照法定职权和程序，把国家法律、法规实施到具体的行政活动中，以达到有效而合理的管理目的。④

法律手段是通过各种法律、法令、法规、司法、仲裁工作，特别是通过行

---

① 杨道田. 公共政策学［M］. 上海：复旦大学出版社，2015：125.
② 吴元其，周业柱，储亚萍，等. 公共政策新论［M］. 合肥：安徽大学出版社，2009：91.
③ 杨道田. 公共政策学［M］. 上海：复旦大学出版社，2015：125.
④ 杨道田. 公共政策学［M］. 上海：复旦大学出版社，2015：125.

政立法和司法方式来调整政策执行活动中各种关系方法。① 综合以上专家关于法律工具的定义，本书认为中国特色自由贸易港政策法律工具是政府为实现建设海南自贸港目的而采取立法、执法、司法、守法等形式来实施政策的手段和方法。

二、法律工具的特点

与其他政策工具相比，法律工具具有规范性、权威性和稳定性等特点。

三、法律工具的分类

有学者认为，法律工具按行政执法所作的分类，主要分为行政决定、行政检查、行政处置、行政强制执行等。②

按照前文对法律工具的定义，法律工具似乎可以包括法律、法令、法规、司法等形式。本书倾向于海南自贸港政策法律工具，其包括立法、执法、司法、守法等方面。

四、法律工具的优点和不足

1. 法律工具的优点。法律手段作为政策执行活动的基石，其重要性不言而喻。它确保政策执行过程免受各种干扰，为政策目标的实现提供坚实的法律支撑。通过法律手段，政策执行活动得以在明确的法律框架和规章制度下有序进行，从而极大地促进了政策的顺利实施。

法律手段对行政管理至关重要，它设定了行政活动的基本规范和程序，确保了管理的法制化，有助于统一和有序的行政管理。其权威性和强制性特性有效提升了行政管理效率。

从自贸港政策的法律工具来看，前文提到的中共海南省自贸港工作委员会编写的《海南自由贸易港建设白皮书（2021）》附件中的 143 件重点政策中，法律法规为 17 件，占比 11.2%。这样的比重不算大，还有提升的余地。

2. 法律工具的不足。法律手段的运用存在一定的局限性，其固有的规范性和稳定性可能导致在处理特殊问题时缺乏必要的弹性和灵活性，从而可能对管理系统的发展构成潜在阻碍。在意识形态领域，法律手段往往难以直接介入，

---

① 罗红. 公共政策理论与实践 [M]. 沈阳：沈阳出版社，2014：99.
② 杨道田. 公共政策学 [M]. 上海：复旦大学出版社，2015：126.

因而容易在合理性与合法性之间产生矛盾。①

另外，法律手段在处理特殊的、个别的问题时，还需要与行政手段等相互补充。②

第四节 经济工具

一、经济工具的定义

经济工具是行政主体根据客观经济规律，运用价格、信贷、利率、税收、工资、奖惩等经济杠杆和方式，通过调整经济利益关系而实施管理的方法③。

经济手段是基于客观经济规律和物质利益原则，通过价格、工资、利润、利息、税收等经济杠杆，有效调节政策执行中各种经济利益间的关系，以实现行政效益的最大化，从而推动政策的顺利实施。

还有研究者认为，政策工具是为了保证本地区产业发展战略的有效实施，各级地方政府所制定实施的一系列政策举措，具体包括在金融、财税、投资、就业、人才、土地和生态环保等方面的一系列支持性或限制性政策工具组合④。此处的政策工具似乎应属于经济工具的范畴。

综合以上定义，本书认为中国特色自由贸易港政策经济工具是政府为实现建设海南自贸港目的而采取金融、财政、税收等形式来实施政策的手段和方法。

二、经济工具的特点

经济手段具有利益性、关联性、多样性和平等性的特点。

经济手段运用价格、工资、利润、利息、税收、资金、罚款以及经济责任、经济合同等，来组织、调节和影响政策执行者和政策对象活动。经济手段不同

① 杨道田. 公共政策学［M］. 上海：复旦大学出版社，2015：126-127.
② 吴元其，周业柱，储亚萍，等. 公共政策新论［M］. 合肥：安徽大学出版社，2009：92.
③ 杨道田. 公共政策学［M］. 上海：复旦大学出版社，2015：127.
④ 赵祥，李方. 粤港澳大湾区产业政策协同研究：基于政策文本的实证分析［J］. 特区实践与理论，2024（1）：82.

于行政手段和法律手段，它具有如下三个特性：间接性、有偿性、关联性。①

三、经济工具的分类

经济工具主要分为价格、信贷、利率、税收等手段。从其内容看，主要分为货币政策工具和财政政策工具。

货币政策工具是中央银行为实现货币政策目标而使用的各种策略手段。货币政策工具可分为一般性货币政策工具、选择性货币政策工具和其他补充性货币政策工具三类。一般性货币政策工具包括法定存款准备金政策、再贴现政策、公开市场业务；选择性货币政策工具包括消费者信用控制、证券市场信用控制、不动产信用控制、优惠利率；其他补充性货币政策工具包括直接信用工具和间接信用指导。②

财政政策工具是财政政策主体所选择的用以达到政策目标的各种财政政策手段，主要有税收、一般公共支出、政府公共投资、公债等。③

四、经济工具的优点和不足

1. 经济工具的优点。经济工具在政策执行中也发挥着重要的作用。政府的经济管理方法要能够因地制宜，依托物质利益基础，通过物价调整、利率变动、税收调控等手段，高效激发组织和个人的积极性与主动性，促进横向组织间的交流与合作。实践表明，在政策执行中，贯彻物质利益原则，遵循经济规律，利用经济手段协调各方经济利益，将政策实施与物质利益紧密结合，并以责、权、利相统一的方式固化，能有效规范人们行为，提供内在动力，从而积极提升政策执行效率和效果，确保政策目标的达成。

2. 经济工具的不足。经济手段虽在经济领域具有显著效用，但其在满足人们精神和社会需求方面存在局限性。经济手段的不当运用，可能引发人们对物质利益的过度追求，从而对人们的思想观念产生消极影响。

有专家认为，各种经济手段具有不同的功能，应根据实际情况选择适宜的经济手段，避免一刀切或盲目套用。在政策执行中，应综合考虑经济手段与行

① 吴元其，周业柱，储亚萍，等. 公共政策新论 [M]. 合肥：安徽大学出版社，2009：92-93.
② 曹龙骐. 金融学 [M]. 5版. 北京：高等教育出版社，2016：350-360.
③ 陈共. 财政学 [M]. 9版. 北京：中国人民大学出版社，2017：262.

政、法律手段的有机结合，以实现更优化的政策效果。①

从自贸港政策的经济工具效应来看，货币政策工具主要属于中央银行的职责，海南省地方政府很难有作为，需要海南省政府和中国人民银行进行协调。财政政策工具基本可以自由掌控，主要是海南省地方财政总量要做强做大，这样其政策效果才会更好。

第五节　沟通工具

一、沟通工具的定义

沟通是信息的传递与理解的过程。是在两人或更多人之间进行的事实、思想、意见和情感方面的交流。②

沟通工具也可以称为思想教育手段，是指依靠宣传、说服、沟通、精神鼓励等方式，激发人们的积极性，使行政人员和管理对象自觉自愿地去从事政府所鼓励的工作或活动，实现行政目标的方法。③

思想教育手段是一种以人为中心的人本主义的管理方法，它通过运用各种方法做人的思想工作，引导政策执行者和政策对象自觉自愿地去贯彻执行政策，而不从事与政策相悖的活动。④

综合以上专家学者的观点，本书认为中国特色自由贸易港政策沟通工具是政府为实现建设海南自贸港目的而采取宣传、解读、说服、沟通等形式来实施政策的手段和方法。

二、沟通工具的特点

管理学知识告诉我们，人际障碍、组织障碍和文化障碍会导致沟通障碍，而沟通障碍会引发冲突。因此，自贸港政策供给应重视沟通工具的运用，避免

① 吴元其，周业柱，储亚萍，等．公共政策新论［M］．合肥：安徽大学出版社，2009：93.
② 陈传明．管理学［M］．北京：高等教育出版社，2019：239.
③ 杨道田．公共政策学［M］．上海：复旦大学出版社，2015：127.
④ 罗红．公共政策理论与实践［M］．沈阳：沈阳出版社，2014：100.

沟通障碍和冲突。

沟通和文化紧密相连，相互影响。文化相似性有助于沟通，而差异则可能造成障碍。这些差异体现在自我意识、语言、服饰、饮食习惯、时间观念、价值观、信仰和思维方式等方面。①

沟通工具具有潜在性和长期性、内在稳定性以及主动超前性的特点。②

思想教育手段具有灵活性、人性化和平等化的特点。③

教育手段在对象上具有多元性、在方式上具有协调性、在作用上有着宏观调控性的特点。

三、沟通工具的分类

沟通可以分为单向沟通和双向沟通、言语沟通和非言语沟通、正式沟通和非正式沟通、人际沟通和群体沟通等不同类型。从政策供给的角度来看，其沟通应属于双向沟通、书面沟通、正式沟通和群体沟通。

根据管理学理论，人的行为是可以调节和激励的。激励是组织诱发个体产生满足某种需要的动机而促使个体行为与组织目标趋同的管理过程。④

常用的思想引导手段有：制造舆论、说服教育、协商对话。⑤

四、沟通工具的优点和缺点

1. 沟通工具的优点。沟通中常因多种因素导致信息失真或误解，影响信息传递效果。有效沟通需克服干扰，确保信息交流的可靠性和准确性。首先，确保信息量足够，避免信息缺失影响理解。其次，注重信息的准确表述和理解，即沟通质量。最后，保证信息的及时性，因为过时信息的价值可能降低。

教育手段的优势在于政府能够通过有计划的引导，使政策执行者与政策对象自觉采取行动。这种方式不仅节省资源，更重要的是，由于行为源于内心的自觉自愿，因此效果持久。相比之下，其他行政手段常依赖强制，可能导致口服心不服。因此，当前全球趋势是加强思想引导，减少强制命令。

通过思想教育手段真正达到激发人的积极性，实现行政目标，降低政策目

---

① 陈传明. 管理学［M］. 北京：高等教育出版社，2019：247.
② 杨道田. 公共政策学［M］. 上海：复旦大学出版社，2015：127.
③ 罗红. 公共政策理论与实践［M］. 沈阳：沈阳出版社，2014：100.
④ 陈传明. 管理学［M］. 北京：高等教育出版社，2019：219.
⑤ 罗红. 公共政策理论与实践［M］. 沈阳：沈阳出版社，2014：100.

标执行的成本。①

2. 沟通工具的不足。沟通工具在公共行政中能促进理解，消除分歧，增强团结，并激发人们的积极性，效果稳定。然而，其局限性在于沟通产生的影响过程耗时且结果不确定，有时仅限于思想动员，不能直接解决实际问题。为确保沟通工具的有效运用，必须遵循人的思想规律，采取恰当原则和灵活方法，结合自我教育与示范教学，因人而异地进行教育，将思想教育与实践相结合，以说服教育为主，多种方法为辅，并要求教育者自身要以身作则。②

2024 年 3 月，李强总理代表国务院所作的政府工作报告指出，实现年度目标需政策集中、工作加倍、各方协作。加强多领域政策协调，确保政策一致性与统筹。制定政策时要广泛听取意见，特别是涉企政策要与市场和企业需求对接。执行政策时要注重协同，避免相互干扰。储备政策要具有前瞻性，确保能迅速有效实施。持续跟踪评估政策执行情况，以满意度为基准进行调整。精准宣传政策，营造稳定透明的政策环境。

以上论述不仅涉及政策的制定、实施、评估，还涉及政策宣传解读。2024年政府工作报告为中国特色自由贸易港政策沟通工具的运用提供了很好的思路。

小 结

1. 我国政府高度重视政策工具的作用，如经济政策工具中的货币政策工具和财政政策工具等，也比较重视政策工具之间的协调配合。对学界而言，中国特色自由贸易港政策供给工具是一个崭新的研究领域。

2. 政策工具与政策供给工具在一定情况下可以替代，因此，现有关于政策工具的研究成果基本可以用在政策供给工具方面。中国特色自由贸易港政策供给工具是政府为实现建设海南自贸港目标而采取的具体手段和方法。

3. 政策工具主要分为传统工具和新型工具两类。传统工具包括行政、法律、经济和沟通工具。另一种分类是供给型、需求型和环境型政策。学者们对政策工具的分类意见不一。本书认为，中国特色自由贸易港政策工具主要是行政、

---

① 罗红. 公共政策理论与实践 [M]. 沈阳：沈阳出版社，2014：101.
② 杨道田. 公共政策学 [M]. 上海：复旦大学出版社，2015：128.

法律、经济和沟通工具。

4. 中国特色自由贸易港政策行政工具是政府为实现建设海南自贸港目的而采取行政命令、通知、指示、规章制度等形式来实施政策的手段和方法。

5. 海南自由贸易港政策行政工具主要包括办法（占比 27.27%）、通知（占比 16.78%）、意见（占比 11.18%）、方案（占比 9.09%）、公告（占比 6.22%）和决定（占比 4.89%）等种类。

6. 中国特色自由贸易港政策法律工具是政府为实现建设海南自贸港目的而采取立法、执法、司法、守法等形式来实施政策的手段和方法。

7. 在中共海南省自贸港工作委员会编写的《海南自由贸易港建设白皮书（2021）》附件的 143 件重点政策中，法律法规为 17 件，占比 11.2%。这样的比重不算大，还有提升的余地。

8. 中国特色自由贸易港政策经济工具是政府为实现建设海南自贸港目的而采取金融、财政、税收等形式来实施政策的手段和方法。

9. 从自贸港政策的经济工具来看，货币政策工具主要属于中央银行的职责，海南省地方政府很难有作为，需要海南省政府和中国人民银行进行协调。财政政策工具可以自由掌控，主要是海南省地方财政总量要做强做大，这样其政策效果才会更好。

10. 中国特色自由贸易港政策沟通工具是政府为实现建设海南自贸港目的而采取宣传、解读、说服、沟通等形式来实施政策的手段和方法。

11. 2024 年政府工作报告不仅涉及政策的制定、实施、评估，还涉及政策宣传解读。政府工作报告为中国特色自由贸易港政策沟通工具的运用提供了很好的思路。

第七章

中国特色自由贸易港政策供给路径

政策过程就是政策的生命过程，就是一项政策从问题认定到政策终结的整个运行过程。[①]

在政策科学或公共政策研究中，人们习惯上将政策过程分为政策制定（规划）、政策执行和政策评估等阶段。[②] 虽然政策制定之前还会有公共政策问题的形成和议程设置，甚至进行政策规划和采纳等环节，但这些内容主要属于公共政策学所研究的范畴。为了节约篇幅和集中论题，本书对公共政策制定之前的程序进行省略。

2024 年 3 月，李强总理代表国务院所作的政府工作报告指出，各地区各部门制定政策要认真听取和吸纳各方面意见，涉企政策要注重与市场沟通，回应企业关切。实施政策要强化协同联动，放大组合效应，防止顾此失彼、相互掣肘。加强对政策执行情况的跟踪评估，以企业和群众满意度为重要标尺，及时进行调整和完善。精准做好政策宣传解读，营造稳定、透明、可预期的政策环境。

由此可见，无论是理论研究还是实务，都基本认同政策过程包括政策制定、政策执行、政策评估等主要阶段。本书对中国特色自由贸易港政策供给路径主要从政策制定、政策执行、政策评估、政策监控和政策终结等主要环节展开研究。

[①] 宁骚．公共政策学 [M]．3 版．北京：高等教育出版社，2018：187．

[②] 陈振明．政策科学：公共政策分析导论 [M]．2 版．北京：中国人民大学出版社，2003：220-221．

第一节　中国特色自由贸易港政策制定

一、政策制定的定义和目标

（一）政策制定的定义

有学者认为，所谓公共政策制定，就是公共组织特别是政府针对有关的重要政策问题，依照一定的程序和原则制定政策目标，拟订、评估和最终择定有关政策方案并予以合法化的过程。政策制定是政策过程的核心阶段。①

还有学者认为政策制定过程包含了议程设立、方案规划和方案合法化等功能活动环节或阶段，而议程设立是政策制定过程中起始阶段的功能活动。②

也有研究者认为公共政策的制定过程实际上是一个政治过程。借用大卫·伊斯顿的政治系统概念，可以将政策的制定看作一个政策信息、政策资源、政策行为输入加工和政策产品的输出和反馈的过程。③

部分专家认为，公共政策制定是政策过程的首要阶段，是政策科学的核心主题。何为政策制定？政策科学文献有广义和狭义两种理解。有些政策科学家，如德洛尔将政策制定理解成整个政策过程，把政策执行、评估等环节称为后政策制定阶段；大多数政策科学家则对政策制定做了狭义的理解，即把它理解为政策形成或政策规划，指从问题界定到方案抉择以及合法化过程。④

综上，本书认为，中国特色自由贸易港政策制定是指政府为解决海南自贸港建设的社会公共问题，依照一定的程序和原则确定政策制定目标，规划、评估和最终择定有关政策方案并予以合法化的过程。

（二）政策制定目标

由于中国特色自由贸易港政策主要属于经济政策，故本书主要以经济政策

---

① 宁骚. 公共政策学 [M]. 3 版. 北京：高等教育出版社，2018：257.
② 陈振明. 政策科学：公共政策分析导论 [M]. 2 版. 北京：中国人民大学出版社，2003：182.
③ 罗红. 公共政策理论与实践 [M]. 沈阳：沈阳出版社，2014：68.
④ 杨道田. 公共政策学 [M]. 上海：复旦大学出版社，2015：94.

为例进行探讨。

国外学者认为，理性的人们会有一些相同的社会目标：体面的生活水平、公平的收入和财富分配、个体自由、人身安全以及个人拥有参与决策的权利等。①

国内学者指出，经济政策旨在解决经济问题，因此识别和确认这些问题至关重要。准确及时地发现问题、分析原因和影响，并采取适当措施是解决问题的关键。发现问题是解决经济问题的一半。然而，政策制定者常遇到复杂且界限模糊的问题，可能被其表面现象误导，难以识别问题本质或忽视隐藏问题，从而选择不恰当政策，延迟问题解决或加剧问题解决难度。因此，掌握发现经济问题的规律对于分析和制定经济政策至关重要。②

也有研究者认为，制定、实施一项经济政策，必定有其目的和目标。譬如，要征收房地产税，目的到底是什么？是要抑制房价上涨，还是要开辟地方政府的稳定税源并用之于当地教育、治安、环境事业，抑或是要在一定程度上解决贫富差距、收入差距过大的问题？也许政府会将多个目的综合在一起考虑，但是辨清这些目的并分清主次，进而深入研究政策实施能否达到预设目的，或者以多大力度实施政策才会达到预设目的，是非常重要的。③

尽管政策制定的初衷可能是积极的，但有时可能无法实现政府的目标。例如，研究显示西部大开发政策可能影响资源流动偏向中西部，这可能从三方面导致资源配置恶化。首先，中西部政策倾斜可能限制东部发展，导致东部要素成本上升，影响企业生产。其次，政策保护可能使低效企业得以存续，削弱市场淘汰机制。最后，区域政策偏向可能分散投资，抑制经济集聚，阻碍资源配置效率的提升，甚至导致恶化。④

《中华人民共和国国民经济和社会发展第十个五年计划纲要》提出，制定经济政策就是围绕经济结构的战略性调整，制定和实施产业发展政策、地区发展政策、城镇化政策、投资政策等，引导资源配置方向，提高资源配置效率。调整收入分配政策，逐步缩小收入差距。制定消费政策，提高居民生活质量。适应加入世界贸易组织的新形势，完善对外经济政策，发挥比较优势，保障国家

---

① ［英］米德. 聪明激进派的经济政策：混合经济［M］. 蔡晓陈，谢英明，陈浏，译. 北京：机械工业出版社，2015：1.

② 蔡荣生. 经济政策学［M］. 北京：经济日报出版社，2005-21.

③ 张文魁. 经济学与经济政策［M］. 北京：中信出版集团，2018：83.

④ 赵德余. 经济政策的选择与挑战［M］. 上海：上海人民出版社，2016：63.

经济安全。合理配置财政性资金、政策性金融、国家统借内外债、国家外汇储备以及国家物资储备、国有土地和国有资产存量等公共资源，发挥政府对资源配置的引导和带动作用。

中国特色自由贸易港政策制定目标为实现中央预定的海南自贸港建设目标，包括自贸港政策制度体系、营商环境水平、法律法规体系、风险防控体系等。

二、政策制定主体

研究者指出，中国独特的五级政府结构可能是全球独有的。作为单一制国家，中央政府承担最终责任和权力，自然负责制定和执行经济政策。然而，与其他国家相比，中国各级地方政府在推动经济发展方面表现出明显的积极性，并有自己的经济政策。因此，不仅五级政府都参与经济政策制定，而且各级政府内的多个经济机构也都是政策制定的主体。[①]

虽然存在以上观点，但本书仍然认为，经济政策的制定主体应属于国家或政府（包括地方政府）。但无论是宏观经济政策还是区域经济政策，抑或是长期、中期和短期经济政策，都应该主要由中央政府来制定，地方政府可以根据各地实际情况进行必要的补充，但不应损害到国家整体利益。

以产业政策为例，根据1989年3月15日国务院发布的《国务院关于当前产业政策要点的决定》（简称"产业政策决定"），制定当前产业政策的原则是：第一，实施经济环境治理、经济秩序整顿和深化改革方针，以产业政策为指导，强化宏观调控，引导市场发展，协调行动，逐步解决总需求与供给、消费与产业结构的矛盾。第二，减少长线产品生产和建设，增加短线产品生产和建设，重点发展粮食、棉花、煤炭、电力、交通特别是铁路运输和市场紧俏的轻纺产品。第三，根据市场需求、产业联系、技术进步、创汇和经济效益等因素，合理安排产业发展顺序，明确支持和限制的产业，同时处理好重点产业与一般产业、生产要素调整、地区优势发挥的关系。第四，产业政策要结合长远和近期目标，以近期为主，根据经济情况调整。第五，国务院负责产业政策制定，各部门和地方政府应根据国家政策制定实施办法并报国务院备案，不得层层拟定实施办法，确保执行国家产业政策，维护国家整体和长期利益。第六，实施产业政策需运用经济、行政、法律和纪律手段，加强思想政治工作，相关部门要协同一致，确保各项措施相互配套，符合治理整顿方针和产业政策要求。

---

① 张文魁. 经济学与经济政策［M］. 北京：中信出版集团，2018：120–121.

由此可见，"产业政策决定"明确指出，产业政策的制定权在国务院。

1994 年的《90 年代国家产业政策纲要》再次明确，国家产业政策由国务院决定。

在本书第二章第三节中国特色自由贸易港政策系统的研究中，本书认为自由贸易港政策主体分为中央（中共中央、国务院及国家各部委）和地方层面（中共海南省委、省政府及各厅局）两种。这种分类主要参考《海南自由贸易港建设总体方案》的规定，例如，在中央层面成立"推进海南全面深化改革开放领导小组"，在地方由海南省履行主体责任，中央主要部委如国家发展改革委、财政部、商务部、中国人民银行、海关总署等派出干部驻海南实地指导开展自由贸易港建设工作。

综上，本书倾向于认为海南自贸港政策的制定主体应该由中央政府（包括各部委）和地方政府（主要是省委、省政府及相关厅局）来承担。

三、政策制定过程

有研究者认为，经济政策过程一般包括政策议程、政策规划、政策评估、政策执行、政策反馈、政策终结等几个阶段。通常把经济政策过程中的政策议程、政策规划、政策评估三个阶段称为经济政策制定过程。包括界定问题，提出经济政策目标，方案设计，方案评估、选择与合法化的整个过程。[①]

以上观点基本符合管理决策的过程要求，即辨识和确定问题、确定决策的目标、拟定解决问题的备选方案、对方案进行评估、选择方案、实施方案并追踪、评价其效果。

研究者认为，我国产业政策主要由国家经济管理部门制定，但这些政策可能未能充分反映产业实际需求。建议在政策制定中增强行业协会和企业的参与，建立权威的政策审议机构，邀请更多学者和专家参与，以实现政府、学术界和产业界共同参与的产业政策制定模式。[②]

在实际操作中，制定经济政策并不总是按照理想化的过程来进行。例如，《90 年代国家产业政策纲要》规定了国家产业政策的制定程序：

1. 国家产业政策由国务院决定。国家计委是具体负责研究制定、协调国家产业政策的综合部门。各项产业政策的制定由国家计委牵头，会同有关部门进

---

① 蔡荣生．经济政策学［M］．北京：经济日报出版社，2005：21.
② 张泽一．产业政策有效性问题的研究［D］．北京：北京交通大学，2010：120-121.

行操作。产业政策的实施以各行业主管部门为主，由国家计委进行综合协调。

2. 建立国家产业政策审议制度。有关部门提出的产业政策草案和对产业发展有重大影响的政策草案，须经国家计委审查和协调，并由国家计委组织国务院有关部门、产业界、学术界和消费者群体进行科学论证和民主审议后，由国家计委会同有关部门报国务院批准后发布执行。

又如，2005年10月22日，《国务院关于加强国民经济和社会发展规划编制工作的若干意见》（国发〔2005〕33号）对编制工作过程提出明确要求：

1. 编制规划前，必须认真做好基础调查、信息搜集、课题研究以及纳入规划重大项目的论证等前期工作，及时与有关方面进行沟通协调。

2. 各级各类规划应视不同情况，征求本级人民政府有关部门和下一级人民政府以及其他有关单位、个人的意见。除涉及国家秘密的外，规划编制部门应当公布规划草案或者举行听证会，听取公众意见。

国务院发展改革部门、省（区、市）人民政府发展改革部门在将国家总体规划、省（区、市）级总体规划草案送本级人民政府审定前，要认真听取本级人民代表大会、政治协商会议有关专门委员会的意见，自觉接受指导。

3. 实行编制规划的专家论证制度。为充分发挥专家的作用，提高规划的科学性，国务院发展改革部门和省（区、市）人民政府发展改革部门要组建由不同领域专家组成的规划专家委员会，并在规划编制过程中认真听取专家委员会的意见。规划草案形成后，要组织专家进行深入论证。对国家级、省（区、市）级专项规划组织专家论证时，专项规划领域以外的相关领域专家应当不少于1/3。规划经专家论证后，应当由专家出具论证报告。

4. 规划报送法定部门审批。（1）提交规划草案时，需附带编制说明、论证报告及其他相关材料。编制说明应包括编制过程、意见征集、规划衔接、专家论证情况及未采纳意见的理由。（2）总体规划草案由政府提交同级人大审议批准。重大项目和国家级专项规划需国务院审批或核准，其他国家级专项规划由国务院部门批准并备案。跨省区域规划由国务院批准。规划批准后应依法公布，未经论证的规划不得批准和公布。

参考产业政策以及国民经济和社会发展规划编制过程的要求，海南自贸港政策制定过程包括提出政策目标、进行政策方案设计、进行政策方案评估、政策备选方案选择与政策合法化。其中，政策合法化包括政策制定主体合法、政策内容合法、政策制定程序合法等。

四、中国特色自由贸易港政策的合法化

政策合法化是政策制定者通过审查、批准、公布和宣传等程序，使政策方案得到公众认同的过程。它适用于所有类型的政策，包括地方政策和非法律形式的政策。政策合法化旨在提高公众对政策的认可，确保其有效规范行为，降低执行成本，并解决政策问题。合法化的主体包括各级党和国家机关，它们依据法定权限使政策具有约束力。合法化的程序和主体因政策的具体形式和内容而异。①

政策合法化是有关政策抉择主体依据有关法律，按照法定程序对政策方案加以审查、通过或批准、签署及发布的过程。这一概念涵盖了三方面内容：政策内容的合法化、决策过程的合法化和政策文本的法律化。②

政策合法性不能等同于政策法律化。政策法律化又称为政策立法，指享有立法权的国家机关依照立法权限和程序将成熟、稳定而又有立法必要的政策方案转化为法律的过程。③

综合以上学者的研究成果，本书赞同中国特色自由贸易港政策合法化不同于政策法律化，政策合法化的范围更宽泛，政策法律化包含于政策合法化的过程中。

五、中国特色自由贸易港具体政策的制定及存在的不足

本书分别从海南自贸港产业政策、贸易投资政策、财政政策、金融政策和人才政策等方面对中国特色自由贸易港具体政策的制定及存在的不足进行了分析。

（一）海南自贸港产业政策的制定及存在的不足

1. 产业政策制定情况

（1）产业组织政策

①2017年5月10日，海南省政府办公厅发布《海南省中小企业发展专项资金管理办法（修订）》，旨在为符合国家中小企业划型标准规定的中型、小型和微型企业（包括个体工商户），以及中、小、微型企业提供专业化服务的中介机

---

① 陈刚. 公共政策学［M］. 武汉：武汉大学出版社，2011：129.
② 宁骚. 公共政策学［M］. 3版. 北京：高等教育出版社，2018：281.
③ 陈刚. 公共政策学［M］. 武汉：武汉大学出版社，2011：130.

构和社会组织提供包括贷款贴息、购买服务、风险补偿、奖励补助、股权投资和设立基金在内的专项资金，以大力支持中小企业发展。

②2018年5月19日，海南省政府办公厅出台《海南省人民政府办公厅关于促进总部经济发展的工作意见》，明确发展目标，确定重点区域，加强财力保障，出台扶持政策，加强招商推介，落实人才政策，优化政务服务，建立工作机制。

③2021年9月30日，海南省人大常委会审议通过《海南自由贸易港公平竞争条例》，条例共七章35条。第二章整章以规定公平竞争政策为主题，为解决如何强化竞争政策基础性地位的问题，围绕约束规范行政权力干预市场活动、明确以竞争政策为基础协调产业政策等经济政策和平等对待各类市场主体、放宽市场准入门槛等多个角度，进行了相对具体化的规定。第三章从审查主体、范围、方式、监督机制等多方面为公平竞争审查明确了方向，以地方性法规的形式强化公平竞争审查制度的刚性约束。

（2）产业结构政策

①国家发展改革委于2018年12月28日出台了《海南省建设国际旅游消费中心的实施方案》，提出海南的战略定位是旅游高质量发展示范区、旅游体制机制创新试验区和世界知名国际旅游消费胜地；战略目标是构建丰富多彩的旅游消费新业态、创建国际一流的旅游消费环境、建设世界知名的旅游消费目的地。

②国家发展改革委于2019年10月30日出台《产业结构调整指导目录（2019年本）》（以下简称《目录（2019年本）》），一共包括48个行业、1477项条目，其中鼓励类、限制类和淘汰类分别为821条、215条和441条。与之前一版相比，从行业的角度上看，鼓励类新增4个行业，分别为"人力资源与人力资本服务业""人工智能""养老与托育服务"和"家政"，将上一版"教育、文化、卫生、体育服务业"拆分并分别独立设置，限制类删除"消防"行业，淘汰类新增"采矿"行业的相关条目；从条目数量看，总条目增加69条，其中鼓励类增加60条、限制类减少8条、淘汰类增加17条；从修订面看，共修订（包括新增、修改、删除）822条，修订面超过50%。

③2019年12月31日，海南省交通运输厅印发《关于促进海南邮轮经济发展的实施方案》，积极探索海南邮轮政策制度创新开放，不断优化邮轮产业发展环境，扩展邮轮旅游消费发展空间，全面推动邮轮旅游消费提质升级。

④2020年3月18日，海南省财政厅出台的《海南省重点产业发展专项资金管理办法》第二条规定：本办法所称重点产业发展专项资金（以下简称专项资

金）是指省级财政安排，用于省委、省政府确定支持的重点产业发展的资金；重点产业一般指"十三五"期间，海南确定的"热带特色高效农业、旅游产业、互联网产业、医疗健康产业、现代金融服务业、会展业、现代物流业、油气开发及加工产业链、医药产业、低碳制造业、房地产业、高新技术教育文化体育产业"12个重点发展的产业。

⑤2020年3月20日，海南省政府出台《海南省旅游业疫后重振计划——振兴旅游业三十条行动措施（2020—2021年）》，适用期限是2020年和2021年，旨在用好"省八条""旅六条"的基础上，出台财税、金融、用地等系列扶持政策。

⑥2020年6月1日，中共中央、国务院印发的《海南自贸港建设总体方案》在产业发展总体方向上不单单延续《中共中央　国务院关于支持海南全面深化改革开放的指导意见》所提出的旅游业、现代服务业和高新技术产业三大产业，并对其进行了细化，例如，在旅游业方面，提出推动旅游与文化体育、健康医疗、养老养生等深度融合（从旅游业延伸到文化体育产业、健康医疗产业和养老产业等），提升博鳌乐城国际医疗旅游先行区发展水平，支持建设文化旅游产业园，发展特色旅游产业集群，培育旅游新业态新模式，创建全域旅游示范省；加快三亚向国际邮轮母港发展，支持建设邮轮旅游试验区，吸引国际邮轮注册；设立游艇产业改革发展创新试验区；支持创建国家级旅游度假区和5A级景区。

在现代服务业方面，包括吸引跨国公司设立区域总部；拓展航运服务产业链（包括保税仓储、国际物流配送、转口贸易、大宗商品贸易、进口商品展销、流通加工、集装箱拆拼箱等业务）；建设海南国际设计岛、理工农医类国际教育创新岛、区域性国际会展中心；完善海洋服务基础设施，积极发展海洋产业（包括海洋物流、海洋旅游、海洋信息服务、海洋工程咨询、涉海金融、涉海商务等），建设国家对外文化贸易基地。

在高新技术产业方面，包括重点发展信息产业（物联网、人工智能、区块链、数字贸易等），依托文昌国际航天城、三亚深海科技城培育深海深空产业，壮大先进制造业（生态环保、生物医药、新能源汽车、智能汽车等），构建热带特色高效农业（发挥国家南繁科研育种基地优势，建设全球热带农业中心和全球动植物种质资源引进中转基地），建设智慧海南。

⑦《中华人民共和国海南自由贸易港法》于2021年6月10日通过，其中规定：国家将大力支持海南自由贸易港发展以现代服务业、旅游业、热带特色高效农业和高新技术产业为有机组成的"3+1"主导产业，进一步构建开放型

生态型服务型产业体系。

（3）产业布局政策

①2019年1月8日，海南省政府办公厅出台《关于支持三大科技城发展的措施》，从加大财政扶持力度、加快建立资金保障机制、设立产业引导基金、实行灵活的土地使用方式、实行用地"弹性年期"供应制度、完善公共服务功能、支持体制机制创新七大方面对三亚深海、南繁、文昌航天三大科技城予以支持。政策期限为五年，其中三亚深海、南繁科技城从2019年起算，文昌国际航天科技城的起算时间视开发情况而定。

②2019年6月26日，海南省政府发布《海南省重点产业园区高质量发展的若干意见》，从优化园区布局、改革完善园区管理体制等十方面着力；按照"可大可小""可集中可分散"的原则，调整形成3类25个省级重点产业园区，并在6个园区分别量身定制"一园一策"，向园区下放了43项权限。

③2019年，海南省人民政府公办厅印发《海南省重点产业园区规划布局调整优化方案》，在全省规划布局可大可小、可集中可分散的3类25个重点产业园区：按产业类别分为旅游业园区7个，高新技术产业园区10个，现代服务业园区8个，基本形成"南北两极带动、东西两翼加快发展、中部山区生态保育"的格局。

④2019年7月18日，海南省政府印发《关于支持博鳌乐城国际医疗旅游先行区发展的措施（试行）》《关于支持洋浦经济开发区发展的措施（试行）》《关于支持海口江东新区发展的措施（试行）》《关于支持三亚崖州湾科技城发展的措施（试行）》，将在上述四个园区实施"一园一策"，加大财政扶持力度，尤其是每年根据博鳌乐城国际医疗旅游先行区基础设施建设项目和产业发展实际需要，通过年度新增债券资金优先安排支持。重点项目土地出让金在扣除成本和国家法定计提专项资金后，采取一企一策、集体决策方式进行配置。

⑤2020年12月13日，海南省政府办公厅出台《海南省产业园区管理暂行办法》，一共有四章18条，对园区设立、运营管理、政策扶持和业绩考核等内容作出明确规定。政策扶持包括制度集成创新、先行先试、人才政策支持、创新创业政策支持、园区用地保障机制、财政支持等。其中，在先行先试方面提出，国家将率先在重点园区实行"一线"放开、"二线"管住的进出口管理制度，并在园区试点不断推进国际贸易"单一窗口"平台建设。同时加强建设海关特殊监管区域，支持园区凭借海南自由贸易港"原产地政策"大力发展产业，支持园区通过投融资平台发行公司债券、股票等不断拓宽融资渠道，以及园区

优先在资金跨境流动、产业对外开放、数据跨境流动等各方面开展试点。

⑥海南省自然资源和规划厅印发的《关于实施产业项目发展和用地准入协议的指导意见》（琼国土资规〔2018〕8号），对海南省产业项目发展和用地准入协议，提出了5项指导意见：严格产业项目用地准入、合理确定准入协议内容、实行"弹性年期"土地供应制度、落实准入协议履约要求、建立共同责任机制。

2. 存在的问题

经课题研究团队对海南大学国际商学院七位专家学者进行问卷调查，发现存在以下问题。

（1）关于海南产业组织政策存在哪些不足以及应如何改进这个问题，学者的观点主要有：

①虽然政府政策出台有力，但是实际落实较差，应该紧抓落实。

②应该根据海南特色制定相关的产业规划。

③应该保证市场的公平竞争。

（2）关于海南产业结构政策存在哪些不足以及应如何改进这个问题，学者的观点主要有：

①政府财力有限，对企业的支持力度不够大。

②应改变过于依赖房地产业的趋势。

③区位优势不足。

④政策缺乏长效性。

（3）关于海南产业布局政策存在哪些不足以及应如何改进这个问题，学者的主要观点有：

①海南各市县产业布局雷同，差异化不大。

②产业布局不合理，未形成科学合理产业布局规划。

③港口分工不合理，使一些企业增加了原材料和产品运输成本，加大了企业的负担。比如，海口有企业的原材料原来从海口港进入，现在不得不从洋浦港进入。

④应该根据海南各市县的具体情况进行差异化布局，合理分工。

（二）海南自贸港贸易和投资政策的制定及存在不足

1. 贸易和投资政策制定的情况

①《海南省优化营商环境行动计划（2018—2019年）》，共计11类40条

优化营商环境措施，其中第 5 条措施进一步放宽产业准入，对外资全面实行准入前国民待遇加负面清单管理制度，对负面清单之外的领域，按照内外资一致的管理原则，外商投资企业设立和变更实行备案制。第 6 条措施加大对重点产业领域的开放。

②《中西部地区外商投资优势产业目录（2019 版）》，明确了适用于海南省的外商投资优势产业：农作物、畜禽优良品种选育和种苗生产、水产品加工及副产品综合利用。

③《海口国家高新区产业发展指导目录（2018 版）》，对一级园区目录、二级园区目录、负面清单进行了详细说明，明确了高新区重点产业、重点产品和关键技术的发展方向和目标。

④《东方临港产业园产业准入目录》，明确了东方临港产业园产业准入内容，主要包含油气化工类、南海资源开发装备制造及服务类、能源储备类、航运贸易类、快递物流服务类，并对准入目录内容进行了细化。

⑤2019 年 9 月 17 日，海南省发改委印发《海南省产业准入禁止限制目录（2019 年版）》，明确了落实"海南生态环境质量只能变好，不能变差"及推进产业结构转型升级的要求，在国家市场准入负面清单上做加法，在高能耗、高污染、高排放产业和低端制造业（简称"三高一低"）方面提出比国家更严格的要求。

⑥国家发展改革委、商务部于 2020 年 12 月 31 日出台了《海南自由贸易港外商投资准入特别管理措施（负面清单）（2020 年版）》，共计 11 类 27 条。

⑦国家发展改革委、财政部、国家税务总局于 2021 年 1 月 27 日联合印发《海南自由贸易港鼓励类政策产业目录（2020 年本）》，大部分采用国家《产业结构调整指导目录（2019 年本）》，加上《鼓励外商投资产业目录（2020 年本）》，新增 14 大类，143 个细分行业。

⑧2021 年 5 月 10 日，海南省政府办公厅出台的《海南自由贸易港投资新政三年行动方案（2021—2023 年）》，提出围绕旅游业、现代服务业、高新技术产业三大主导产业，以及热带特色高效农业、制造业（即"3+1+1"现代产业体系），"五网"基础设施、民生公共服务、社会投资等重点领域，高度聚焦投资效益与质量，着力在扩大有效投资方面下功夫，通过实施三年投资新政，在完成年投资增速不低于 10% 的同时，到 2023 年全省投资结构更加合理，投资质量明显提高，投资效益逐步提升，产业集群效应进一步释放，产业投资对 GDP 拉动作用更加凸显，让海南自贸港建设早期收获体现在全省宏观经济发展的质

量和速度上。切实提高"3+1+1"产业在投资中的占比，高质量投资建设一批重大产业平台，建成2~3个千亿级和5~7个百亿级重大产业平台，带动形成若干创新要素集聚、配套体系完备的产业集群。2021—2023年，争取达到"3+1+1"产业每年投资增速12%左右，至2023年投资占全社会固定资产投资比重不低于67%，增加值占地区生产总值比重达到70%以上的行动目标。

⑨2021年7月23日，商务部发布《海南自由贸易港跨境服务贸易特别管理措施（负面清单）（2021年版）》。

⑩国家发展改革委、商务部于2021年12月27日出台《外商投资准入特别管理措施（负面清单）（2021年版）》，共计12类31条。

根据2021年4月12日国家发展改革委副主任丛亮介绍，"三专一重"是发改委的相关工作，"三专"的意思是专门针对海南自由贸易港出台的三项专项政策，"一重"的意思是为了推动与海南自由贸易港有关的重大项目建设而组织的工作。

第一个"专"指的是海南自由贸易港外商投资准入负面清单。国家发展改革委、商务部于2020年12月31日颁布了《海南自由贸易港外商投资准入特别管理措施（负面清单）（2020年版）》，对照2020年版的30条自由贸易试验区外资准入负面清单，自由贸易港负面清单缩减了3条。海南自由贸易港开放力度显著增强，投资自由化和便利化水平得到提升，形成具有国际竞争力的开放制度和政策。海南自由贸易港将成为新时代对外开放的旗帜和重要门户。海南省政府将遵循总体方案，逐步减少负面清单条目，加速投资自由便利化。

第二个"专"指的是海南自由贸易港的鼓励类产业目录。国家发展改革委、财政部、国家税务总局于2021年1月27日联合发布了《海南自由贸易港鼓励类政策产业目录（2020年本）》，其体例结构为"国家现有目录+地区新增目录"，大类行业和细分行业在国家现有鼓励类产业目录的基础上分别增加了14个和143个，涉及了海南自由贸易港建设大部分的重点产业和领域，不仅产业条目多、涵盖范围广，还着重强调了旅游业、现代服务业和高新技术产业三大主导产业的发展需要。这是为了使海南自由贸易港产业的发展沿着正确的方向前进，让国内外优质企业加快聚集的进度。接下来，海南省政府将在海南自由贸易港的建设过程中，不断调整、修订产业目录。

第三个"专"指的是海南自由贸易港放宽市场准入的若干特别措施。国家发展改革委和商务部发布了特别措施，旨在利用海南自由贸易港的政策优势，探索更高效的市场准入、监管和管理方法。这些措施针对海南的不同功能区，特别在医疗、金融、文化、教育等领域实施了 22 条高价值的准入政策，以加速优质资源的聚集和培育海南特色的新竞争优势。

"一重"指的是组织推动海南自由贸易港重大项目建设。国家发展改革委印发了《重大区域发展战略（推进海南全面深化改革开放方向）中央预算内投资专项管理办法》，并不断进行海南自由贸易港重大项目建设行动方案的研究编制和重大项目储备库制度的建立完善。在中央预算内，共有 100 亿元被用来支持海南自由贸易港软硬件基础设施的建设；《智慧海南总体方案（2020—2025年）》和《海南现代综合交通运输体系规划》的颁发意味着海南将被纳入REITs 试点（基础设施领域不动产信托投资基金），存量资金周转将得到大力支持，重大项目的建设融资渠道也会更加宽广，包括新型基础设施、交通和能源在内的各个领域的重大项目建设的进程也在不断加快。①

2. 存在的问题

（1）制度集成创新程度有待提高

一些政策在设计之前与市场缺乏充分的衔接，或者跟市场主体沟通不足，导致部分任务仅属于该领域的单个环节，难以实现系统创新。个别政策论证不够充分、可操作性不强，导致政策效应发挥不充分，短期经济拉动效应不明显。

（2）体制机制系统性创新略显不足

虽然海南的贸易投资取得长足进展，但是由于原来基础比较薄弱，发展时间比较短，只能边推进试点工作边研究，边制定政策边解决问题，然而往往只注重解决眼前的问题，缺乏系统性思维，尤其是顶层设计不到位，导致支撑政策运行的体制机制系统创新略显不足。

（三）海南自贸港财政政策的制定及存在的不足

1. 财政政策制定的情况

（1）2018 年 6 月 28 日，海口国家高新区管委会制定《海口国家高新技术产业开发区高新技术企业奖励暂行规定》，对符合奖励条件的企业一次性给予 30 万元奖励，奖励资金专项用于企业技术创新。该规定有效期两年。

（2）2020 年 10 月 16 日，海南省科技厅、财政厅联合印发《海南省科技创新券管理办法》。管理办法总结了海南省创新券发放情况，并借鉴其他省份经验，提高了对科技创新创业平台团队的支持，每年最多可申请 5 万元创新券。

---

① 国新办召开海南自由贸易港建设专题新闻发布会介绍海南自由贸易港政策制度建立进展情况 [EB/OL]. 澎湃新闻，2021-04-12.

同时，明确了对研发、技术转移、检验检测认证、知识产权等技术服务的补助政策。

该办法自 2020 年 12 月 1 日起实施，有效期三年；2016 年 10 月 22 日印发实施的《海南省科技创新券管理暂行办法》同时废止。

（3）2021 年 6 月 28 日，海南省财政厅、省科技厅联合印发出台了关于《海南省高新技术发展专项资金管理暂行办法》，其第三条规定：专项资金主要对从事研究开发、成果转化和科技服务等活动的单位先行投入资金，取得成果或者服务绩效，通过认定或考核等方式，给予适当的财政补助。第七条规定：专项资金重点用于引导高新技术企业加大研发投入，不断地培养和引进高新技术企业，大力支持科技平台的搭建、科技创新成果的应用转化和科技金融等，促进高新技术产业发展。根据支持方向的不同，其经费开支主要分为研发投入补助、创新平台补助和其他补助。该办法自 2021 年 7 月 1 日起施行，有效期限 3 年；2012 年海南省财政厅、省科技厅联合印发实施的《海南省高新技术发展专项资金管理暂行办法》同时废止。

（4）2022 年 1 月 14 日，海南省财政厅、省科技厅印发出台了《海南省高新技术企业发展专项和经费管理暂行办法》，其规定专项资金的支持方向为：高新技术企业培育和引进、服务高新技术企业创新创业平台和支持企业创新。由省委和省政府部署安排，可通过"一事一议"的方式对高新技术企业的发展提供支持。实行日期为 2022 年 2 月 26 日起，有效期为 3 年；2021 年省科技厅、省财政厅联合印发的《海南省高新技术产业发展专项资金管理暂行办法》同时废止。

2. 存在的问题

（1）以 2012 年海南省科技厅、财政厅出台的《海南省高新技术发展专项资金管理暂行办法》为例，经过近十年的施行，该政策对促进海南高新技术企业发展起到积极的推动作用。2021 年省财政厅会同省科技厅反复研究商榷，针对高新技术企业发展专项资金的支持方向和经费使用管理要求，逐条梳理，并通过公开征求社会的建议对原办法进行修订，修订后的"专项管理办法"与 2012 年版的相比，首先，从制度上建立了总分架构，根据高新技术产业发展专项资金的支持方向的不同，规定执行各项具体的管理办法，使得具体、科学、合理的考核评价指标及对应的考核评价方式更加明确。其次，采取分类管理，明确经费开支范围。区别项目类型，经费上采用不同管理模式：根据高新技术产业发展专项资金的支持方向的不同，将经费开支范围进行归类主要分为研发投入补助、创新平台补助和其他补助，并对各类补贴的用途进行详细的阐述，方便单位在经费使用上有章可循，规范管理。

但是2021年的"专项管理办法"尚未施行半年，接着就又出台了2022年版的《海南省高新技术企业发展专项和经费管理暂行办法》，这样既容易造成政策的不稳定性，也会损害政策的权威性。

（2）不管是上文提到的"专项管理办法"，还是对《海南省科技创新券管理办法》的修订，都显示出政策的变更、终止比较仓促，且未作出说明，这样会导致受该政策影响的市场主体和社会公众质疑其科学性，阻碍政策的落实。

（3）从上文所列举的政策看，政策的有效期都比较短，基本上是三年或是两年。众所周知，制定政策都需要花费一定成本和时间。政策的有效期过短，不仅影响到政策的稳定性，还会让市场主体对政策的连贯性产生怀疑，甚至对政策的执行效果产生不利影响。另外，频繁地修改或终止某些重要的政策，也是一种资源的浪费，不符合绿色发展的理念。

（4）部分市县出台的财政税收优惠政策不符合公平竞争要求。2021年2月，海南省政府相关职能部门组织第三方机构，从公开渠道抽查各市县政府部门2702份文件，共审查出存疑文件61份，占比约2.26%。其中，涉嫌违反国家发展改革委等5部门《公平竞争审查制度实施细则（暂行）》第十六条第二款的"与税收挂钩给予企业财政奖励或补贴"的文件最多，共25份，占比40.98%；涉嫌违反第十六条第一款"违法给予特定经营者优惠政策"共12份，占比19.67%。

（四）海南自贸港税收政策的制定及存在的不足

1. 税收政策制定的情况

（1）国家税务总局、海关总署和财政部于2018年12月26日颁布了《关于将乘轮船离岛旅客纳入海南离岛旅客免税购物政策适用对象范围的公告》（财政部 海关总署 税务总局公告2018年第175号），公告规定年满16周岁的乘轮船离岛旅客凭个人离岛船票及有效身份证件，可在海南离岛旅客免税购物商店及其网上销售窗口购买免税商品。

（2）国家税务总局和财政部于2020年6月23日公布了财政部《关于海南自由贸易港企业所得税优惠政策的通知》（财税〔2020〕31号）。其主要内容有：①对注册在海南自由贸易港并实质性运营的鼓励类产业企业，减按15%的税率征收企业所得税。②对在海南自由贸易港设立的旅游业、现代服务业、高新技术产业企业新增境外直接投资取得的所得，免征企业所得税。③在海南自由贸易港创设企业，新购置 500 万元以下固定资产（含自建、自行开发）或无形资产的，享有一次性计入当期成本费用并在进行应纳税所得额计算时予以扣除，不再分年限计算摊销和折旧的优惠政策；若单位价值大于 500 万元的，允许其加快摊销、折旧的速度或减少摊销、折旧的年限。④该通知执行期限为 2020 年 1 月 1 日至 2024 年 12 月 31 日。

（3）国家税务总局和财政部于 2020 年 6 月 23 日公布了《关于海南自由贸易港高端紧缺人才个人所得税政策的通知》（财税〔2020〕32 号），主要内容包括：①对在海南自由贸易港工作的高端人才和紧缺人才，其个人所得税实际税负超过 15% 的部分，予以免征。②享有上述政策优惠的所得包括来源于海南自由贸易港经营所得、综合所得（包括特许权使用费、稿酬、劳务报酬、工资薪水四项所得）和经海南省认定的人才补贴性所得。③当纳税人在海南省对其个人所得税进行年度清缴和汇算时可以享有上述优惠政策。④对享受上述优惠政策的高端人才和紧缺人才实行清单管理，由海南省商财政部、税务总局制定具体管理办法。⑤该通知执行期限为 2020 年 1 月 1 日至 2024 年 12 月 31 日。

（4）国家税务总局、海关总署、财政部于 2020 年 6 月 29 日公布了《关于海南离岛旅客免税购物政策的公告》（财政部　海关总署　税务总局公告 2020 年第 33 号），主要内容包括：①公告所称旅客为已经购买离岛火车票、船票、机票，年满 16 周岁，持有效身份证件（国外旅客持护照、港澳台旅客持旅行证件、国内旅客持居民身份证）的离岛不离境的国内（含本省居民）外旅客。②离岛免税政策对符合条件的离岛旅客的免进口税购物作出限制，具体体现在品种、价值和数量上。离岛免税品可以在通过核批的线上销售窗口或落实离岛免税政策的免税商店（以下简称离岛免税店）内付款，并在港口码头、火车站、机场的指定区域提货。政策规定，免税税种为消费税、进口环节增值税和关税。③符合条件的离岛旅客每人每年享有 10 万元人民币的免税购物额度且对次数不作限制。对于已购买的属于消费者个人使用的最终商品，禁止进入我国市场进行二次销售。④本公告自 2020 年 7 月 1 日起执行。财政部公告 2011 年第 14 号、2012 年第 73 号、2015 年第 8 号、2016 年第 15 号、2017 年第 7 号，以及财政部、海关总署、税务总局 2018 年公告第 158 号、2018 年第 175 号同时废止。

（5）国家税务总局、交通运输部、财政部于 2020 年 9 月 3 日印发《关于海南自由贸易港国际运输船舶有关增值税政策的通知》，对境内建造船舶企业向运输企业销售且同时符合购进船舶从事港澳台运输和国际运输业务以及在“中国洋浦港"进行登记的船舶,适用增值税退税政策,由购进船舶的运输企业向主管税务机关申请退税。通知自 2020 年 10 月 1 日起执行至 2024 年 12 月 31 日。

(6) 国家税务总局、海关总署、财政部于 2020 年 11 月 11 日联合印发《关于海南自由贸易港原辅料"零关税"政策的通知》。通知表明,在海南封岛之前,拥有独立法人资格且已完成海南自由贸易港登记注册的企业,在原材料方面享有以下优惠政策:进口用于企业生产,以"两头在外"模式进行的加工生产或服务贸易所使用的原辅料,免收进口关税;政策中的"零关税"原辅料受到海关的监督管理,只能用于企业自身的生产加工,不可私自转让或者出岛;为确保"零关税"原辅料政策的顺利进行,有关部门须采取信息技术等方式加强监督,预防控制潜在风险,及时处治违规行为。通知自 2020 年 12 月 1 日起执行。

(7) 国家税务总局、海关总署、财政部于 2020 年 12 月 25 日联合颁布了《关于海南自由贸易港交通工具及游艇"零关税"政策的通知》。通知规定,在全海南岛封关运作以前对从事交通运输、旅游业,在海南自由贸易港注册经登记且拥有独立法人资格的企业(航空企业须以海南自由贸易港为主营运基地),进口用在旅游业、交通运输业的车辆、航空器、船舶等营运类交通工具和游艇,可免去征收消费税、进口环节增值税及进口关税。通知自公布之日起实施。

(8) 国家税务总局、海关总署、财务部于 2021 年 3 月 4 日联合下发《关于海南自由贸易港自用生产设备"零关税"政策的通知》,通知明确:

①在海南封关之前,拥有独立法人资格,且已完成海南自由贸易港登记注册的企业,除文件附《海南自由贸易港"零关税"自用生产设备负面清单》中列出的设备、国家禁止进口和法律明确规定不予免税的商品外,其余一切商品免收关税、消费税和增值税。

②通知明确生产设备只包含医疗服务、物流储存、研究设计、文体旅游、加工生产、检查维修、基础设施等生产活动中所需要的设备,其中也包括《中华人民共和国进出口税则》中第八十四、八十五和九十章中除家用电器和设备零件、附件、部件、元器件之外的其余商品。

③符合文件规定的"零关税"生产设备,仅限符合政策规定的海南自由贸易港登记注册的企业在海南自由贸易港使用,且接受有关部门的监督管理。

④为确保"零关税"生产设备政策的顺利执行,有关部门须采取信息技术等方式加强监督,并且加强海南省各有关部门之间的联系,共享各企业和生产设备的管控信息和资料,预防控制潜在风险,及时处治违规行为。

⑤该通知于公布时开始实施。

（9）2021年9月3日，海南省政府办公厅、海南省委办公厅于2021年9月3日联合发行《海南省进一步深化税收征管改革实施方案》（简称"实施方案"），提出：

①全面推进税收征管数字化升级和智能化改造。建立跨部门、跨区域、跨行业的大数据信息资源协同推进机制，依法获取、规范共享和智能归集各类主体、项目的涉税涉费信息，推进信息资源的归集整合、共享开放和融合应用。

②进一步优化税务执法方式。健全地方税费法规政策，结合税收法律法规修订情况和海南自由贸易港税制改革进程，配套做好有关税费政策措施立改废释工作，稳步推进销售税开征各项工作。根据经济社会发展需要，适时修订《海南省税收保障条例》等法规；落实国家税务总局关于创新行政执法方式的意见，推广非强制性执法方式，开展税务稽查"说理式执法"。运用税收大数据，以"信用+风险"为基础，采取差异化措施，对于中高风险的纳税人严格执行、精准执法，反对"一刀切"、选择性、粗放式执法。正确处置好涉税案件，精准把控涉税犯罪同一般涉税违法的界限，努力做到罚责相当。将全国统一的"首违不罚"清单在税务执法领域中全面普及应用，大力推广。

③提供高效智能税费服务。持续拓宽"事后监管、自行申报、自行判别"的范围，享受税费优惠政策手续和办理流程下的服务。运用12366、电子税务局等渠道，推送特色服务信息，促进市场主体充分享受政策红利。推动实现依法运用大数据精准推送优惠政策信息。

④实行精确有效的税务监管。将以"信用+风险"为基础的监管方式进行全力推广。提升部门间合作，整合纳税信用至社会信用体系；强化对逃税行为如关联交易、阴阳合同、税收洼地等的监管。创新海南自贸港税收风险防控措施，应对税制差异和优惠政策风险。

⑤深化拓展税收共治格局。全面落实《海南省税收保障条例》，规范深入开展"银税互动"，助力解决小微企业融资难、融资贵问题。

（10）国家税务总局、海关总署、财政部于2021年12月24日印发了《关于调整海南自由贸易港原辅料"零关税"政策的通知》。通知规定，新增航空发动机零件、氯乙烯、鲜木薯等187件商品于海南自由贸易港"零关税"原辅料清单，其他部分继续遵守《财政部 海关总署 税务总局关于海南自由贸易港原辅料"零关税"政策的通知》（财关税〔2020〕42号）的相关规定。

（11）国家税务总局、海关总署、财政部于2022年2月14日公布了《关于调整海南自由贸易港自用生产设备"零关税"政策的通知》（财关税〔2022〕4号），调整内容如下：依据《财政部 海关总署 税务总局关于海南自由贸易港自用生产设备"零关税"政策的通知》（财关税〔2021〕7号）中的第二条所述生产设备，另增列旋转木马、秋千及其他游乐场娱乐设备等文体旅游业所需的生产设备，按照《中华人民共和国进出口税则（2022）》商品分类，包括旋转木马、秋千和旋转平台、过山车、水上乘骑游乐设施、水上乐园娱乐设备等8项商品。在全岛封关运作以前，对于在海南自由贸易港进行注册登记且拥有独立法人资格的事业单位和上述第一条规定范围内的自用生产设备，按照财关税〔2021〕7号文件规定免征关税、进口环节增值税和消费税。

2. 存在的问题

（1）从形式来看，很多税收政策还停留在部门规章或"通知"的层面。根据《中华人民共和国立法法》的规定和依照全面依法治国的精神，税收制度（包括税收优惠）均应以"法律"的形式出现。同时，国家层面已越来越重视"税收法定"原则。在此大背景之下，海南自贸港的税收政策应尽量提升至法律层面，以增强税收政策的权威性、稳定性和效力性。

（2）税收优惠政策不是越优惠越好，或是越全面越好。正如《海南自由贸易港建设总体方案》所明确的："按照零关税、低税率、简税制、强法治、分阶段的原则，逐步建立与高水平自由贸易港相适应的税收制度。""结合我国税制改革方向，探索推进简化税制。改革税种制度，降低间接税比例，实现税种结构简单科学、税制要素充分优化、税负水平明显降低、收入归属清晰、财政收支大体均衡。""按照海南自由贸易港建设的不同阶段，分步骤实施零关税、低税率、简税制的安排，最终形成具有国际竞争力的税收制度。"

根据《中华人民共和国海南自由贸易港法》第二十七条的规定："按照税种结构简单科学、税制要素充分优化、税负水平明显降低、收入归属清晰、财政收支基本均衡的原则，结合国家税制改革方向，建立符合需要的海南自由贸易港税制体系。"

因此，海南自贸港的税收政策应依照以上规定的原则来设计，要明确税收优惠涉及面和实施期限，以实现海南自贸港的财政政策独立自主、收支基本均衡。

（3）根据中国税务学会课题组对海南自贸港税收政策制度体系的评估，海南自贸港税收政策存在的问题和风险如下：

从企业所得税存在的风险和问题看，一方面，能够实际享受低税率优惠政策的企业数量占比较低；另一方面，海南自由贸易港资本性支出税前扣除政策，没有将生产性生物资产纳入享惠资产的范围之内，不利于海南自由贸易港旅游业的发展。

个人所得税面临的风险和问题包括：一是海南企业为在其他地区或海南自由贸易港工作的高端和紧缺人才发放工资，可能导致这些人才不能在当地享受低税率优惠；二是企业将本应作为股息、红利的个人所得以工资形式发放，造成个人所得税流失，因为增加的工资薪金税款会被减少的企业所得税抵消。此外，离岛免税政策存在"套代购"走私风险，主要集中在海港渠道，长期可能对市场经济秩序造成损害。至于加工增值货物内销免征关税政策，目前仅适用于海南特定海关监管区内的少数产业，适用范围有限。①

（五）海南自贸港金融政策的制定及存在的不足

1. 金融政策制定的情况

（1）自 2020 年 2 月 18 日起，国家外汇管理局海南省分局所印发的《关于支持海南自由贸易港建设外汇创新业务政策的通知》规定：辖内所有符合条件的非金融企业若需办理一次性外债登记业务可通过便利化登记程序向外汇局申请，并允许在登记金额内自行借入外债资金。在遵循风险可控、审慎管理原则下，辖区内机构可以开展包括银行贸易融资资产和银行不良贷款等在内的境内信贷资产对外转让业务。银行可依据外商投资企业工商注册信息办理相关境内直接投资外汇登记手续，无需企业提交商务报告信息。

（2）于 2020 年 6 月 19 日起，国家外汇管理局海南省分局印发的《关于开展贸易外汇收支便利化试点工作的通知》规定，符合条件的境内银行向国家外汇管理局海南省分局备案后，作为货物贸易或服务贸易外汇收支便利化试点银行，可对本行推荐的符合条件的企业开展有关货物贸易或服务贸易外汇收支的便利化试点业务。比如，在单证审核、货物贸易超时限等方面，可免除事前登记；在货物贸易对外付汇时，免除海关申报。

（3）2020 年 10 月 10 日，海南省地方金融监管局等部门印发《海南省关于开展合格境外有限合伙人（QFLP）境内股权投资暂行办法》（简称《暂行办法》），共七章三十二条，主要内容包括基本定义解释、企业设立门槛、工商注册程序、资金托管要求、企业业务范围、扶持政策和风险防控措施等。其主要

---

① 中国税务学会课题组，汪康，邓力平，等．海南自由贸易港税收政策制度体系评估与完善［J］．税务研究，2024（1）：103-104．

亮点是：不设联审机制，企业申请设立流程较短，所需提交材料较少，QFLP 基金的经营范围采取负面清单管理模式，明确了"七不得"。此外，根据《QFLP暂行办法》，外商投资股权投资类企业的登记注册无最低准入门槛要求，并且内外资平等对待，同时暂行办法在个人所得税、配套优惠措施和园区落地奖励等方面也明确了优惠政策。

（4）2020 年 11 月 26 日，由国家外汇管理局海南省分局所印发的《海南自由贸易港内公司境外上市登记试点管理办法》所涵盖的内容，共 13 条，其内容规定在海南自贸港辖内符合条件的公司对于境外上市登记及变更、注销登记，可在国家外汇管理局海南省分局辖内银行直接办理。

（5）自 2020 年 12 月 1 日起，由国家外汇管理局海南省分局印发的《关于支持海南开展新型离岸国际贸易外汇管理的通知》中，鼓励以海南自由贸易港战略定位和国际贸易为发展特点并在海南当地注册经营的银行，全面优化金融服务，为在海南注册的诚信守法企业开展跨境资金结算便利化的真实、合法新型离岸国际贸易服务。"新型离岸国际贸易"是指包括离岸转手买卖、委托境外加工、第三国采购货物等在我国居民与非居民之间发生的、货物不实际进出我国一线关境、不纳入我国海关统计的货物贸易。

（6）2021 年 1 月 4 日，海南省地方金融监管局出台的《非居民参与海南自由贸易港交易场所特定品种交易管理试行规定》，加快了海南自贸港的开放步伐，第一次明确非居民参与地方交易场所和进行资金结算的相关制度，属国内首创，是一种制度集成创新，为海南交易场所开辟了新的发展道路。

（7）2021 年 1 月 18 日，海南省地方金融监管局等部门印发《海南省关于支持洋浦保税港区开展新型离岸国际贸易的工作措施》，包括大力支持外汇结算便利和监管措施的创新、建立健全信息共享机制、支持企业享受税收优惠、加大财政奖励力度、完善配套金融服务、提升银行展业能力、加强行业自律建设、优化人才发展政策和合力推进招商引资十条措施。

（8）中国人民银行、银保监会、证监会、国家外管局于 2021 年 3 月 30 日印发《关于金融支持海南全面深化改革开放的意见》，共有 37 条，在多方面作出相关规定。分别从总体原则、人民币可兑换水平的提升、跨境贸易和投资自由化便利化、海南金融市场体系的完善、海南金融业对外开放程度的扩大、金融产品和服务创新能力的加强、金融服务水平的改善、金融监管的加强、防范化解金融风险等方面进行阐述。

（9）2021 年 4 月 8 日，海南省发布《海南省开展合格境内有限合伙人（QDLP）

境外投资试点工作暂行办法》（以下简称《办法》），包含 11 章 54 条，涵盖QDLP 定义、试点单位职责、市场主体准入和业务范围、基金企业设立及额度申请程序、托管人条件和职责、购汇和投资流程、行政管理人条件和职责、额度管理、信息披露和监管要求。其主要亮点有：①基金投向范围广泛。试点基金境外投资所规定的范围包括：境外非上市企业和上市企业非公开发行和交易与公开发行和交易的股票和债券、境外证券市场（包括境外证券市场交易的金融工具等）、境外股权和证券投资基金、境外大宗商品和金融衍生品等。②增加投资的灵活性。明确对 QDLP 试点公司的境外投资限额进行了严格的结余监管，并可在其设立的多个试点基金中自由调整单只试点基金的对外投资额度，各单只试点基金对外投资额度总和不得超过经试点相关单位批准的试点基金管理企业对外投资额度。③注册门槛较低。试点基金管理企业需最低 500 万元人民币或等值外币的注册资金。同时，要求其控股股东、实际控制人或执行事务合伙人之一或其关联实体在过去一年内未受重大处罚。④投资额度"无限制"。《办法》中明确规定，在不超过海南省 QDLP 总额度的前提下，各试点基金管理企业的资金限额和单个项目的投资额度不限，各试点相关单位根据项目实际需要确定批复的试点限额。

（10）2021 年 4 月 9 日，海南省政府印发《关于提高上市公司质量促进资本市场健康发展的若干意见》，提出将解决上市公司问题和风险，建立优质上市梯队，推动上市公司发展，完善市场建设，提升中介服务，优化政策支持体系，并加强政策宣传。

（11）海南省政府办公厅于 2021 年 8 月 30 日转发了中国人民银行海口中心支行、省地方金融监管局、银保监会海南监管局、证监会海南监管局、外汇局海南省分局《关于贯彻落实金融支持海南全面深化改革开放意见的实施方案》，以贯彻落实国家四部委《关于金融支持海南全面深化改革开放的意见》，逐一梳理其中关于六方面的 33 条政策，对 89 条具体措施进行落实与细化，同时列出支持海南全面深化改革开放的金融重点项目清单共计 24 个。

（12）海南省人大常委会在 2021 年 9 月 30 日通过了《海南自由贸易港社会信用条例》，其共六章 37 条，分总则、社会信用信息管理、守信激励与失信惩戒、信用主体权益保护、法律责任、附则等内容。该条例旨在引导行业协会、商会和社会组织参与信用管理、服务和监督。它鼓励信用服务业的发展，提供信用产品和服务，支持市场信用服务机构。同时，它提倡在企业管理、市场交易、行业自律和融资信贷等领域中使用信用信息和报告。此外，条例还鼓励信用服务机构利用现代技术开发自主知识产权的信用产品，并引导信用评级机构与国际接轨，参与国际竞争，制定国际标准，以增强其国际影响力。

（13）《海南自由贸易港法》第五十条规定：海南自由贸易港坚持金融服务实体经济，推进金融改革创新，率先落实金融业开放政策。第五十一条规定：海南自由贸易港建立适应高水平贸易投资自由化便利化需要的跨境资金流动管理制度，分阶段开放资本项目，逐步推进非金融企业外债项下完全可兑换，推动跨境贸易结算便利化，有序推进海南自由贸易港与境外资金自由便利流动。第五十二条规定：海南自由贸易港内经批准的金融机构可以通过指定账户或者在特定区域经营离岸金融业务。第五十三条规定：海南自由贸易港加强社会信用体系建设和应用，构建守信激励和失信惩戒机制。

2. 存在的问题

（1）部分金融政策有待制定配套政策或细化措施

以中国人民银行等四部门联合发布的《关于金融支持海南全面深化改革开放的意见》为例，很多政策都有"符合条件"这个限定语，怎么样才算是"符合条件"，需要满足哪些条件才是"符合条件"，这些都需要细化明确，或者制定相关配套政策，否则相关的优惠政策还是很难落地的。

例如，《海南省人民政府关于印发提高上市公司质量促进资本市场发展的若干意见的通知》、省地方金融监管局等部门印发的《海南省关于开展合格境外有限合伙人（QFLP）境内股权投资暂行办法》和《海南省开展合格境内有限合伙人（QDLP）境外试点投资工作暂行办法》就能与《关于金融支持海南全面深化改革开放的意见》相配套，海南省人民政府办公厅转发的《关于贯彻落实金融支持海南全面深化改革开放意见的实施方案》更是直接细化了中国人民银行等四部门的《关于金融支持海南全面深化改革开放的意见》。

（2）金融政策与产业、财税、人才等政策间需要相互衔接

梳理海南省 2012 年至 2015 年制定的金融政策发现，海南一直比较重视金融与项目的结合及金融改革创新，正是因为坚持金融政策与产业政策的结合，才促进了海南经济的快速稳定发展，尤其是在建设海南自贸港的大背景下。但2020 年以后出台的金融政策，需要进一步加强与产业、财税和人才政策的衔接。

（六）海南自贸港人才政策的制定及存在的不足

1. 人才政策制定情况

（1）2018 年 5 月，海南省发布《百万人才进海南行动计划（2018—2025

年）》，提出了到 2025 年引进百万人才的目标和提供人才入户、人才公寓及租房补贴等各项优惠政策。

（2）2019 年 8 月，中共海南省委人才工作委员会通过了《内地国企、事业单位专业技术和管理人才在海南兼职兼薪暂行办法》，办法从基本原则、兼职管理、兼职方式、兼职范围、薪酬方式五方面对内地国企、事业单位专业技术和管理人才来海南兼职兼薪作出了规范，有利于激发内地人才积极投身海南省自贸港建设，来琼创新创业的活力。

（3）2019 年 9 月 5 日，海南省委、省政府办公厅出台了《海南自由贸易港高层次人才认定办法》，随后对其进行修订，形成了《海南省高层次人才认定办法》，该办法进一步明晰了人才认定范围，简化了认定程序，下放了认定权限，并进一步建立健全了常态化评价认定和退出机制，规范了海南省高层次人才认定工作，为高层次人才享受相关服务保障待遇提供了政策依据。

（4）2019 年 9 月 5 日，海南省委、省政府办公厅出台了《海南省柔性引进人才实施办法》，使用人单位在柔性引才中的主体作用更加突出，柔性引进高层次人才的认定工作更加明确，优化了柔性引进人才的优惠待遇，并且使柔性引才工作的绩效评估更加规范。

（5）2019 年 9 月 5 日，海南省委、省政府办公厅印发《海南省人才医疗保障实施办法》，涉及取消高层次人才参保待遇限制、放宽人才亲属参保限制、大幅提升高层次人才医疗保障待遇等六方面，立足各类人才实际，提出了个性化的医疗保障服务措施，进一步消除人才来琼、在琼创新创业的医疗保障后顾之忧。

（6）2019 年 9 月 5 日，海南省委、省政府办公厅印发《海南省优化总部企业团队引才服务保障办法（试行）》。该办法针对总部企业团队引才，具体问题具体分析，设计了 10 余条服务保障措施，解决了总部企业团队引才所涉及的人才落户、子女入学、社会保障、配偶就业、公积金、购房、购车、高层次人才认定等方面的一系列问题，进一步提升了海南省总部企业对人才的吸引力。

（7）2020 年 4 月 15 日，中共海南省委人才工作委员会印发的《海南省人才团队建设实施办法（试行）》《海南省新型智库建设管理办法》和《海南省优化大师级人才服务保障实施办法》提出：人才团队是指由团队带头人、核心成员和其他成员组成，以团队协作为基础，有明确目标任务，依托用人单位或平台项目，进行创新、创意、创业、创造，对海南省经济社会发展具有积极影响，能够带来经济效益和社会效益的人才群体，包括总部企业、科技创新团队、创业创意团队等类型。所称"海南省人才团队"是指按程序认定的人才团队，而所称"海南省优秀人才团队"是指按程序评选为优秀等次的"海南省人才团队"。全职引进或培养人选时，给予大师级人才一次性人才补贴300万元，薪酬待遇按照"一事一议"方式给予支持。新型智库是指围绕海南全面深化改革开放国家重大战略需要，以服务省委、省政府科学民主依法决策为宗旨，以经济社会发展战略和公共政策为主要研究对象，在专业领域搭建的具有重要话语权的应用研究平台。

（8）2020年6月22日，海南省人社厅、省委人才发展局等多部门联合印发《吸引留住高校毕业生建设海南自由贸易港的若干政策措施》，优秀高校毕业生的落户限制被全面放开，允许毕业三年内的全日制本科学历及以上的优秀高校毕业生在海南省先落户后就业（三沙市除外）。2018年5月13日后新引进的全日制50岁以下博士毕业生、40岁以下硕士毕业生、35岁以下本科毕业生可凭在海南就业创业的相关证明材料申请住房租赁补贴或购房补贴，初次创办企业或从事个体经营的高校毕业生（含技师学院高级技工班、预备技师班和特殊教育院校职业教育类毕业生）可以申请额度不超过30万元，期限不超过3年的创业担保贷款，创业贷款按规定给予贴息补贴。

（9）2020年6月23日，财政部、税务总局印发《关于落实海南自由贸易港高端紧缺人才个人所得税优惠政策有关问题的通知》，免征在海南自贸港工作的高端人才和紧缺人才的个人所得税实际税负超过15%的部分。

（10）2020年8月26日，海南省政府印发《海南自由贸易港享受个人所得税优惠政策高端紧缺人才清单管理暂行办法》，规定海南省人才管理部门会同有关部门，定期将享受个人所得税优惠政策的高端人才和紧缺人才名单，提交给海南省税务部门。海南省税务部门可根据实际需求灵活确定指定高端人才和紧缺人才，海南省人才管理部门应积极配合。

（11）2020年9月23日，海南省委办公厅、省政府办公厅印发《海南省有突出贡献的优秀专家奖评选奖励实施办法》，在海南省人才奖下设"海南省有突出贡献的优秀专家奖"（简称"省优专家奖"），授予在各领域为海南省经济社会发展作出突出贡献的优秀专业技术人才。省优专家奖每2年评选一次，每次奖励人数原则上不超过30人，不重复奖励。

（12）2020年9月23日，中共海南省委人才工作委员会印发《海南自由贸易港高层次人才分类标准（2020）》。该分类标准首先以市场为导向，专门设置"市场认可标准"，以能够体现薪酬水平的个人所得税、企业纳税总额作为主要指标，任何行业、任何国籍只要为海南自贸港税收作出相应贡献即可被认定为海南自贸港高层次人才，真正体现以能力、贡献、业绩评价各类人才。其次，将海南自由贸易港三大产业类型、十个重点领域、十二个重点产业人才全部纳入进来，突出全领域人才评价。最后，为面向全球引进自由贸易港建设人才，标准提出应当遵循国际惯例、对标国际规则、借鉴国际标准，注重国际认可度吸纳不同层次的国际人才。

2. 存在的问题

（1）从已出台的人才政策来看，其数量众多且覆盖人才引进、人才税收优惠、人才医疗保障、人才评定、人才落户等方面，目前海南省比较侧重于人才引进政策，对人才工作的另一个重要方面——人才培养，尤其是人才教育培训、提高等方面政策不足。

（2）从政策制定的主体来看，政策主要由组织人事部门制定，这极有可能导致人才政策与其他自贸港政策，尤其是产业政策、贸易投资政策、金融政策等相脱节。

（3）目前，关于人才的税收政策有了配套的实施政策，但其可操作性不强，有待于进一步细化和出台相关配套措施。

（七）海南自贸港监管政策的制定及存在的不足

1. 监管政策制定情况

（1）2019年5月21日，海南省地方金融监督管理局印发《海南省交易场所监管评价暂行办法》，针对海南省辖区大宗商品及权益类交易场所，通过定性和定量的方式，建立指标评价体系，对交易场所经营管理的重大方面进行评分评级，并将评价结果运用到交易场所监管中，属于国内交易场所监管方面的首创。《海南省交易场所监管评价暂行办法》规定交易场所监管评价指标包括共性指标和个性指标。

共性指标从交易场所的公司治理、信息报送、合规性、持续经营、研发创新等方面进行评价。其中，公司治理评价是指从交易场所的治理结构、决策规范性、管理制度、部门设置、财务管理等方面，对交易场所相关经营管理进行评价；信息报送评价是指按照监管部门要求，交易场所按时按质按量规范完成报告（报表）等信息报送工作情况的评价；合规性评价是指监管部门对交易场所从经营及交易的合规性、对会员及投资者的管理合规性、投诉处理的规范性等方面进行评价；持续经营评价是指监管部门对交易场所从持续经营的一些指标方面进行评价，督促交易场所增强持续经营能力，防范风险；研发创新评价是指监管部门对交易场所从研发创新的指标方面进行评价，督促交易场所加强研发创新，不断发展。

根据本地交易场所实际情况，为鼓励交易场所研发创新，该项为加分项。评价基准分为 100 分，可有加分 10 分（产品研发创新）。评价结果分 A、B、C、D 四档，A 档对应评价分 90（含）~110 分，B 档对应评价分 75（含）~90 分，C 档对应评价分 60（含）~75 分，D 档对应评价分 60 分以下。

个性指标按交易场所各自所属大宗商品、金融资产、其他权益类，对应进行指标评价，大宗商品交易场所主要从交收方面进行评价，金融资产主要从风险控制方面进行评价，其他权益类根据其自身特点，从交收及风险控制等方面进行评价。

（2）2020 年 6 月 8 日，海南省市场监督管理局印发《加强海南自由贸易港事中事后监管工作实施方案（试行）》，重点任务包括：建立"三项清单"（市场监管事项清单、轻微违法免罚清单、生产经营风险清单）、防范"四种风险"（市场准入退出风险、食品药品安全风险、重要产品和特种设备风险、市场交易秩序风险）和实施"五类监管"（公平公正监管、包容审慎监管、信用分类监管、重点领域监管、科学智慧监管）。

（3）2020 年 9 月 1 日，海南省政府办公厅印发《海南省政务服务事项目录管理办法》和《海南省一体化政务服务平台电子证照应用管理实施办法》。前者包括总则、管理制度、动态维护、公布与监督、附则五章，共 24 条；后者包括总则、证照数据汇聚、证照制证签发、证照共享应用、证照管理与监督和附则六章，共 26 条。以上两个办法旨在提高行政管理效率，为市场主体到政府部门办事提供方便。

（4）2020 年 9 月 3 日，海南省市场监督管理局印发《关于推行包容审慎监管优化营商环境的指导意见》，依据指导意见制定了三张清单，分别是《海南省市场监督管理局轻微违法行为不予处罚清单（2020 年版）》（共涉及市场监管九个方面 38 项）、《海南省市场监督管理局违法行为应当从轻或减轻处罚清单（2020 年版）》（共涉及市场监管四方面 17 项）和《海南省市场监督管理局违法行为可以从轻或减轻处罚清单（2020 年版）》（共涉及市场监管七方面 39 项）。三张清单实行清单动态管理，根据现行法律、法规、规章的立改废情况及执法实践，及时调整清单事项，适时根据变动情况发布新的修订版本。

（5）海南省委办公厅、省政府办公厅于 2020 年 10 月 9 日印发了《海南自由贸易港制度集成创新行动方案（2020—2022 年）》，行动任务包括 18 方面的制度集成创新，即党政机关的设置、职能权限、管理方式等制度集成创新；健全法治体系的集成创新；贸易自由便利的制度集成创新；精简行政许可、深化"极简审批"；投资自由便利的制度集成创新；加强体制整合，优化营商环境；资金自由便利流动的制度集成创新；人员进出自由便利的制度集成创新；运输来往自由便利的制度集成创新；数据安全有序流动的制度集成创新；加强对重点园区系统整合的改革；深入推进"多规合一"改革、加强用海用地与其他要素等要素保障的制度集成创新；创新社会治理的制度集成；推进国家生态文明试验区建设的制度集成创新；财政财税体制改革的制度集成创新；推进国有企业改革的制度集成创新；督查、考核、评估、容错纠错等抓落实的制度集成创新；系统性风险预防和化解的制度集成创新。

（6）2020 年 10 月 10 日，海南省委办公厅、省政府办公厅印发《海南省创一流营商环境行动计划（2020—2021 年）》，主要内容包括开办企业、获得施工许可、财产登记、获得信贷和改善融资环境、纳税便利化、跨境贸易、保护投资者、执行合同、办理破产、人才流动、建设服务型政府，共 11 方面 31 条。

（7）2021 年 2 月 2 日，海南省人民政府办公厅印发《关于构建海南自由贸易港以信用监管为基础的过程监管体系的实施意见》，要求强化制度集成创新，探索建立适应自由贸易港建设的监管模式。到 2025 年，市场主体全覆盖、政务服务全流程、事前事中事后全周期联动的信用监管机制初步建立，重点领域基于行业信用评价的分级分类监管体系进一步健全，政府管标准、主体作承诺、过程强监管、信用有褒惩的监管格局逐步完善，共建共治共享的社会治理水平和监管能力不断提升，法治化、国际化、便利化的营商环境持续优化。实施意见提出的主要措施包括：全面推行信用承诺制、创新实施以信用查验为重点的事前环节信用监管、加强以分级分类监管为重点的事中环节信用监管、完善以失信惩戒为基础机制的事后环节信用监管、强化信用监管的支撑保障和强化市场主体权益保护。

（8）2021 年 11 月 18 日，海南省市场监督管理局印发《关于印发海南省市场监管领域市场主体初次轻微违法行为不予处罚清单的通知》，要求各单位，通过责令整改、批评教育等措施对初次轻微违法行为进行纠正，坚持贯彻处罚与教育相结合、过罚相当的原则，促进市场主体依法开展生产经营活动，实现行政执法的法律效果和社会效果相统一。但在发生重大传染病疫情、事故灾难、自然灾害，以及社会安全等突发事件期间发生的违法行为不适用清单规定。清单自 2021 年 12 月 17 日起施行，有效期 3 年。

（9）《海南自由贸易港法》中涉及的监管主要包括贸易监管、投资监管、环境安全监管、数据监管、出入境监管和金融监管等。

①低干预、高效能的贸易监管和反走私监管。《海南自由贸易港法》第十五条规定：各类市场主体在海南自由贸易港内依法自由开展货物贸易以及相关活动，海关实施低干预、高效能的监管。第五十五条规定：海关负责口岸和其他海关监管区的常规监管，依法查缉走私和实施后续监管。海警机构负责查处海上走私违法行为。海南省人民政府负责全省反走私综合治理工作，加强对非设关地的管控，建立与其他地区的反走私联防联控机制。境外与海南自由贸易港之间、海南自由贸易港与内地之间，人员、货物、物品、运输工具等均需从口岸进出。

②放宽市场准入和重在过程监管。《海南自由贸易港法》第二十条规定：国家放宽海南自由贸易港市场准入。海南自由贸易港放宽市场准入特别清单（特别措施）由国务院有关部门会同海南省制定。海南自由贸易港实行以过程监管为重点的投资便利措施，逐步实施市场准入承诺即入制。第五十五条规定：在海南自由贸易港依法实施外商投资安全审查制度，对影响或者可能影响国家安全的外商投资进行安全审查。

③严格的环境安全监管。《海南自由贸易港法》第三十四条规定：海南自由贸易港实行严格的进出境环境安全准入管理制度，加强检验检疫能力建设，防范外来物种入侵，禁止境外固体废物输入；提高医疗废物等危险废物处理处置能力，提升突发生态环境事件应急准备与响应能力，加强生态风险防控。

④安全有序自由便利的数据流动监管。《海南自由贸易港法》第四十二条规定：海南自由贸易港依法建立安全有序自由便利的数据流动管理制度。

⑤高效便利的出入境监管和扩大免签适用范围。《海南自由贸易港法》第四十五条规定：海南自由贸易港建立高效便利的出境入境管理制度，逐步实施更大范围适用免签入境政策，延长免签停留时间，优化出境入境检查管理，提供出境入境通关便利。

⑥自由便利的资金流动和金融安全监管。《海南自由贸易港法》第五十一条规定：海南自由贸易港建立适应高水平贸易投资自由化便利化需要的跨境资金流动管理制度，分阶段开放资本项目，逐步推进非金融企业外债项下完全可兑换，推动跨境贸易结算便利化，有序推进海南自由贸易港与境外资金自由便利流动；第五十五条规定：海南自由贸易港建立健全金融风险防控制度，实施网

络安全等级保护制度，建立人员流动风险防控制度，建立传染病和突发公共卫生事件监测预警机制与防控救治机制，保障金融、网络与数据、人员流动和公共卫生等领域的秩序和安全。

2. 存在的问题

（1）从监管政策的制定情况来看，虽然海南在金融监管政策方面注重量化指标的应用，但其他监管政策并没有将定性和定量的指标都综合考虑到政策当中。

（2）虽然海南从 2018 年开始连续出台优化营商环境行动计划，但是这些行动计划仅仅是从政府部门或者公用企业的角度来解决问题，未充分考虑到市场主体的需要和感受。

（3）从监管政策的颁布主体来看，主体有市场监管、金融监管部门，甚至还包括旅游文化、海关、生态环保等单位，监管政策有可能存在交叉或者冲突之处，如何协调政策的衔接和一致，也是摆在各行业主管部门面前的一道难题。

第二节　中国特色自由贸易港政策执行

有国外学者认为，政策提出者费尽心思说服各方，说明政策的效果，争取必要的资源，以促进政策实施。而当政策不能达到预期目标时，他们总是以环境变化作为政策失误的理由，尽可能不去承认政策本身的问题，也不愿检讨执行的策略和技术。[①]

国内学者认为，可以把政策执行看作一系列解释、实施、协调、监控和调整等各种行动的总体，它们依靠一个有机整合在一起的、主客观条件兼具的组织机构作为行动的主体，将政策观念形态的内容转化为实际效果，最终实现既定政策目标。[②]

[①] BILLER R P. On Tolerating Policy and Organizational Termination Some Design Consideration [J]. Policy Science, 1976, 7 (2): 137.

[②] 蔡荣生. 经济政策学 [M]. 北京：经济日报出版社，2005：45.

一、政策执行的定义

公共政策执行，就是政策执行主体为了实现公共政策目标，通过各种措施和手段作用于公共政策对象，使公共政策内容变为现实的行动过程。①

可以把政策执行界定为一个动态的过程，它是政策执行者通过建立组织机构，运用各种政策资源，采取解释、宣传、实验、实施、协调与监控等各种行动，将政策观念形态的内容转化为实际效果，从而实现既定政策目标的活动过程。②

政策执行的基本手段包括行政手段、法律手段、经济手段和思想诱导手段等。

公共政策的执行是实现目标和解决问题的关键步骤。早期，政策制定受到更多关注，而执行则被忽视。美国公共政策学者兰尼指出："至少从 1945 年起，大部分美国政治学家把他们的专业注意力放在制定公共政策的过程上，而对于这些公共政策的内容（如何转化为现实）则相对不太关心。"自 20 世纪 70 年代起，发达国家学者开始关注政策制定与执行之间的差异，将公共政策研究的重点转向政策执行。③

有学者认为，政策执行过程包括前期准备和实施两个阶段。前期准备阶段主要活动包括政策宣传、政策分解、物质准备、组织准备、政策实验。实施阶段的主要活动是全面实施和协调监督。④

中国特色自由贸易港政策执行是为了实现建设自由贸易港目标，通过各种措施和手段作用于政策对象，使海南自贸港政策内容变为现实的行动过程。在本书研究中，自贸港政策执行等同于自贸港政策实施。

二、中国特色自由贸易港政策执行主体

执行主体掌握着实施政策的资源、手段和方法，是将政策贯彻到政策对象中去的实施者、组织者、管理者和责任者。在我国，政策执行机关是政策执行者的主要组成部分，它主要包括行政机关、党的机关、司法机关、某些非政府

---

① 宁骚. 公共政策学 [M]. 3 版. 北京：高等教育出版社，2018：288.
② 陈振明. 政策科学：公共政策分析导论 [M]. 2 版. 北京：中国人民大学出版社，2003：225.
③ 宁骚. 公共政策学 [M]. 3 版. 北京：高等教育出版社，2018：287.
④ 蔡荣生. 经济政策学 [M]. 北京：经济日报出版社，2005：51-53.

政治团体、事业单位、国有企业以及社会第三方组织等。①

中国特色自由贸易港政策执行主体主要包括中央和海南省地方政府。

三、中国特色自由贸易港政策执行过程

政策失灵是全球普遍存在的问题，指政策执行未达到预期效果。它不仅浪费资源，还可能损害公众利益和政府公信力。政策失灵主要表现在：执行机制和执行者素质缺陷；利益群体或压力集团的抵制；政策执行原则把握不当；政策执行环境变化未及时调整；目标群体不配合或抵触。这些因素都影响政策执行的有效性。②

基于中国经验的"上下来去"政策执行模型，是一条紧密结合中国实际情况的研究路径。该模型强调，在中国当代政策实践中，成功的政策执行依赖于执行主体坚持实事求是、立足实际的原则，遵循群众路线，以及采取"先试点后推广"的政策试验方式。在这一过程中，政策主体、客体与环境间的互动构成了上下互动的循环。因此，该模型被总体称为"上下来去"政策执行模型。③

四、中国特色自由贸易港政策实施保障

（一）国家经济政策的实施保障

所谓政策执行偏差，是指执行者在实施政策过程中，由于主、客观因素的作用，其行为效果偏离政策目标并产生了不良后果的政策现象。④

习近平总书记强调，凡事预则立，不预则废。国民经济和社会发展规划（计划）预设了未来一定时期经济和社会发展的目标和任务，是全国或者某一地区经济、社会发展的总体纲要。制定和实施国民经济和社会发展五年规划，引领经济社会发展，是我们党治国理政的一种重要方式，是中国特色社会主义发展模式的重要体现。五年规划（计划）也最能体现经济政策的制定和实施，以下就改革开放以来（1981 年至 2021 年）近四十年的五年规划（计划）的主要内容和实施保障措施进行梳理（见表 7-1）。

---

① 宁骚. 公共政策学 [M]. 3 版. 北京：高等教育出版社，2018：297-298.
② 宁骚. 公共政策学 [M]. 3 版. 北京：高等教育出版社，2018：317-318.
③ 宁骚. 公共政策学 [M]. 3 版. 北京：高等教育出版社，2018：294.
④ 宁骚. 公共政策学 [M]. 3 版. 北京：高等教育出版社，2018：294.

表 7-1　改革开放以来历次五年规划（计划）的主要内容和实施保障措施

目次\内容	实施保障措施	国民经济增长	物价稳定	充分就业	对外收支
"六五"计划（1981—1985年）	1. 严格控制固定资产投资的总规模，切实保证重点建设和企业技术改造按计划完成 2. 坚决调整和全面整顿现有企业，努力提高企业的经营管理水平 3. 积极推进技术进步，充分发挥科学技术对经济建设的促进作用 4. 积极稳妥地加快经济体制改革的进程	1985年工农业总产值达到8710亿元，比1980年的7159亿元增加了1551亿元。平均每年递增4%	国家规定的产品价格，必须严格执行，不得随意变动。保持市场物价基本稳定	通过发展国营经济、集体经济和个体经济，将在城镇吸收2900万人经过一定训练后就业	进出口贸易总额将达到855亿元，平均每年递增8.7%
"七五"计划（1986—1990年）	国家计划是从宏观上引导和控制国家经济正确发展的主要依据。要进一步改革计划体制，适当缩小指令性计划的比重，扩大指导性计划和市场调节的范围	国民生产总值平均每年增长7.5%	建立和完善社会主义的市场体系，关键在于进一步改革价格体系和价格管理体制	争取到1990年年底，使城镇需要就业的劳动力基本上得到就业	要扩大外贸出口，创造更多的外汇

200

续表

目次＼内容	实施保障措施	国民经济增长	物价稳定	充分就业	对外收支
"八五"计划（1991—1995年）	逐步建立经济、行政、法律手段综合配套的宏观调控体系和制度，特别要加强间接地运用价格、税率、利率、汇率等手段调节经济的运行，以促进国家计划和宏观调控目标的实现	按1990年价格计算，1995年国民生产总值达到23 250亿元，比1990年增长33.6%，平均每年增长6%	在控制物价总水平的前提下，积极稳妥地推进价格改革，逐步理顺价格关系	通过多种形式安置城镇劳动力就业3200万人，争取把城镇待业率控制在3.5%以内	"八五"期间，要进一步发展出口贸易，在坚持外汇收支平衡的前提下，适当增加进口
"九五"计划（1996—2000年）	正确运用计划手段和产业政策，促进经济增长方式转变，国家计划要以市场为基础，采取法制建设、规划制定、政策实施和工作考核等综合措施促进经济增长方式方式转变	到2000年，按1995年价格计算，国民生产总值增长到8.5万亿元，保持平均每年增长8%左右	理顺价格关系，明显降低价格上涨幅度，首先要努力使之低于经济增长率	新增城镇就业4000万人，向非农产业转移农业劳动力4000万人，城镇失业率争取控制在4%以内	2000年进出口总额达到4000亿美元。经常项目保持基本平衡，资本项目适当顺差。外汇储备比1995年有所增加

续表

目次＼内容	实施保障措施	国民经济增长	物价稳定	充分就业	对外收支
"十五"计划纲要（2001—2005年）	1. 改善宏观调控，保持经济稳定增长 2. 创新实施机制，保障实现规划目标（推进经济体制改革；制定经济政策；整顿市场秩序；提供公共服务；集中力量办大事；政府向社会、面向群众，广泛宣传本纲要，在全社会形成关心和参与规划实施的氛围；加强规划实施的跟踪分析，特别要加强对经济增长率、失业率、通货膨胀率、国际收支等宏观调控目标的监测预警，自觉接受人民代表大会及其常务委员会的监督检查）	经济增长速度预期为年均7%左右，到2005年按2000年价格计算的国内生产总值达到12.5万亿元左右，人均国内生产总值达到9400元	价格总水平基本稳定	五年城镇新增就业和转移农业劳动力各达到4000万人，城镇登记失业率控制在5%左右	国际收支基本平衡
"十一五"规划纲要（2006—2010年）	1. 建立分类指导的实施机制 2. 调整和完善经济政策 3. 健全规划管理体制	国内生产总值年均增长7.5%，实现人均国内生产总值比2000年翻一番	价格总水平基本稳定	城镇新增就业和转移农业劳动力达到4500万人，城镇登记失业率控制在5%	国际收支基本平衡

目次\内容	实施保障措施	国民经济增长	物价稳定	充分就业	对外收支
"十二五"规划纲要(2011—2015年)	1. 完善规划实施和评估机制（明确规划实施责任，强化政策统筹协调，实行综合评价评估，监测评估）2. 加强规划协调管理	国内生产总值年均增长7%，经济增长质量和效益明显提高	价格总水平基本稳定	城镇新增就业4500万人，城镇登记失业率控制在5%以内	国际收支趋向基本平衡
"十三五"规划纲要(2016—2020年)	1. 发挥党的领导核心作用 2. 形成规划实施合力（加强规划协调管理；完善财力保障；充分调动全社会积极性）	预期性目标：国内生产总值2020年超过92.7万亿元，年均增速超过6.5%	稳定物价	实施就业优先战略。把促进充分就业作为经济社会发展优先目标。预期目标：城镇新增就业人数5000万人	加强国际收支监测，国际收支基本平衡
"十四五"规划和2035年远景目标纲要(2021—2025年)	1. 加强党中央集中统一领导；2. 健全统一规划体系；3. 完善规划实施机制（落实规划实施责任；加强实施监测评估；强化政策协同保障，加快发展规划立法）	在质量效益明显提升的基础上实现经济持续健康发展，国内生产总值年均增长保持在合理区间、各年度视情提出	合理把握经济增长、就业、价格、国际收支等调控目标，在区间调控基础上加强定向调控、相机调控和精准调控	强化就业优先政策，扩大就业容量，提升就业质量，缓解结构性就业矛盾。城镇调查失业率控制在5.5%以内	加强国际收支监测，保持国际收支基本平衡和外汇储备基本稳定

注：以上为著者通过收集我国历次五年规划（计划）的内容整理而得，"六五""计划"的全称为"中华人民共和国国民经济和社会发展第六个五年计划"；"十四五"规划的全称为"中华人民共和国国民经济和社会发展第十四个五年规划和2035年远景目标纲要"。表中均使用简称。

国外经济政策学者认为，若经济政策没有足够的恒定性，竞争秩序也就不能充分发挥作用。长期规定税收、贸易合同和货币单位等具有重要意义。只要不具备这些条件，就不要指望有足够的投资热情。经济计划就不可能有时间上的深度，而时间上的深度恰恰是扩大和保持现代工业生产设施所必需的。如果经济政策保持充分的稳定性，那么，即使资本回收期长达15年至20年，人们照样愿意投资。①

从我国五年规划（计划）的内容和实施保障措施来看，其体现出以下一些特点：

第一，五年规划（计划）具有衔接性，也具有较强的稳定性。例如，在经济增长速度方面，基本保持国内生产总值/国民生产总值（GDP/GNP）7%的平均增速；在物价方面力求价格总水平基本稳定；在充分就业方面，保持失业率低于5%；在国际收支平衡方面，保持国际收支基本平衡。

第二，在九个五年规划（计划）的引领下，经过近四十年有目标、持续、稳定发展，我国已成为世界第二大经济体、最大货物出口国、第二大货物进口国、第二大对外直接投资国、最大外汇储备国、最大旅游市场，成为影响世界政治经济版图变化的一个主要因素。

第三，经济政策的执行手段包括经济手段、法律手段和行政手段。我国的"七五"计划提出，计划工作的重点，要逐步地从直接控制为主转到运用经济政策和经济手段进行间接控制为主的、更全面的宏观管理的轨道上来。"八五"计划提出，逐步建立经济、行政、法律手段综合配套的宏观调控体系和制度，特别要加强间接调控体系的建设，更好地运用价格、税率、利率、汇率等手段调节经济的运行。

第四，总结规划的实施保障措施，主要包括：加强党对规划的领导；充分调动社会积极性；落实规划实施责任，接受人大、社会、舆论监督；加强规划实施监测评估；强化政策协同保障；广泛宣传规划；加快发展规划的法治建设；等等。

有研究者指出，我国产业政策执行面临挑战，需多样化和强有力的手段来准确传达国家意图并促使对象自主调整。目前，我国在法律、行政、经济、信息等手段上力度不足，行政手段主导已不符合市场经济趋势，应增强政府在财

---

① ［德］欧肯. 经济政策的原则［M］. 李道斌，冯兴元，史世伟，译. 北京：中国社会科学出版社，2014：296-297.

政税收、金融、信息、法律等方面的能力，以适应市场。发改委在执行产业政策时，职能与权限不匹配，尤其在地方层面，需平衡国家政策与地方利益，导致执行困难。因此，加强发改委职能权限和优化政策执行环境对提升政策效果至关重要。

因此，地方发改委难免处于一方面要宣传和执行国家产业政策，另一方面对地方建设又必须按当地政府意图办事的尴尬境地，这导致国家产业政策的落空，比较明显的例子是农业投入不足和部分行业产能过剩现象始终难以根本改变。①

（二）中国特色自由贸易港政策实施保障

参考以上从 1981 年至今的九个五年规划（计划）的实施保障措施，中国特色自由贸易港政策实施保障包括行政手段、法律手段和经济手段，结合本书关于政策供给工具的研究成果，本书认为中国特色自由贸易港政策实施保障包括行政手段、法律手段、经济手段和沟通手段，并且应该以法律手段为主，因为海南贸易港正在建设市场化、法治化、国际化一流营商环境。

五、中国特色自由贸易港具体政策的实施效果及存在的不足

本书分别从海南自贸港产业政策、贸易投资政策、财政政策、金融政策、人才政策、监管政策等方面对中国特色自由贸易港具体政策的执行情况及存在不足进行分析。

（一）海南自贸港产业政策的实施效果及存在的不足

1. 海南自贸港产业政策实施的效果

（1）《海南自由贸易港建设白皮书（2021.06—2022.05）》显示，2021 年 11 个自由贸易港重点园区主要经济指标好于预期水平，远超全省平均水平。营业收入显著增长，达到翻倍水平。特别地，11 个重点园区共实现营业收入 13 555.5 亿元，同比激增 134%。其中，洋浦经济开发区营业收入尤为突出，已突破 5000 亿元。海口江东新区、海南生态软件园、海口复兴城互联网信息产业园、海口综合保税区等园区亦表现强劲，均进入"营收千亿元"的行列。同时，税收增长势头强劲，11 个重点园区的税收收入达 585.63 亿元，同比增长 47.73%，其不到全省 2%的土地面积贡献了高达 40.1%的税收，展现了显著的

---

① 张泽一. 产业政策有效性问题的研究［D］. 北京：北京交通大学，2010：121.

经济贡献能力。

（2）2021年4月，时任海南省委书记沈晓明表示，海南正专注于发展旅游业、现代服务业、高新技术产业和热带特色高效农业，以构建自贸港现代产业格局。海南省政府致力于吸引境外高端消费回流，并利用离岛免税购物政策，如即将在海口举办首届中国国际消费品博览会。近3年，海南高新技术产业显著增长，产量和互联网产业营收分别增长了273%和192%。海南还建立了以南繁、深海、航天为核心的未来产业体系，取得显著成就，包括"南繁硅谷"的建设，深海科技项目"奋斗者"号在崖州湾科技城的落地，以及在文昌国际航天城成功发射的"天问一号"和"嫦娥五号"。

同时，为促进热带特色高效农业快速发展，海南省政府从全球各地不断引进热带水果新品种，推动传统海洋渔业向深海、岸上和休闲渔业三个方向发展，积极促进橡胶、槟榔、椰子"三棵树"产业进一步发展，不断优化农业产业结构。①

（3）中国共产党海南省第八次党代会报告指出，政府已决定减少对房地产业的依赖，非房地产投资比重提升了12个百分点。高新技术企业数量和收入分别增长了近5倍和近2倍，创新驱动力显著增强。海南的"3+1"主导产业——旅游业、现代服务业、高新技术产业和热带农业——对经济增长贡献显著，增加值占70%，贡献率近80%。中国国际消费品博览会的成功举办，离岛免税店销售额的大幅增长，以及陵水黎安国际教育创新试验区的开园，都表明消费已成为海南经济增长的主要动力。海南自贸港的经济转型取得了显著成效。

2. 存在的问题

（1）还是通过前文七位专家学者的问卷调查，"关于产业政策实施方面存在的问题"的观点主要有：

①尽管海南省政府积极作为，大企业集团落地海南的消息不断传来，但具体实施部门消极懒政，后续措施跟进不到位，应紧抓落实。

②政策很好，可落地效果不理想，关键问题还在于人。

（2）为促进经济发展，一些市县推出招商引资优惠政策，包括财政税收优惠，但部分政策违反公平竞争原则。2021年2月，省政府通报了市县政府公平竞争审查制度的第三方评估结果。在抽查的2702份文件中，发现61份存疑，占

---

① 国新办召开海南自由贸易港建设专题新闻发布会介绍海南自由贸易港政策制度建立进展情况［EB/OL］.澎湃新闻，2021-04-12.

2.26%。其中，25 份涉嫌违反公平竞争审查细则，占比 40.98%，主要涉及税收挂钩的财政奖励或补贴；12 份涉嫌违反特定经营者优惠政策，占 19.67%。通报还指出，市县公平竞争审查制度执行不一，工作成效有差异；多数市县未实施投诉举报和定期评估；需提升公平竞争意识和审查能力。

（二）海南自贸港贸易和投资政策的实施效果及存在的不足

1. 海南自贸港贸易和投资政策实施的情况

（1）2021 年海南货物贸易进出口总值 1476.8 亿元，比 2020 年增长 57.7%，增速较全国快 36.3 个百分点，居全国第三位。2021 年，海南外贸主体数量快速增长，全省新增备案外贸企业 1.92 万家，增长 412%。2021 年 12 月，海南口岸进出口整体通关时间分别为 26.83 小时、0.71 小时，分别快于同期全国平均水平 6.14 小时和 0.52 小时。

（2）2021 年年底，海南自由贸易港发布了《海南自由贸易港跨境服务贸易特别管理措施（负面清单）（2021 年版）》，并制定了相关工作方案和管理办法。同时，成功举办了两届中国国际消费品博览会，海口复兴城互联网信息产业园被认定为国家文化出口基地。此外，海南还推动了涉外经济技术展等领域的法规调整，并实现了 7 个开放领域的"首单"落地。

（3）2021 年海南省外商投资高速增长，全省新设立外商投资企业 1936 家，同比增长 92.64%；实际使用外资 35.2 亿美元，同比增长 16.2%。

（4）中国共产党海南省第八次党代会报告指出，2021 年海南省经济增速显著，位居全国前列。自贸港经济活跃，33 艘国际船舶注册，货物贸易规模首次超千亿。经济外向度自 2016 年以来提升 8.2%，实际利用外资超 90 亿美元。海南自贸港已建立全面深化改革的政策体系，实施 150 多项贸易投资便利化政策。推出 120 多项制度创新，包括所得税优惠、零关税清单等。近五年，自贸港市场主体增量超过前 30 年总和。

2. 存在的问题

（1）制度创新与开放有待进一步深化

海南服务贸易虽然取得一定成效，但一些领域的制度性障碍尚存，亟须创新突破。如有些试点事项属于中央事权，难以单独推进，亟需加强与中央的协调，进一步争取中央授权；由于发展时间较短，符合国际惯例的税制、投资、金融等制度安排尚在逐步完善，在服务贸易便利化等方面与国际通行规则仍有差距。

（2）政策宣传沟通工作有待提高

部分政策落地后，宣传力度有限，市场主体知晓度不高。政策宣传工作整体上未达到预期效果，导致政策主体和对象在重视程度、理解水平及实施效果等方面存在一定偏差。同时，政策宣传方式较为单一，省级以上媒体对海南自贸港政策创新改革试点工作的报道不多，关注度较低，各单位采用政府微博、部门微信公众号等新媒体宣传报道本部门有关政策创新的情况较少。

（三）海南自贸港财政政策的实施效果及存在的不足

1. 海南自贸港财政政策实施的效果

（1）财政部副部长邹加怡在新闻发布会上强调，自贸港的财政政策已经取得了明显成效。她提到，"离岛免税"政策极大地激发了海南的旅游消费潜力，购物人数和消费额都有了显著提升，同时带动了相关产业的发展。税收优惠政策有效减轻了企业税负，并增强了对紧缺高端人才的吸引力，海南省的市场主体和人才集聚效应显著。自2021年11月起实施的"零关税"政策，有效降低了企业的进口成本。随着政策的持续推进，预计会有更多企业受益，政策的积极影响将进一步扩大。这些财税政策已经带来了显著的阶段性成果，增强了社会各界对海南自贸港建设的信心，促进了人流、物流、资金流的集中，为自贸港建设的顺利启动提供了坚实的基础。①

（2）中共海南省第八次党代会报告也指出，建设自贸港以来，"两个15%"所得税优惠政策、三张"零关税"清单有序实施，离岛免税店销售额近两年翻两番。房地产行业独大的局面被打破，充分利用和更好地保护了土地资源，非房地产行业逐渐发展为税收和投资的主流。

2. 存在的问题

由于自贸港财政政策实施的时间不长，一时难以检验政策实践成效和存在的问题。但从政策出台过程来看，政策的不稳定性或者出台的仓促性会影响到实施的效果，期限过短也会影响到市场主体的信心和预期，从而降低政策实施的社会效益和经济效益。

（四）海南自贸港税收政策的实施效果及存在的不足

1. 海南自贸港税收政策实施效果

（1）截至2021年年底，海关累计办理了300余票"零关税"原辅料进口通

---

① 国新办召开海南自由贸易港建设专题新闻发布会介绍海南自由贸易港政策制度建立进展情况［EB/OL］. 澎湃新闻，2021-04-12.

关手续，货值 34.4 亿元，减免税款超 4.68 亿元。海口海关共监管进口"零关税"交通工具及游艇货值 20.04 亿元，减免税款 5.08 亿元，主要进口货物为帆船、游艇、甲板货船、汽车等 90 艘（辆）。"零关税"自用生产设备政策项下共进口货值 4.4 亿元，减免税款 8808.8 万元。

（2）2021 年 10 家离岛免税店销售额 601.7 亿元、增长 84%，购物人数 967.6 万人次、增长 73%，购物件数 5349.2 万件、增长 71%。免税销售额占社会消费品零售总额的比重由 2020 年的 13.9% 提高到 19.8%，政策拉动效应显著。

（3）截至 2021 年年底，全省共有 4966 名高端紧缺人才在办理年度汇算清缴时享受个人所得税实际税负超过 15% 部分予以免征的优惠政策，共减免个人所得税额 14.81 亿元。

（4）2020 年 12 月，税务总局发布退税管理办法，当月，注册地"中国洋浦港"的"远兰湾"轮便办理了国内首笔"境内建造从事国际运输船舶退税"业务。政策推动过程中还形成了制度创新，国际运输船舶出口退税税库联动、限时办结，船东的船舶退税款实现当天申请当天到账，得到船舶企业好评。截至 2021 年年底，洋浦共开展了 2 单启运港退税业务，运输路径均为南沙口岸启运经洋浦中转出口至东南亚，累计退税金额 139 695.78 元（其中，首单 64 650.12 元，第 2 单 75 045.66 元）。从实施效果来看，出口企业于 4 月 8 日在南沙口岸放行后即可申请退税，实际税款于 4 月 13 日退到企业账户，出境船舶实际离境时间为 4 月 30 日，较常规业务模式提前退税约 17 天，有效缩短出口企业资金占用周期。

2. 存在的问题

2020 年，中国人民银行海口中心支行课题组就自贸港税收政策的实施效果及对省内生产经营企业产生的影响对全省 19 个市县区 721 家企业开展问卷调查，以下是影响海南自贸港税收政策总体效应的评估结果：

（1）在包括投资、贸易、消费及发展和培育新兴产业、构建现代经济体系等各个不同的方面，税收政策都产生着积极的影响；

（2）自贸港税收政策能及时有效对冲疫情不利影响，但灵活性存在不足；

（3）虽然在一定程度上，自贸港税收政策对于弥补对冲海南省企业的不足起到了一定作用，但在提高本地企业的竞争优势方面还存在难度；

（4）自贸港税收政策对改善税收营商环境作用明显，但发挥实效存忧；

（5）自贸港税收政策使得大量"虹吸"现象不再出现，并对经济增量起到良性吸引的作用。

税收政策影响效应分项评估包括：

（1）所得税优惠政策虽然可以降低大部分企业的税负，对于高端和紧缺人才引进有着极大的促进作用，但是对总部经济的推动效果有限；

（2）在进出口贸易、生产和投资三方面，"二线"出口免关税成效显著，但"一线"进口零关税和境外直接投资所得免税效果不明显；

（3）在对推动国际消费中心的建设过程中，境外展品进口和销售免税政策发挥着极大的促进作用，在离岛免税购物新政的刺激下，旅游购物消费量明显增加；

（4）洋浦保税港税收优惠、航空业税收优惠有着明显的效果，但资本性支出税收抵扣激励作用不大；

（5）简税制改革和税权下放意义重大，但存在隐忧。①

（五）海南自贸港金融政策的实施效果及存在的不足

1. 海南自贸港金融政策的实施效果

（1）在相关政策的支持下，海南省新型离岸国际贸易业务规模迅速增长，2021年收支规模同比增长4倍；参与银行主体逐渐增多，2021年共12家银行办理新型离岸国际贸易业务，当年新增7家银行；参与市场主体数量不断增长，共23家企业办理新型离岸国际贸易业务，2021年新增13家企业。交易商品不断丰富，涉及原油、成品油、铜精矿、煤炭等多种商品。

（2）自相关优惠政策发布后，红杉资本、云锋资本、中粮资本等国内外知名专业基金管理企业聚集海南，设立多支QFLP基金。截至2021年12月底，海南省辖内共办理QFLP业务61笔。其中，QFLP基金45支，注册资金折51.13亿美元，累计跨境流入7.63亿美元；QFLP管理企业16家，注册资金折4.4亿美元，累计跨境流入折669.53万美元。

QDLP试点以来，总共批复了包括KKR、华能景顺罗斯集团、瑞士联合资管、平安、交银国际、光大控股等国内外知名资管机构在内的37家试点企业和49.92亿美元试点额度，其中的KKR是全球历史最悠久也是经验最为丰富的私募股权投资机构之一，在全球最权威的PEI（国际私募股权杂志）2020年私募股权榜单中排名第2。截至2021年12月底，外汇局海南省分局共为3家QDLP

---

① 王培，陈颖，钟丽娟.海南自由贸易港税收政策影响效应评估：基于海南省721家企业的调查 [J].海南金融，2020（11）：60-64。

管理企业办理 QDLP 外汇登记，登记金额 4.9 亿美元，3 家管理企业共设立 5 支 QDLP 基金，累计跨境流出 1.26 亿美元。

（3）截至 2021 年年底，非居民参与海南自由贸易港交易场所交易规模超过百亿，全年超过 2000 个国际客户参与交易场所相关业务活动，各交易场所储备的非居民企业客户超百家。

（4）截至 2021 年年末，外汇局海南分局共为辖内 34 家企业办理一次性外债登记，登记金额 133.52 亿美元。全省共发生 6 笔境内信贷资产对外转让业务，金额合计 6.28 亿美元。

（5）2020 年，45 家总部企业共实现营业收入 1152.48 亿元。其中，2018 年首批认定的 30 家总部企业完成营收 751.07 亿元；2019 年认定的 3 家总部企业完成营收 168.11 亿元；2020 年认定的 12 家总部企业完成营收 233.3 亿元。截至 2021 年 12 月 31 日，全省已有 60 家总部企业，并已培育引进兖矿智慧物流、薪火相传等企业在海南省设立结算中心。

（6）自贸港金融政策已经初见成效。国家外汇管理局副局长王春英曾介绍，"坚持金融服务实体经济，重点围绕贸易投资自由化便利化，分阶段开放资本项目，有序推进海南自由贸易港与境外资金自由便利流动"。中国人民银行和国家外汇管理局根据该总体方案进行工作安排，陆续出台了跨境资金流动自动化便利化政策，为支持海南自由贸易港的发展提供了一系列的便利措施。归纳起来，主要包括了以下几方面：

第一，账户体系建设的推进。中国人民银行与外汇管理局支持海南实施自由贸易账户，允许企业通过 FT 账户进行跨境交易的本外币结算和境外融资，实现了 FT 账户资金在离岸市场的自由兑换。自 2020 年 9 月起，海南已加入本外币合一的银行结算账户系统。

第二，跨境贸易投资人民币结算便利化水平的提升。自 2019 年 9 月起，人民银行与外汇局支持海南省各大银行基于优质企业提交的跨境收付款指令，直接办理跨境货物贸易和服务贸易的人民币结算，同时简化资本项目人民币收入的境内使用流程。2019 年 12 月，多部门联合发布的通知进一步优化了跨境人民币政策，促进了贸易投资人民币结算的便利化，并精简了跨境人民币结算流程，优化了跨境人民币投融资管理，便利了个人在经常项下的人民币收付，以及境外机构利用人民币银行进行账户结算。这些措施使得海南省 2019 年跨境人民币结算规模显著提升近五成。

第三，实施适应市场需求新形态的跨境投资管理。这主要包括全面落实

"准入前国民待遇"与"负面清单"的外商投资管理制度，优化外商投资管理；允许外商在银行直接办理投资相关外汇业务，对负面清单之外的外商投资不再限制，实现了直接投资的基本可兑换。此外，外汇局于2019年12月批复同意在海南自由贸易港开展合格境内有限合伙人（QDLP）对外投资试点，并制定了相应的管理办法，给予50亿美元试点投资额度。

第四，跨境投融资汇兑管理的优化。政府以海南实体经济投融资需求为重点，扶持海南特色产业和优势产业，优先支持海南产业的境外上市。人民银行与外汇局在海南率先开展境内公司境外上市登记改革试点，旨在优化登记流程，为海南注册的公司直接在银行办理境外上市登记提供便利。综合而言，中国人民银行与外汇管理局通过政策支持、缩短办事时间、降低企业成本等方式，积极落实总体方案和具体规划工作，有效满足了海南市场主体的需求，充分发挥了海南自由贸易港作为改革前沿阵地和开放试验区的重要作用。①

海南省政府办公厅发布的《海南省金融业"十四五"发展规划》指出，2020年海南省金融业增加值达到397.91亿元，占GDP的7.19%，比2015年增长61.09%。金融业税收收入为60.73亿元，占税收总收入的5.77%。金融机构存款和贷款余额分别达到10 312.45亿元和9981.72亿元，较2015年分别增长35.03%和50.09%。银行业金融机构资产总额为14 030.72亿元，增长21.21%。金融机构数量增至577家，从业人数达8.1万多人，分别增长36.08%和20.48%。海南FT账户资金收付达313.3亿元，增长130%，客户增至113家。银行业金融机构人民币跨境收付额为372.5亿元，实现了多项跨境人民币业务创新。

2. 存在的问题

海南省金融业目前存在以下问题，这也是"十四五"期间重点需要解决的问题。

（1）金融业总体规模偏小。金融市场主体数量和业务规模明显不足，信托和消费金融等领域尚未设立市场主体，社会融资规模位于全国较后地位，金融业短板亟待弥补。

（2）金融市场结构不均衡。以银行等金融机构传统存贷款业务为主，金融机构和业务类型传统单一，间接融资占据主导地位，缺乏新型金融产品和业务

---

① 国新办召开海南自由贸易港建设专题新闻发布会介绍海南自由贸易港政策制度建立进展情况［EB/OL］．澎湃新闻，2021-04-12.

支撑。证券市场等直接融资比重小，资本市场发育程度滞后。会计师事务所、律师事务所、评估机构等金融中介服务机构缺乏，金融要素市场、基础设施不完善。

（3）金融创新能力不足。目前，海南省大量金融机构属于分支机构，不是独立法人机构，权限相对不足。金融产品相对单一，金融资源市场化配置效率不高，吸收外资的能力不强，利用外资质量亟须提高，适应于海南自由贸易港金融体系发展需求的金融产品供给严重不足。

（4）金融人才匮乏。高水平金融科研和教育机构相对较少，金融人才培养基础较弱，吸引外来金融高层次人才能力不足。海南金融人才整体发展水平与发达国家及内地经济发达省市相比仍存在较大的差距，与海南自由贸易港金融改革发展的新要求不相匹配。

（六）海南自贸港人才政策的实施效果及存在的不足

1. 海南自贸港人才政策的实施效果

（1）2018年4月13日至2022年5月，海南省累计引进各类人才43.2万人。《海南自由贸易港建设总体方案》发布以后，2021年全年共引进人才19.9万人，同比增长63%，大体相当于此前3年的引进人才总数，人才流入呈加速态势。

2020年11月，海南自贸港人才服务"单一窗口"在海南省人才服务中心启用，海口、三亚、儋州、澄迈、洋浦5个地区人才服务平台同步启动运行。

截至目前，全省18个市县和洋浦经济开发区、博鳌乐城国际医疗旅游先行区、海口江东新区、三亚崖州湾科技城等重点园区设立人才服务"单一窗口"，初步完成了省级、市县和重点园区三级线下人才服务"单一窗口"体系建设，已有20项人才服务事项集成入驻全省各级人才服务"单一窗口"实现全省通办。

（2）截至2022年5月，海南自由贸易港共认定高层次人才2.6万人次，省外户籍落户48.2万人。

（3）海南省单向认可23个国家和港澳台地区境外职业资格共219项，2020年11月30日已实现首单落地。目前，海南省已开放境外人员参加职业资格考试38项，数量和开放度位居全国前列。

2. 存在的问题

（1）海南基础教育底子差，本土人才培养存在薄弱环节。正如时任省委书记沈晓明同志所说，要进一步扩充海南的人才队伍。海南既需要引进外来高端人才，同时也需要培养本土卓越人才。引进人才固然重要，但培养人才才能从本质上突破外来人才如无根之水的现状。海南自由贸易港的总体方案一直延续到2050年，这场接力赛跑最后一棒或者冲刺的人现在还在上幼儿园。因此，办好海南自己的教育，对扩大人才队伍极为重要，具有战略意义。①

（2）高层次人才认定后的服务工作不到位。按照海南自贸港已公布的高层次人才优惠政策，高层次人才享有住房、医疗、子女入学等相关优惠政策，但由于各部门的衔接及数据共享并没有实时更新，相关优惠政策并没有全部落到实处，一定程度影响到人才政策的实施效果。

（七）海南自贸港监管政策的实施效果及存在的不足

1. 监管政策实施的整体情况

（1）2022年3月1日，海南自由贸易港公平竞争委员会制定出台《海南自由贸易港公平竞争审查制度实施办法（暂行）》，从整体上对落实公平竞争审查制度作出各项规定；对2021年公平竞争审查交叉抽查和第三方评估情况进行通报，要求有关单位对发现的涉嫌违反公平竞争审查规定的政策措施进行整改并反馈整改结果；对第三方评估结果中落实公平竞争审查制度成效落后的单位进行提示谈话。

（2）在2021年4月12日召开的海南自由贸易港建设专题新闻发布会上，时任海南省委书记沈晓明表示：在过去一年里海南所实施的风险防控措施有力有效，做到了"管得住"才能"放得开"，社会管理信息化平台整体进入实战化运行，24小时对人流、物流、资金流实行监控，构建起近海、岸线、岛内三道防控圈，制定实施了《海南省反走私暂行条例》，对离岛免税各类套购代购行为进行依法严厉打击。

据海关总署副署长张际文表示，在近两年的时间内，海关部门对海南离岛免税"套代购"走私行为开展了11轮的打击专项行动，共破获66个走私团伙，总案值约2亿元。2020年7月至今，已对8000余名参与海南离岛免税"套代购"违法行为的个人依法限制其三年内不得享受离岛免税购物政策。同时，自2021年1月起，湛江海关会同海口海关联合开展对海南离岛免税"套代购"行为的打击行动，目前已开展了4轮集中收网行动，共刑事立案5起，涉案金额

---

① 国新办召开海南自由贸易港建设专题新闻发布会介绍海南自由贸易港政策制度建立进展情况 [EB/OL]. 澎湃新闻，021-04-12.

2684 万元。①

2. 存在的问题

（1）电子营业执照的推广运用还不畅顺。2020 年，海南省监督检查发现，市场监管局未能有效推广电子营业执照，缺乏宣传、指导和检查调研，导致基层部门未能有效使用电子营业执照。在海口市某区政务中心和市场监管局审批大厅，工作人员仍需纸质营业执照，未收到运用电子营业执照的通知。

（2）食品经营许可改革滞后，与先进地区差距较大。2018 年 11 月，国家市场监管总局发布《市场监管总局关于加快推进食品经营许可改革工作的通知》，推进食品经营许可改革，包括实施"告知承诺制"、简化流程和缩短时限。然而，海南省的改革进度不仅落后于国内发达地区，也落后于国内一些市县。一家外企反映，在海南省网上申请食品经营许可证耗时较长，需最多 22 个工作日，而广东省的深圳市和佛山市实行的"承诺审批制"可实现当天申请当天取证，海南省万宁市的"告知承诺制"审批模式也更为高效，实现"一日办结"和"一次核定"。

（3）正如海南省第八次党代会报告指出的，全面深化改革开放任务繁重艰巨与基础薄弱、经济流量小、外向度低、市场主体少、人才短缺为当前面临的主要问题。主要表现为：部分政策制定不够精准、制度集成创新能级不够高、经济发展效益不够好、营商环境不够优良、风险防控措施不够完善、环境资源转化为经济收益的路径不够多、人民群众的获得感不够强等。

第三节　中国特色自由贸易港政策评估

一、政策评估的定义

有学者认为，公共政策评估就是评估主体依据一定的标准和程序，使用科学方法与技术，考察公共政策过程的各个阶段、各个环节与各个方面，对政策产出和政策影响进行检测和评价，以判断政策结果实现政策目标、解决政策问

---

① 国新办召开海南自由贸易港建设专题新闻发布会介绍海南自由贸易港政策制度建立进展情况［EB/OL］. 澎湃新闻，2021-04-12.

题的程度的活动。①

还有学者认为政策评估是依据一定的标准和程序，对政策的效益、效率及价值进行判断的一种政治行为，目的在于取得有关这些方面的信息，作为决定政策变化、政策改进和制定新政策的依据。②

尽管当前政策评估研究广泛，但对于其概念的定义，学界尚未形成统一且广泛认可的界定。学者们对此持有不同观点，主要可归纳为四种：①将政策评估限于政策方案的预测评估；②认为政策评估应涵盖政策全过程，包括方案、执行和结果；③强调对政策执行过程的追踪与调控；④专注于政策效果的评估。

在本书中，我们将政策评估定义为：依据既定标准和程序，对政策效果在效益、效率和公平性（"3E"），以及公众参与、可预测性和正当诉讼程序（"3P"）等方面的价值进行评判的一种政治行为。此举旨在获取相关信息，为政策调整、改进和新政策的制定提供决策依据。③

本书认为，中国特色自由贸易港政策评估是指评估主体依据一定的标准和程序，对海南自贸港政策的效果进行评判的政策过程。

二、中国特色自由贸易港政策评估的实施

公共政策评估活动存在三个相互关联的程序，分别为评估准备、评估实施和评估总结。评估方案的实施又包括采集评估信息、分析评估信息和形成初步结论。④

政策评估是一项有计划、按步骤进行的活动，一般来说，政策评估过程包括以下三个阶段，即组织准备、实施评估及撰写评估报告。实施评估是整个政策评估活动中最为关键也是耗费时间、精力最多的一个环节，它的主要任务包括：首先，利用各种调查手段以广泛搜集有关政策的各种信息。其次，统计、分析和整理各种政策信息。最后，综合运用相应的评估方法并具体进行评估。⑤

科学的公共政策评估过程一般分为三个基本阶段：准备阶段、实施阶段、

① 宁骚．公共政策学［M］．3版．北京：高等教育出版社，2018：323.
② 陈振明．政策科学：公共政策分析导论［M］．2版．北京：中国人民大学出版社，2003：268.
③ 杨道田．公共政策学［M］．上海：复旦大学出版社，2015：161-162.
④ 罗红．公共政策理论与实践［M］．沈阳：沈阳出版社，2014：145-148.
⑤ 陈刚．公共政策学［M］．武汉：武汉大学出版社，2011：175-176.

总结阶段。实施阶段包括采集评估信息、分析评估信息、初步结论。①

中央高度重视中国特色自由贸易港政策评估工作。2018 年 4 月,《中共中央国务院关于支持海南全面深化改革开放的指导意见》中明确指出,国家发展改革委要加强综合协调,强化督促检查,适时组织对本意见实施情况进行评估,及时发现问题并提出整改建议,重大事项向党中央、国务院报告。

2020 年 6 月,《海南自由贸易港建设总体方案》规定,国务院发展研究中心组织对海南自由贸易港建设开展全过程评估,牵头设立专家咨询委员会,为海南自由贸易港建设建言献策。

2021 年、2022 年和 2023 年,国务院发展研究中心组织专家对海南自由贸易港建设开展全过程评估。评估结果未向外界进行公布。

2023 年 7 月 7 日,中共海南省委深改办(自贸港工委办)对外公布《海南自由贸易港重点政策评估研究项目公告》,对 2020 年 6 月 1 日《海南自由贸易港建设总体方案》正式对外发布至 2023 年 6 月 1 日期间发布的自贸港显示度高、已落地实施、市场主体和公众较为关切的海南自贸港重点政策进行评估,分析政策实施中存在的主要问题及其原因,梳理影响政策效果的主客观因素,明确完善政策的方向和重点,建立健全常态化政策监测评估机制。最后海南大学中标,组织相关专家学者进行了政策评估。2023 年完成第三方机构对海南自贸港重点政策的评估并提交综合评估报告和分项评估报告,但评估结果没有向社会公布。

第四节　中国特色自由贸易港政策监控

一、政策监控的定义

在管理学理论中,控制是指对组织内部的管理活动及其效果进行衡量和矫正,以确保组织的目标以及为此而拟定的计划得以实施。②

① 杨道田.公共政策学 [M].上海:复旦大学出版社,2015:170-172.
② 陈传明.管理学 [M].北京:高等教育出版社,2019:261.

控制分为事前控制、事中控制和事后控制，还可以分为制度控制、风险控制、预算控制等。

有研究者指出，政策制定和执行的质量受政策主体价值取向、素质、信息资源不足和意外事故等因素影响，为提高政策效率和品质，确保目标实现和绩效提升，必须严格监督政策过程，即政策监控。政策监控旨在确保政策的合法性，这是其政治意义；同时确保政策执行的有效性，这是其管理意义，以优化政策结果。①

有学者认为，为了保证政策系统的顺利运行，提高政策制定与执行的质量，促进政策目标的实现和政策绩效的提高，必须对政策过程的各个环节加以监督和控制，这就是政策监控。②

政策监控根据政策过程的不同阶段，分为政策制定监控、政策执行监控、政策评估监控和政策终结监控。根据政策监控的不同时态，分为事前监控、事中监控和事后监控。根据监控的层次，分为自我监控、逐级监控和超级监控。其中根据政策过程的分类对中国特色自由贸易港政策供给最为重要，因此，本书主要探讨海南自贸港政策制定过程监控、政策执行过程监控、政策评估过程监控和政策终结监控。

二、中国特色自由贸易港政策的监控过程

（一）对政策制定过程的监控

政策制定中易出现缺陷的因素包括：决策者个人利益偏好、群体知识和能力结构失衡、信息不全不真实、程序不规范、方案筛选效率低、目标选择错位。这些因素增加了政策偏差和失误的风险，会影响到政策质量。因此，必须加强监控，确保政策制定过程民主、科学、合法，避免目标偏差，有效解决公共政策问题。③

目前，对海南自贸港政策制定的监控工作尚未有效展开。

（二）对政策执行的监控

政策执行涉及资源和利益的重新分配，需要监控以确保目标达成和资源有效利用。这要求提升对政策目标的理解，协调利益关系，并制定衡量标准以纠

---

① 陈刚. 公共政策学 [M]. 武汉：武汉大学出版社，2011：194.
② 杨道田. 公共政策学 [M]. 上海：复旦大学出版社，2015：194.
③ 杨道田. 公共政策学 [M]. 上海：复旦大学出版社，2015：205.

正偏差。持续监控是确保政策活动正确运行的关键，包括政策评估与调整阶段。①

目前，对海南自贸港政策执行的监控工作尚未正式展开。

（三）对政策评估过程的监控

公共政策评估旨在客观评判政策的结果、效率与效益。鉴于评估活动分为内部与外部两种形式，对两者的监控要求存在显著差异。内部评估的监控聚焦于评估过程的真实性、评估人员的专业素养、评估标准的规范性、评估程序与方法的科学性，以及评估结论的公正性；而外部评估的监控则侧重于评估信息的客观性、评估环节的完备性以及评估方法的可行性等。

鉴于内部评估与外部评估各自存在的局限与不足，将两者监控机制有机结合显得尤为重要。通过互补与协调，可以弥补各自缺陷，纠正潜在不足，确保政策评估过程的监控能够充分发挥其效用，最终实现政策评估的初衷与目标。②

目前，对海南自贸港政策评估的监控工作尚未有效展开。

（四）对政策终结的监控

政策监督的各项活动内容是相互联系、不可分割的，它们共同为提高政策制定、执行和评估的质量，以及从整体上提高政策绩效提供了有力的保障，进而促进政策目标的完全实现。

目前，对海南自贸港政策终结的监控工作尚未正式展开。

第五节　中国特色自由贸易港政策终结

一、政策终结的定义

政策终结是指公共政策的决策者经过审慎评估后，采取必要措施，终止那些错误、过时、冗余或无效的政策、功能、工具或组织的行为。根据性质，政策终结可分为完全终结和部分终结两种类型。③

---

① 杨道田. 公共政策学［M］. 上海：复旦大学出版社，2015：205-206.
② 杨道田. 公共政策学［M］. 上海：复旦大学出版社，2015：206.
③ 宁骚. 公共政策学［M］. 3 版. 北京：高等教育出版社，2018：377.

政策终结的原因主要是节省资源、提高绩效和适应政策系统的自我更新。政策系统需要根据社会经济和国际形势的变化不断更新，政策终结是这一更新过程的一部分。同时，政策系统会与外部环境互动并进行自我修正。即使决策过程科学严谨，政策也可能因环境变化而失效或产生不良影响，因此政策终结成为必要的调整措施。①

也有学者认为，政策终结是政策项目经过评估后，由政策决策者采取一定的措施和手段以终止或部分终止的一种政策行为。②

研究政策的终止有着积极的现实意义。正如有的研究者所指出的那样，公共政策存在由正向作用向负向作用转化的运动规律。一旦正确的公共政策超越了其适用时间和空间范围而未被取消，其正面效果可能转为负面。这种转化源于政策范围的静态性与事物动态性的矛盾。这一规律强调了及时废止过时政策的重要性，以避免其产生负面效应，并适时开发新政策以替代旧政策。③

一项旧政策的终结，有时是一项新政策的开始。应用到中国特色自由贸易港政策，变更是政策局部终止或补充，而终止则是政策绝大多数的变更或废止。

二、中国特色自由贸易港政策终结过程

从"幼稚产业保护理论"的观点来看，李斯特认为，对幼稚产业的保护不是无休止的，而是有限期的，超过了规定的限期，该产业即便没有成长起来，也要解除对它的保护。因此，经济政策也不应是无限期的，到了一定期限，必然存在变更或终止的问题。

中国特色自由贸易港政策也应存在变更和终止的问题，但因为海南自贸港政策实施的期限尚短，还无法有效观察其终结过程，本书以我国的汽车产业政策为研究对象进行分析。

以我国汽车工业产业政策的终结为例，1994年3月12日，国务院出台《汽车工业产业政策》，该产业政策共13章61条，包括政策目标和产品发展重点、产品认证政策、产业组织政策、产业技术政策、投资政策、融资政策、利用外资政策、进口管理政策、出口管理政策、国产化政策、消费与价格政策、相关工业和社会保障政策、产业政策、规划与项目管理等内容。该政策执行十年之

---

① 陈振明. 政策科学：公共政策分析导论 [M]. 2版. 北京：中国人民大学出版社，2003：341.

② 蔡荣生. 经济政策学 [M]. 北京：经济日报出版社，2005：84.

③ 罗红. 公共政策理论与实践 [M]. 沈阳：沈阳出版社，2014：13-14.

后，2004 年 4 月 24 日，国务院废止了该产业政策。

2004 年 5 月 21 日，国家发展和改革委员会出台《汽车产业发展政策》代替 1994 年的《汽车工业产业政策》。《汽车产业发展政策》共 13 章 78 条，包括政策目标、发展规划、技术政策、结构调整、准入管理、商标品牌、产品开发、零部件及相关产业、营销网络、投资管理、进口管理、汽车消费等内容。2009 年年初，为应对 2008 年国际金融危机的影响，国务院出台《汽车产业调整和振兴规划》，该规划期为 2009—2011 年。规划指出，汽车产业是国民经济重要的支柱产业，产业链长、关联度高、就业面广、消费拉动大，在国民经济和社会发展中发挥着重要作用。

汽车产业政策推动一汽、东风等大型企业全国范围内的兼并重组，同时支持北汽、广汽等进行区域性重组。政策还鼓励零部件企业通过重组增强竞争力。《汽车产业技术进步和技术改造项目及产品目录》旨在促进技术进步和结构调整，重点支持新能源汽车、内燃机升级、变速器产业化、关键零部件产业化，以及建设独立检测机构和"产、学、研"汽车零部件技术中心。2009 年 8 月 15 日，国家发展和改革委员会与工业和信息化部对《汽车产业发展政策》进行了修订，但一直没有正式终止。

2012 年 6 月 28 日，国务院发布《节能与新能源汽车产业发展规划（2012—2020 年）》，指出汽车产业是国民经济的重要支柱产业，在国民经济和社会发展中发挥着重要作用。但传统的燃油车带来突出的能源紧张和环境污染问题，因而提出"加快培育和发展节能与新能源汽车产业，促进汽车产业优化升级，实现由汽车工业大国向汽车工业强国转变"的政策目标。主要任务包括：实施节能与新能源汽车技术创新工程、科学规划产业布局、加快推广应用和试点示范、积极推进充电设施建设、加强动力电池梯级利用和回收管理。

2020 年 10 月 20 日，国务院办公厅印发《新能源汽车产业发展规划（2021—2035 年）》，提出发展新能源汽车是我国从汽车大国迈向汽车强国的必由之路，是应对气候变化、推动绿色发展的战略举措。经过多年持续努力，我国新能源汽车产业技术水平显著提升、产业体系日趋完善、企业竞争力大幅增强，2015 年以来产销量、保有量连续五年居世界首位，产业进入叠加交会、融合发展新阶段。具体措施包括：提高技术创新能力、构建新型产业生态、推动产业融合发展、完善基础设施体系、深化开放合作、保障措施。

我国汽车产业政策从 1994 年开始制定至今已经过去了 30 年。从我国汽车产业政策的终结情况来看，有时会在新政策中明确旧政策的终止，有时政策明确了实施的期限，期限届满便自动终止。因此，中国特色自由贸易港政策终止可以参照以上做法，最好是新政策取代旧政策时应明确旧政策的正式终止，或者每项政策均明确规定其有效期。

小　结

1. 本书对中国特色自由贸易港政策供给路径主要从政策制定、政策执行、政策评估、政策监控和政策终结等主要环节展开研究。

2. 中国特色自由贸易港政策制定是政府为解决海南自贸港建设的经济社会公共问题，依照一定的程序和原则确定政策制定目标，规划、评估和最终择定有关政策方案并予以合法化的过程。本书分别从产业政策、贸易投资政策、财政政策、金融政策、人才政策、监管政策等方面对中国特色自由贸易港具体政策的制定情况及存在的不足进行了分析。

3. 中国特色自由贸易港政策执行是为了实现建设自由贸易港目标，通过各种措施和手段作用于政策对象，使海南自贸港政策内容变为现实的行动过程。本书分别从海南自贸港产业政策、贸易投资政策、财政政策、金融政策、人才政策、监管政策等方面对中国特色自由贸易港具体政策的执行情况及存在的不足进行了分析。

4. 中国特色自由贸易港政策评估指评估主体依据一定的标准和程序，对海南自贸港建设的相关政策实施效果进行评判的过程。2020年6月《海南自由贸易港建设总体方案》规定，国务院发展研究中心组织对海南自由贸易港建设开展全过程评估，牵头设立专家咨询委员会，为海南自由贸易港建设建言献策。2021年、2022年和2023年，国务院发展研究中心组织专家对海南自由贸易港建设开展全过程评估。评估结果未向外界进行公布。2023年海南大学完成第三方机构对海南自贸港重点政策的评估并提交综合评估报告和分项评估报告，但评估结果没有向社会公布。本书以海南自贸港信贷资产跨境转让政策为例尝试对中国特色自由贸易港政策进行评估。

5. 政策监控根据政策过程的不同阶段，分为政策制定监控、政策执行监控、政策评估监控和政策终结监控。根据政策监控的不同时态，分为事前监控、事中监控和事后监控。根据监控的层次，分为自我监控、逐级监控和超级监控。

其中根据政策过程的分类对中国特色自由贸易港政策供给最为重要，因此，本书主要探讨海南自贸港政策制定过程监控、政策执行过程监控、政策评估过程监控和政策终结监控。从目前情况看，中国特色自由贸易港政策制定、执行、评估和终结的监控还未有效开展。

6. 一项旧政策的终结，有时是一项新政策的开始。应用到中国特色自由贸易港政策中，变更是政策的局部终止或补充，而终止则是政策绝大多数的变更或废止。

7. 中国特色自由贸易港政策也应存在变更和终止的问题，但因为海南自贸港政策实施的期限尚短，还无法有效观察其终结过程，本书以我国的汽车产业政策为研究对象进行分析。

我国汽车产业政策从 1994 年开始制定至今已经过 30 年。从我国汽车产业政策的终结情况来看，有时会在新政策中明确旧政策的终止，有时政策明确了实施的期限，期限届满便自动终止。因此，中国特色自由贸易港政策终止可以参照以上做法，最好是新政策取代旧政策时应宣布旧政策的正式终止，或者每项政策均明确规定其有效期。

第八章

境外自贸港政策借鉴

第一节　概　述

　　自由贸易港政策的实施既开拓了我国同全球自由贸易分享红利的快速通道，同时也成为我国提升国际竞争力的重要手段。目前，全球共有130多个自由贸易港和2000多个与自由贸易港的内涵和功能相似的自由经济区域。①

　　全球知名的自由贸易港包括中国香港、新加坡、迪拜和鹿特丹。香港通过特区政府的努力，实施自由贸易政策、低税制和优化营商环境，推动全球化贸易服务。新加坡自1969年起通过自由贸易区法案，促进通航、贸易和资金流通自由化，并对多数货物免征关税。迪拜作为中东最大自贸港，其港口以集装箱运输和转口贸易而闻名。鹿特丹港得益于关税减免政策，但随着欧盟一体化，成员国间免税流通，其优势有所减弱。

　　自由贸易港如中国香港、新加坡（市）、迪拜和鹿特丹等，通过简化贸易和投资政策，促进了贸易和投资的自由化与便利化。这些港口提供优惠的贸易经营和结算政策，宽松的出入境和货物通关政策，以及税收减免等措施，吸引了大量外来投资。金融自由化政策和完善的金融服务保护了金融市场。自贸港还注重人才引进，实施配套政策，并采取不同的监管模式以确保服务顺利进行。这些港口的成功为其他国家和地区提供了可借鉴的模式。

---

　　① 桑百川．探索建设自由贸易港打造海南对外开放新高地［EB/OL］．人民网，2018-04-15.

第二节　境外自由贸易港产业类型

全球发育良好、基础设施完备的典型自由贸易港，根据其所属国的开放程度、经济发展水平、港口的自然禀赋的差异以及它们的建设模式的特色，大致可分为4种类型：转口贸易型自由贸易港、避税型自由贸易港、工贸结合型自由贸易港、综合型自由贸易港。① 目前，世界上发展较好的自由贸易港，如中国香港、新加坡、迪拜等都属于综合型自由贸易港。

一、中国香港

在港英政府时期，香港经济奉行"积极不干预"政策，政府认为香港的产业结构调整和发展也应永远让"看不见的手"去发挥作用，因为这是效率最高、操作成本最低的方法。② 香港的产业结构调整和发展经历了两个主要阶段。1841年，香港成为英国的"自由港"，初期以渔农为主。20世纪初，得益于地理位置和天然良港，香港发展成为亚太地区重要的贸易转口港，转口贸易成为经济支柱，并为后续产业转型打下基础。20世纪50年代，由于新中国成立和朝鲜战争，香港的转口贸易受挫，但制造业因大陆技术和资金的流入而兴起。20世纪60年代至70年代末，香港工业化达到顶峰，经济从转口服务型向出口导向的制造业转型，完成了第一次产业转型。

20世纪70年代后期，由于内受土地、劳工成本不断上升的压力，外受国际市场贸易保护主义日益抬头、竞争日趋激烈的挑战，香港工业界感到过分依赖某些传统产品和市场的危险，提出"多元化"的口号。③ 1979年，经济多元化委员会建议港英政府推动产业调整，但因政府的"积极不干预"政策，效果有限。20世纪70年代末至80年代初，中国内地实行改革开放，香港厂家利用内地资源维持竞争力，制造业北移，规模缩减。同时，香港第三产业如银行、保

---

① 姚潘美，詹志华. 比较视域下中国特色自由贸易港建设 [J]. 海南热带海洋学院学报，2021，28（4）：67-74.

② 尤安山. 试论沪港产业结构存在的问题 [J]. 世界经济研究，2000（4）：46-50.

③ 冯邦彦. 香港与新加坡产业结构及经济政策的比较研究 [J]. 学术研究，2001（7）：42-45.

险等迅速发展，实现了产业的第二次转型，进入服务经济时代。

历经第二次产业转型后香港经济实现巨大发展，但同时也陷入"产业空心化"困境，经济发展后劲显得不足。① 为此香港特区政府开始出台在一定程度上干预经济的政策，不仅向多元化产业方向发展，而且推进高新技术产业、金融、航运、旅游等产业协同发展。

二、新加坡

（一）实施进口替代政策

1959 年，新加坡政府通过颁布《新兴工业法令》和《工业扩展法令》实施进口替代政策，旨在鼓励国内厂商积极发展民族工业，同时激发国外投资者对新兴工业的投资热情。新加坡政府还采取了进口配额制度，有效保护了本国的民族工业和新兴工业免受外部冲击。此外，政府大力推进基础设施建设，特别是码头扩建工程，以推动现代物流体系的合理布局，利用自身深水良港的优势，提升水电、邮政、交通等基础设施的质量，并创建裕廊工业园区，促进企业的集聚效应。

（二）实施出口导向政策

1967 年，新加坡政府通过颁布《经济扩展奖励法》实施出口导向政策，旨在支持出口工业的发展，通过税收减免等措施鼓励企业扩大出口业务，特别是技术密集型产业。在资本和技术密集型行业，政府组建国有企业负责出口产品的加工制造，同时积极引进欧美外资企业，加强国际经济合作。此外，政府还推动国际金融业的发展，放宽金融限制，为出口企业提供更加便捷的金融服务。

（三）推动产业升级政策落地实施

20 世纪 80 年代初，新加坡政府在全球经济增长和区域和平发展的背景下，着手推动产业调整。政府以"自动化、机械化、电脑化"为产业发展方针，通过制定综合性政策吸引国内外投资者进入高技术含量、高附加值制造业和服务业领域。政府还通过投资、税收、技术、劳动用工和工资等多方面的政策激励，促进劳动密集型产业的转型升级，鼓励资本密集型和技术密集型产业的发展，

---

① 阮北平，危应华. 香港"产业空心化"与"积极有限干预政策"［J］. 当代港澳，2005
（2）：30-35.

进而优化产业结构，推动制造业的转型升级，并延长工业品产业链，提高产品附加值。

（四）实施多元化发展政策

随着经济结构逐渐合理化，新加坡政府实施了多元化发展政策，确定制造业和服务业为经济发展的两大支柱。1991 年 10 月，政府发布《经济策略计划书》，强调加强国际经济联系。在政策驱动下，新加坡构建了以运输和通信、制造、贸易、金融、旅游五大产业为核心的国民经济体系，实现了产业结构的多元化，使新加坡成为著名的"花园城市"。

（五）积极推动创新政策的实施

20 世纪 90 年代后期，面对亚洲金融危机以及国内外经济环境的变化，新加坡政府及时调整经济政策，推动创新。政府着重发展以信息产业为核心的知识密集型产业，并以此为基础推出一系列政策，积极推进国家创新体系的构建。根据 2010 年长期战略发展计划，新加坡高度重视电子、石油化工、生命科学、工程、物流等 9 个行业的发展，为投资者提供奖励或补贴，以促进经济的持续增长和转型。[①]

三、迪拜

世界集装箱大港之一——迪拜，其自贸港建设如火如荼，转口贸易与加工及仓储运输并重，是著名的工贸结合型自贸港。

自现代迪拜出口第一桶原油以来，其经济产业结构的发展历经了三个主要阶段。

第一阶段：单一石油经济时代。主要是从 20 世纪 60 年代末到 80 年代中期，这一时期，石油产业是迪拜最主要的经济产业，整个国民收入的一半以上都来自石油及其附属行业。

第二阶段：多样化经济时代。20 世纪 80 年代中期到 20 世纪末，迪拜开始致力于发展多样化经济。不断将石油收入加大投入到商业基础设施的建设项目中，这使得迪拜的基础设施条件达到了世界级水准，从而为多样化经济的发展奠定了坚实基础。由此，迪拜重点发展贸易运输业、旅游业两大支柱性服务产

---

① 熊安静，李世杰．对标新加坡建设自贸港：新加坡国家治理体系和治理能力现代化的启示 [M]．北京：中国经济出版社，2020：3.

业，并适度发展制造业和重工业，且通过创建自由区的方式大力吸引外国非石油投资，进一步推动经济向多样化转型，多样化经济建设初见成效。

第三阶段：新兴产业经济时代。进入 21 世纪，迪拜进一步巩固并拓展多样化经济发展成果，形成"以石油产业带动城市功能的高端化，以贸易带动服务高端化，以高端化的服务业带动先进制造业的发展主线"。[①] 以基础设施建设为基础产业，以贸易运输、旅游、金融、房地产为经济四大主导行业，并通过主导产业的崛起带动一批上下游关联产业的发展，由此发展了独具特色的自由区新兴产业经济。

第三节　境外自由贸易港海关监管政策

在较独立的政治法律地位基础上，境外自由贸易港大多实行"境内关外"的海关监管，通过减免关税、降低航运和贸易成本，为商家提供贸易与投资便利，进而通过提升物流与贸易量、促进服务业发展，实现收入和福利的增长。

一、中国香港

香港建立了高效的通关流程和活跃的港口基础设施市场。除了传统方式，海关还推出了创新措施，包括"海易通计划"和"香港认可经济营运商计划"，后者允许符合安全标准的企业享受通关优惠。[②] 香港进出口贸易手续简便，报关资料须在货物进出口后 14 天内提交，无须事先批准。报关表用于政府统计贸易数据。作为自由港，香港对船只进出、装卸、转船和储存无海关限制，中转货物享有豁免。空港物流由民营空运站运营，海港码头经营权通过招标外包给民企，竞争促使企业投资提升设施和服务效率，优化物流通关。[③] 香港入境事务处为境外访客提供宽松签证政策，多数国家公民可免签短期停留。商务人士、游客和香港居民享有便捷出入境服务。据 2025 年 5 月官方数据，给予香港特别行

---

①　张明生. 迪拜多样化经济发展研究［D］. 北京：北京外国语大学，2015.

②　数据来源于香港特别行政区政府香港海关网站。

③　李凯杰. 中国自由贸易试验区向自由贸易港转变研究［J］. 国际经济合作，2017（12）：35-39.

政区护照持有人免签证或落地签证入境旅游的国家和地区已达 174 个。① 香港采用互惠原则，也给了这些国家和地区中的绝大多数以对等政策。游客在香港停留七天至六个月不等，可以进行合法的交易活动。

香港报关流程简化，过境成本低，有助于降低企业贸易成本，促进中小企业参与国际贸易。豁免报关的商品包括转运、过境货物等，特区政府对部分商品实施暂准进口证和少量贸易管制。出口许可证仅限于特定商品，如危害性商品、战略物资等。实行"两头把关，中间核查"制度，加强质量监督。2010 年推出的"香港认可经济营运商计划"允许符合安全标准的企业享受通关优惠，减少海关查验。香港港口利用电子系统实时监控转运货物，减少检查次数和时间，提高货物进出口效率。

二、新加坡

新加坡是交通枢纽，设施完善，通关高效。除特定商品外，进出口货物通关仅需提交单证。政府特许计划和优惠减免航运税费。作为航运中心，新加坡拥有完整产业链，支持国际贸易。其先进的设施确保物流顺畅。硬件上，交通网络发达；软件上，资讯科技设施完善，实现信息快速流通。新加坡港实施信息化管理，"一站式"电子通关系统提升监管效率，简化手续。集装箱快速通关，贸易交流便捷。政府优惠政策吸引货物存储，促进利润增长。

在货物出入境监管方面，新加坡打造了 TRADENET 和 PORTNET 两个电子信息系统，强化了各个贸易部门之间的信息共享机制，致使监管部门得以高效地监控进出口货物，并实现了与港口之间的全面信息化管理，从而提升了监管效率与透明度。

三、阿联酋迪拜

迪拜自由贸易港实行开放经济政策，提供单点管理，简化执照和法规事务办理。货物可自由进出，海关随机抽查监管。区内加工贸易免进口关税和增值税，国内关税区入关后征税，再出口则退税。机械设备等必需品免关税，区内公司 50 年免企业所得税，员工免个人所得税。离岸公司免利得税和资本收益税，除了商业银行和石油公司。宽松移民政策，无国籍限制雇工。区内公司可自由汇出利润和资本，无金融货币限制。外商可设立独资企业，100% 拥有公司

---

① 数据来源于香港入境事务处网站。

所有权。① 迪拜建立了高效的海陆空交通网络，实现了快速运输方式转换和货物中转，大大减少了中东地区货物运输时间。统一管理的港口降低了流通和转运成本。自贸港内，进出口手续和签证24小时内可完成，投资审批7天内搞定。迪拜政府为企业提供咨询服务，协助融资，及时解决经营问题，并让渡行政权力，增强了企业的安全感和责任感。

第四节　服务业开放和服务贸易政策

当前，服务贸易正逐渐成为全球贸易的核心动力，显著重塑了全球跨境贸易的版图。服务业不仅是推动现代产业经济复杂运行不可或缺的部分，涵盖物流、金融和数字信息等关键领域，而且其增长势头强劲，商业服务、医疗和娱乐等领域的增速均超越传统产业。全球自由贸易港均致力于服务贸易的发展，如中国香港、新加坡和迪拜等地，现代服务业均占据 GDP 的首要地位。以新加坡为例，服务业在该国经济中占据绝对的主导地位，服务业增加值占比超过70%，主导行业包括批发贸易业、商业服务业、运输和仓储服务业，以及娱乐、社区及个人服务业，占比分别为 31.3%、28.1%、12.4% 和 12.8%。全球自由贸易港发展服务贸易主要从以下三方面构建制度体系。

一、营造国际化、法治化、便利化的营商环境

在国际自由贸易港的服务贸易中，金融业作为核心领域，其交易产品种类繁多且结构复杂，法律规则在保障金融交易安全性方面发挥着关键作用。中国香港、新加坡、迪拜等地区金融业的成功归因于高度法治化的商事金融法律制度。新加坡作为普通法系国家，虽以判例法为主，但在商事金融领域制定了大量成文法。而迪拜所在的阿联酋，作为传统的大陆法系国家且受伊斯兰法影响，其原法律体系对金融创新与交易持保守态度。为此，阿联酋通过宪法修改，将迪拜金融中心区（DIFC）设为法律特区，采用普通法系，以英国商事金融判例法与成文法为法律基础。由此可见，无论是普通法系的新加坡，还是原本保守

① 李猛. 建设中国自由贸易港的思路：以发展离岸贸易、离岸金融业务为主要方向［J］.
国际贸易，2018（4）：20-26.

的伊斯兰法系下的迪拜，为发展以金融为代表的现代服务业，均采取了与国际接轨的商事金融法律制度，旨在构建国际化、法治化的营商环境。

二、致力于营造低成本的税赋环境

国际自由贸易港普遍通过免征资本利得税、营业税、增值税、专利税等税收措施，以鼓励服务贸易的发展。迪拜的税收政策独具特色，其所得税主要针对石油和天然气行业的外国公司及外国银行分支机构，其中前者税率为55%，后者为20%。迪拜已签署双重征税协议以减免税收，并允许外国投资者拥有100%所有权，且投资企业在前50年免征企业所得税和个人所得税，利润自由汇回，无外汇管制和货币兑换限制，这使其成为全球税负最低的地区之一，吸引了全球投资。而鹿特丹港的企业所得税税率仅为25%，在欧洲处于较低水平，并允许较多的扣除项目，包括奖金、佣金、礼品、食品支出及会议和娱乐支出等，进一步减轻了企业的税收负担。

三、以数字服务贸易引领传统服务贸易

随着技术变革的推动，传统服务贸易正逐步向数字服务贸易转型。数字化、互联网及通讯技术的革新使得过去受限于地理位置的服务行业（如传统面对面交付服务）得以转化为超交易的服务业（如全球跨境电子商务）。Uber 和 Airbnb 等公司通过互联网商业模式创新，已对出租车和酒店服务产生颠覆性影响，而零售、软件开发、外包服务等行业也在加速"去本地化"和"全球化"进程。数字技术的进步已使全球服务贸易的数字化和数据交易成为现实，打破了服务部门对物理邻近性的依赖。同时，数字技术大幅降低了信息搜索、匹配、跟踪和验证的成本，进而降低了交易成本。互联网技术的飞速发展也突破了传统医疗服务的地理限制，使远程医疗问诊和手术指导成为可能。大规模开放在线课程（MOOC）和流媒体服务（如 Netflix）的普及正重塑教育和娱乐服务业。预计数字服务的全球化将加速发展，因为新技术不仅推动了现有数字服务的跨境交易，还促进了数字服务新业态的快速发展和增长。

四、发展特色港口服务贸易

鹿特丹港致力于港口服务贸易的发展，成功实现了国际海事服务产业的高度集聚，形成了具备显著国际竞争力的海事服务集群。据 OECD 的《全球港口

竞争力报告》显示，鹿特丹港在包括港口操作、海运保险、金融服务等 15 个细分海事服务业领域均取得了显著成就，名列前茅。而韩国则将港口服务贸易与绿色经济相结合，通过其"U-City"计划，将港口城市转型为绿色智慧城市，吸引了包括联合国国际贸易法委员会亚太区域中心、亚太信息通讯技术发展培训中心、绿色气候基金（GCF）办事处等国际机构的入驻。这些国际机构的进驻进一步吸引了金融、法律、会计、精算等服务业的进驻，推动了区域经济的绿色可持续发展。

第五节　数字贸易与数据跨境流动

数字贸易，以音乐、软件等为代表，起源于美国，降低了企业交易成本，提高了贸易效率。美国的 Google、Facebook、Amazon 等公司在该领域占据主导地位。这些公司常在爱尔兰设立欧洲总部，得益于爱尔兰的税收优惠和营商环境，以及欧盟的关税与财税优惠。数字技术推动了数字服务贸易的增长，但开放的贸易规则同样重要。新加坡抓住了数字技术驱动贸易变革的机遇，重视数字贸易发展，为其数字经济治理和全球参与打下了基础。

新加坡在数字贸易领域采取了两大策略：积极参与高标准数字经贸规则制定，并建立以自身为核心的协定网络。该国参与了美国、日本等国主导的协定，同时融入东盟等地区的协定。新加坡已加入 CPTPP、RCEP 和 IPEF 等协定。CPTPP 自 2018 年 12 月 30 日起生效，引入了数据跨境流动等新规则。RCEP 自 2022 年 1 月 1 日起生效，标准相对较低，对数据跨境流动持保留态度。IPEF 虽未公布规则，但预计将支持数据自由化。

此外，新加坡还加入了 APEC 主导的 CBPR 体系，参与推进《东盟—澳大利亚数字贸易框架倡议》，旨在实现更广泛的互联互通，并为电子商务、数字货币、知识产权保护和数据管理制定法律框架和标准。

新加坡数字经贸规则建立的重点是其主导的数字经济协定（DEA）。目前，新加坡已基本构建了"1+N"的数字经济协定框架。"1"指的是新加坡与新西兰、智利在 2020 年签署的 DEPA，"N"则指新加坡与其他国家签署的一系列数字经济协定，如《新加坡—澳大利亚数字经济协定》（SADEA）、《英国—新加坡数字经济协定》（UKSDEA）、《韩国—新加坡数字伙伴关系协定》（KSDPA）

和《欧盟—新加坡数字伙伴关系协定》（EUSDP）等。同时，新加坡还在与加拿大、中国等国家进行双边数字伙伴关系协定谈判，并致力于推动东盟数字一体化进程。与"美式模板"和"欧式模板"相比，新加坡在其数字经济协定中前瞻性地提出了从生产到交付的贸易全流程数字化管理，涵盖了跨境数字身份认证、海关系统、电子发票系统、电子支付系统等数字系统。因此，除了源代码转移等条款，新加坡的数字经贸规则体系还增加了支付、运输、认证等环节的规定，包括开放包容的数字市场、数据流动、消费者和企业保障、数字交易系统、金融服务、技术合作伙伴等方面，并加入了电子支付、电子发票、数字贸易标准和合格评定等条款。

第六节　境外自由贸易港税收政策

自由贸易港通过法规和政策的低干预、少限制和有限补贴，实现了贸易、投资、经营、金融、人流和信息的便利化与自由化。它们通常采用简化的税制，包括零关税（特定商品除外）、低所得税率和税种简化（不征收增值税和营业税等间接税），减少了企业的税务处理时间和交易成本，降低了运营成本，增强了盈利能力。这些措施共同创造了吸引全球生产要素和交易的国际化营商环境。

以普华永道（PWC）与世界银行联合发布的《世界纳税指数报告2018》为例，报告针对2016纳税年度的全球"纳税时间"和"总体税费水平"进行了评价。结果显示，中国香港和新加坡这两个自由港的税费均显著低于世界平均水平。具体来说，中国香港的税费约为16.5%，仅为世界平均水平的约40%。这些数据进一步验证了境外自由贸易港通过降低税制营造出的国际化营商环境对于吸引全球生产要素的积极作用。

一、关税政策

中国香港。实施典型的零关税政策，除酒类、烟草、碳氢油类及甲醇这4类商品（无论是进口还是本地制造）外，一般进出口货物均无须缴付任何关税和消费税。企业所得税方面，对利润不超过200万港元部分适用税费8.25%，其余部分税费为16.5%，且只有源自香港的利润才须在港缴税，香港居民企业从海外赚取利润无须在港纳税。

新加坡。新加坡关税政策相对宽松，其中明确指出免征除酒类、烟草（含卷烟）、石油、机动车外的所有进口商品的关税。其零税率政策，覆盖了国际运输服务、进出口相关的运输服务，以及与进出口有关的货物装卸、搬运、保险等服务。新加坡对大多数商品免征关税，企业所得税率为17%，获得新加坡"全球贸易商计划（GTP）"资质的企业可获得5%~10%所得税优惠。

迪拜港自贸区。其主要税收政策包括：货物在区港内存储、贸易、加工制造等均不征收关税及其他税收，且港区内不设税务局，延缓缴纳进口关税，待货物进入阿联酋关税区再征税。同时海关可随时抽查区内货物，并对其进行监管。

智利伊基克自贸区。商品在自贸区储存时，可以无限期地免除进口关税，商品的储存、运输以及将产品出售给智利和其他国家只需支付它的最终增值税。智利自贸区区别于其他自贸区的一大特色是允许在自贸区内开展零售活动。在零售展销厅中，消费者可任意选购，同时支付6%的消费税。从事销售的摊主是该项税收的代收代缴方。如若货物需带出国外或仅在伊基克市所在的第一行政大区内使用，则消费者无须缴纳关税。允许在自贸区开展零售业务，赚取税收外汇，不仅有利于自贸区的自身发展，更繁荣了区域经济，同时，此举也对旅游业的发展起到了巨大的推动作用。

美国纽约自贸区。纽约自由贸易区实行关税倒置的政策，除非货物进入美国境内流通，否则无须立刻缴纳进口关税；免除进口加工原料关税、减免出口商品关税；由于原材料的关税要高于成品，从而采取鼓励企业在纽约港内建厂并将其加工产品在美国市场中流通。区内企业无须为人力和行政开支付税，区内企业可以一次性按季支付港口维护费，无须每次分别支付，大多数州和县税务机关免除区内库存税。自贸区内为关税制定了许多优惠税收政策，包括延迟缴税、税率转换、对商品出口实施免征政策等，生产设备进口税额必须全额缴纳。

德国汉堡自贸区。仅当货物从自由港进入欧盟市场时才需结关，缴纳关税及其他进口税。汉堡港三分之二的货物在欧盟区内既可以自由流通又能够享受低关税。目前与欧盟统一的港口海关政策已在汉堡自贸区全面施行，其中取消了包括针对空箱子耗时颇长的安检与货物仓储等相关特殊流程，有效缩短了通关时间，提高了通关效率。

巴拿马科隆自贸区。区内货物进出口自由：进口无配额限制，无须缴纳进口税；转口自由，无须缴纳出口税。此外，在贸易区内设立的企业，出口美国和欧洲的产品不受配额限制且享受优惠关税。

二、企业税率政策

中国香港。实行简单低税率政策，税种较少且税率较低。不设营业税和增值税，采用地域性原则，除对源自香港的利润或收入进行征税外，境外所得利润无须纳税。除非是经营相关业务，个人也无须对利息、股息、红利等投资所得进行纳税。香港主要征收利得税、薪俸税和物业税三种直接税。从征税对象的税率看，香港是世界上税率最低的地区之一，其中有限公司利得税税率为16.5%，非有限公司利得税税率为15%。①

新加坡。对内无论是内资企业还是外资企业，都实行统一的企业所得税政策。企业所得税的纳税义务人包括按照新加坡法律在新加坡注册设立的企业、注册的外国公司，以及按照新加坡属地原则有来源于新加坡应税收入的除合伙企业和个人独资企业外的外国公司。自 2010 年起，新加坡公司税税率为 17%，且所有企业都可享受前 30 万新元应税所得部分免税待遇。关于税率优惠，企业所得税优惠有 5%~10%、50%、75% 和全额免征四个梯度。其中，开展离岸贸易业务的企业满足 5%~10% 的企业所得税优惠；一般企业满足"前 1 万新元所得免征 75%，后 29 万新元所得免征 50%"的税率优惠政策；符合相关条件的企业满足前 10 万新元所得全部免征，后 20 万新元所得免征 50% 的税率优惠政策；新注册的企业在可享受免去印花税和资本利得等额外税的基础率优惠外，新加坡政府还提供了特殊的税收减免政策支持以鼓励其发展。新加坡政府制定了对在自贸港内设立区域/国际总部、金融和财务中心，以及被认定为国际贸易商的企业给予较低的企业所得税税率或 3~5 年免收所得税的优惠政策。新加坡还颁布了许多税收减免管理办法：一是鼓励"先锋企业"发展，如企业一旦被评定为"先锋企业"，则其 15 年内都可进行免税经营，如若出现亏损情况，还可进行无限期结转。二是优惠部分特殊企业，总部企业仅需按照≥15% 的税率标准进行缴税；财务中心可享受 10 年的低税率政策；船舶企业甚至可享受长达 40 年的低税率政策；等等。新加坡还与众多国家（英、法等国）签订了豁免双重征税协定，在制度上平等互惠，最大可能地保护国外投资者和企业利益。

日本冲绳自贸区。其对制造业、包装业、仓储业、道路货物运输业、批发业实行不同程度的减税政策。区内员工达 20 人以上的企业享受成立 10 年内减

---

① 数据来源于香港特别行政区政府税务局网站。

免法人所得的 35%（法人事业税、法人居民税同）的所得税优惠；如若企业新增设超过 1000 万日元的设备，则可按照所增设设备的一定比例减免法人税和法人事业税；如若企业新增设超过 1000 万日元的设备，则企业可享受 5 年内免缴部分的法人事业税和减免固定资产税的优惠税率政策（仅限于直接用于该事业的部分）。

阿联酋迪拜自贸区。为了吸引外资企业，针对在迪拜杰贝阿里自贸园区开办的外商独资企业可享受许多优惠政策：设立 50 年内免征公司税；公司可根据自身需要转移任何资金；免征个人所得税；以低税率征收 5% 的海关税，免征进口关税及再出口关税；没有货币以及雇佣外国员工的限制。迪拜机场自由贸易区进出口或出口也实行完全免税的政策。

智利伊基克自贸区。政府为伊基克自贸区制定的特殊免税政策，使这个特别的经济区域在迅速发展的同时促进了自贸区经济发展。政府免除区内公司在经营期间的公司所得税和增值税，以及免除区内含生活资料在内的所有货物的一切地方税。

爱尔兰香农自贸区。香农自由贸易区的企业所得税率仅为 12.5%，低于整个欧盟的平均企业所得税率，除此之外，如若企业符合港区条件，政府还给予研发补助、就业补助等的资金支持，企业也能享受在股权分配条件下，资本利得税得以免征的优惠政策。

巴拿马科隆自贸区。在科隆自贸区内，企业经营只需缴纳 2%~5% 的所得税（实际执行可能稍有出入），但在巴拿马其他地区，当地公司所得税平均高达 30%~40%；转口货物无须纳税；每年年底按资本（资产—负债）1% 的费用缴纳资本税；若涉及向股东分红派息，则需由公司代扣 5% 的股息税。

第七节 人才资金要素跨境流动政策

一、人才要素跨境流动政策

中国香港。香港拥有人力资源丰富、国际化水平高的优势。来自全球各行各业的优秀人才被众多优质的跨国公司和香港企业所吸引，且这些人才只需企业向香港特区政府申请工作签证即可自由进出香港。由此可见，香港的人才吸引政策使人才流动十分便利。在企业用工方面，香港提出"输入内地人才计划"。① 该计划不限制行业和名额，允许香港企业雇用本地和内地员工。内地企业可在香港成立公司，并根据当地入境条例聘用内地专才。香港劳动力市场自由流动，政府通过人才引进和积分制落户政策合理吸引人才，以提升竞争力和优化人口结构。香港特区政府实施的"优才计划"旨在吸引全球高技术或优秀人才，通过"综合计分制"或"成就计分制"评估申请人，得分高者可定居香港。此外，自 2018 年 5 月 8 日起，香港推出了为期三年的"科技人才入境计划"。② "科技人才入境计划"与之前的优才计划相比，优势在于所需人才的具体领域、年度人才配额拥有更具体的量化标准，与此同时更注重引进高端创新型科技人才。

新加坡。新加坡的人才跨境流动政策优势在于工作签证种类多，不同类型的签证面向从事高端研发、管理工作的"金领"阶层，以及低端蓝领工人。各阶层人员均可根据自身学历、技能水平获取不同的签证。依据《外国人力雇用法案》，新加坡对境内的外国国籍工人实行配额制度，并且根据不同的行业制定了不同的配额，例如，制造业的配额为 60%，服务业的配额为 45%。但是新加坡公司在雇用外国劳动力后需要向政府缴纳比例根据不同行业、不同技术水平和外国劳动力雇用比例而有所不同的外劳税。

新加坡拥有高素质的劳动力和管理人才，重视教育投资，强调普通教育与职业教育的结合，并提供资金支持。政府要求企业雇主缴纳工资总额的 4% 作为培训基金，并补贴 70% 的工人培训费用。自 20 世纪 80 年代起，新加坡致力于提升国民的电脑技能和双语能力，以加强国际沟通。

阿联酋迪拜。因当地人口十分稀少，所以迪拜特别鼓励外国劳动力前来工作。同时，为了鼓励外国人到迪拜自由贸易港投资和工作，迪拜实施了一些特别的劳工政策，如简化工作签证申请流程，降低签证费用，并按投资额和企业担保规模提供一定的免费工作签证名额。另外，在自贸港申请工作签证不需要实行担保人制度，大大方便了港内雇员的谋职。

二、资金要素跨境流动政策

中国香港。香港在 1973 年至 1974 年取消了外汇和黄金管制，开放了外汇与

---

① 数据来源于香港特别行政区政府入境事务处网站。

② 数据来源于香港特别行政区政府入境事务处网站。

黄金市场，逐步发展离岸金融活动。香港基本无外汇管制，对跨境资金流动的行政干预少，但须遵守反洗钱等规定。资金自由流动促进了金融业发展。香港成为亚太地区重要离岸市场，得益于混合型离岸和境内金融业务。香港法律对离岸业务无特殊监管，居民与非居民平等参与金融活动。所有银行可办理在岸和离岸业务，内资与外资银行业务界限小，形成了内外一体化的金融生态圈。

新加坡。新加坡的开放水平较高，金融市场由内外分离转变到内外一体。1997年之前，商业银行和其他各类金融机构在单独设立账户，分开管理的情况下，可以兼营离岸业务。1997年，东南亚金融危机爆发后，新加坡逐步经历了从一个强调管制与注重风险防范的市场转变成以信息披露为主且鼓励金融创新的金融中心的历程，新加坡的离岸金融市场也从分离型市场逐步演变为一体型市场，解除了对资金自由进出的管制。新加坡融资汇兑自由，企业可自由决定结算货币种类，资金可自由流出流入，外国投资者的资本、利润、利息和红利等随时可以无条件自由汇出，发达的金融市场能为企业提供全面的融资服务。

阿联酋迪拜。杰贝阿里自由贸易区（JAFZA）和迪拜机场自由贸易区为投资者提供资本和利润自由流动的保障，无金融或货币限制。自贸区内企业享有税收优惠，如免征个人所得税、进出口关税和一定期限内的公司税。部分自贸区提供长达25年的长期厂房设备租用合同，无最低工资标准和本地雇用要求，降低了劳工成本。此外，一站式服务简化了投资人的设立和运营手续，减轻了行政负担。

第八节　境外自由贸易港金融政策

一、金融自由化政策

新加坡。新加坡自贸港金融自由化程度高，拥有离岸金融中心，享受法定储备金率、无利率和外汇管制、资本利得税优惠等政策。其国际金融中心地位得益于放宽金融政策和提供优惠措施。新加坡放宽外汇管制、黄金交易限制，并推动税收优惠，自1968年起吸引外资进入金融领域。新加坡实行宽松市场准入，外资企业可自由开立银行账户，并向本地及外资金融机构融资。新加坡金融市场专业化、便利化，汇率管理宽松，积极引进外资，20世纪70年代允许境外银行开展亚元交易业务，推动金融机构股份宽松规定，加剧市场竞争，加速资金流转，建立金融机构体系，吸引外国资本，丰富金融产品。新加坡建立大宗商品期货市场，提供多样化交易选择，市场高度开放，降低交易风险。政府实施金融激励计划，提供税收优惠，鼓励外资金融机构发挥作用，认证企业享受税收减免，离岸金融业务免税。新加坡还定期进行金融机构专业化培训，推动金融投资管理市场化、专业化和精细化，支持金融业持续繁荣。

美国纽约港。纽约在自由贸易园区内实施了一系列金融自由化政策，旨在推动金融市场的深度与广度。这些政策包括放宽金融管制，积极推广新兴金融工具的应用，并鼓励新金融市场的设立。同时，纽约采取了减少或取消对银行贷款规模的直接管控的举措，以减少对市场的过度干预，提高银行经营的灵活性。此外，为了促进国际金融市场的交流与合作，纽约逐步减少了对外国金融机构入驻园区生产经营活动的限制，以吸引更多的国际金融机构参与园区的金融活动。同时，为了激发市场活力，纽约还减少或免除了对银行支付存款利率的限制，让市场利率更加真实地反映资金供求关系。这些政策的实施，为纽约自由贸易园区的金融自由化提供了有力的支持。

中国香港。香港实行稳健的货币金融政策，其货币发行由汇丰、渣打银行（1993 年后中国银行加入）负责，但须以 100% 外汇流动资产为准备金，杜绝滥发货币。为维护货币稳定，香港特区政府积极干预货币与金融市场。香港金融管理局监管银行体系，以高度专业水准履行中央银行职能，维护货币与银行稳定，确保市民及国际金融界对香港银行体系的信心。①

二、融资汇兑政策

中国香港——对标国际，流通自由。

香港的投融资环境较为开放。香港的法律制度和监管机构更加完善，沿用了更贴合国际标准的会计准则；加上依靠互联网而遍及世界的银行体系，令资金和资讯实现了全球性流动且不受限制，再配以高科技加持的交易、结算及交收设施，国际投资者对便利的融资和服务需求均可得到满足。除此之外，香港的资本市场全面开放，对外资公司参与证券交易的法律约束简洁明了。外国公司或个人通过注册证券账户，即可实现便捷的交易。作为全球最开放的债券市场之一，香港允许国际投资者自由投资本地债务工具，境外借款人亦可无限制

---

① 数据来源于香港特别行政区政府入境事务处网站。

地利用香港债务市场融资。香港私营机构债券市场流动性强，金融系统发达，国际金融中心地位显著，为企业提供了多样的融资渠道和高融资自由度。同时，金融机构借贷额度不受限，长期合作客户可享个性化优惠政策，特别关注中小企业，部分机构设立专门部门，提供全面特色的融资服务。

新加坡——汇兑自由、政策优惠。

新加坡全面取消了外汇管制，企业所得利润可自由汇出新加坡，并且也无须缴纳特定税费。同时，针对外国企业，新加坡企业发展局、经济发展局等机构还提供优惠的融资条件，如新企业发展计划、企业家奖励计划等。

三、外汇管制政策

阿联酋迪拜。其国际金融区取消了区内一切汇率管制政策，实现了资本项目的完全自由兑换，极大激发了全球金融机构到迪拜国际金融中心投资兴业的兴趣。阿联酋执行自由经济政策，无外汇管制；迪拜机场自由贸易区货币可自由兑换，不受限制。

中国香港。未设有外汇管理部门，外汇管制一直较为宽松。20世纪70年代，港元与英镑脱钩并脱离英镑区后，便进一步脱离了外汇约束，将原来有管制的官价外汇市场、自由外汇市场统一为高度开放的自由外汇市场。内地改革开放热潮兴起之时，香港向外资银行开放，金融政策也更加宽松，形成了以外资银行为主体、以进出口贸易为主要客户对象的银行体系。1984年，香港又解除黄金进出口的限制，放宽了香港的外汇管制，主要表现为：外汇、钻石及黄金等可以在香港自由进出，各种货币的买卖及汇兑更加自由，不再约束将股息或资金调回本国的行为。香港对货币买卖、国际资金流动，包括外国投资者将股息或资金调回本国，均不受限，资金可随时进入或撤出香港。香港的外汇市场成熟活跃，与海外金融中心保持密切的联系，可以确保外币交易在全球市场每天24小时不间断进行。

新加坡。无外汇管制约束，资金可自由流入流出，企业利润汇出新加坡无限制条件，并且不需要缴纳特定税费，可使用任何货币结算，不限制将股息或资金调回本国。在外汇管理机构设置上，新加坡的外汇隶属三大机构管辖：首先是金融管理局，管理局主要负责固定收入投资和外汇流动性的管理，职责在于干预外汇市场、监督外汇和发行货币；其次是新加坡政府投资公司（Government of Singapore Investment Corp，GIC），该公司主管外汇储备的长期管理；最后是淡马锡控股公司，公司通过外汇储备投资国际金融和高科技产业以获取高收益。

巴拿马。巴拿马的国家建设和对外贸易建设与美国息息相关。1907 年，巴拿马开始将美元作为流通货币，而本国货币巴拿马巴波亚则与美元等值，并同时在境内流通。巴拿马是世界上第一个除美国以外将美元确认为法定货币的国家。巴拿马贸易结算通常都使用美元，在巴拿马的银行存款也享有免税优惠，无外汇管制，利润汇出汇入也不受限制。

第九节　境外自由贸易港的政策借鉴

一、国际先进自由贸易港的共性分析

国际先进自由贸易港的政府优惠政策聚焦于税务、货币、外汇三大方面，体现其开放性和市场监管的特点。政策创新上，这些自由港普遍采取自由开放和宽松便利的措施，如免除外币存款准备金、实施无利率和外汇管制政策，并放宽或取消与离岸活动相关的多种税收等。在离岸业务监管上，香港、新加坡（市）、迪拜等地建立了完善的离岸市场监管体制，寻求市场开放与有效监管之间的平衡。通过限制交易对象、控制资金流动、禁止滥用离岸账户资金、分离管理本地货币与外币账户等措施，这些自由港确保了离岸市场的稳定，实现了贸易自由化与有效监管的动态平衡。

二、先进经验借鉴

（一）加快构建以服务贸易为重点的产业体系

1. 因地制宜，发挥海南自贸港资源优势，借鉴国际自贸港先进经验，实现旅游、现代服务业等重点服务贸易的转型升级。

海南自贸港旅游转型升级包括：首先，引入香港的免税商品管理体系和消费者保护制度，利用海南土地资源丰富的优势，发展免税商品的增值服务，并与香港共建国际消费品交易中心。其次，利用海南的自然资源和区位优势，把握国际旅游行业趋势和游客需求，推动旅游业与多个领域的深度融合，借鉴新加坡、迪拜的医疗旅游模式，建立多元赋能的旅游生态，并与这些国家和地区

合作建立医疗健康合作区。依托博鳌乐城的政策和自贸港的关税优惠，加速中高端医疗产品的生产合作。最后，借鉴瑞典模式，探索自贸港内职业教育与学历教育的互通体系，提升居民能力并储备人才，同时引进国际优质教育机构，与瑞士等国合作建立创新实验室和商业创新中心。

密切结合《海南自由贸易港建设总体方案》提出的现代服务业发展方向、重点发展领域等，把握全球化服务业跨境转移机遇，不断扩大现代服务业市场开放，加大数字化赋能现代服务业的相关政策供给，促进现代服务业持续升级发展。一是充分吸取香港、新加坡提升经济自由度推进现代服务业发展的经验做法，充分发挥海南自贸港政策和制度优势，积极扩大现代服务业市场开放，以提升海南经济自由度，促进现代服务业发展。① 二是积极把握经济全球化所带来的服务业跨国转移这一千载难逢的机遇，放眼世界，加快制定完善海南自贸港服务业适应经济全球化发展的政策体系。三是新一代信息技术和数字经济已成为推动现代服务业高质量发展的重要引擎，由此要加强数字化现代服务业政策供给，以适应以5G为基础的人类第七次信息革命对医疗健康、物流、服务贸易、海洋服务、文化交流等现代服务业重点领域的发展要求。② 四是探索金融支持现代服务业发展新政策新模式，将采用新型融资方式和大力利用外资作为海南自贸港现代服务业发展的强有力推手。③ 五是利用海南全国海洋面积最大省份的优势，借助丰富的海洋生物资源、渔业资源和海洋旅游资源等发展海洋经济。同时，加快完善现代海洋服务业规划体系，探索推进港航物流园区、中央商务集聚区、海洋旅游集聚区和海洋科研教育集聚区等现代海洋服务业集聚区的建设发展。④

2. 优化农业相关政策，建立面向东盟的热带农产品保鲜、加工、储藏基地。

（1）借鉴国际先进地区经验，优化海南自贸港热带特色高效农业相关政策的方向：一是加强海南热带特色高效农业国际合作与交流，构建农业科技、管理人才引进、吸收、服务保障等体系。二是加强"热带特色高效农业+"多领域新业态融合联动发展模式创新，包括促进海南农旅耦合发展，拓展国际旅游消

① 穆克瑞. 海南自由贸易港现代服务业发展路径研究：经济自由度视角 [J]. 预测，2021，40（6）：68-75.
② 单如杨. 自贸港：创新数字现代服务业系统工程战略 [J]. 中国经贸导刊（中），2020（9）：27-33.
③ 徐聪. 海南自贸区（港）金融支持现代服务业发展效应分析 [J]. 时代经贸，2020（12）：50-52.
④ 徐志泉. 基于海南自贸区建设的海洋现代服务业构建 [J]. 管理观察，2019（35）：97-98.

费的物理空间，以及大力发展现代农产品加工业，推进海南热带农产品深加工和冷链物流中转等。① 三是加强热带特色高效农业领域科技创新政策供给，推动一批"卡脖子"的关键核心技术攻关取得突破，实现海南热带特色农业"弯道超车"。四是加强海南热带特色高效农业标准质量体系的构建，坚持走绿色生态高质量循环发展道路，提升热带特色农产品市场竞争力。② 五是加强金融支农综合平台建设，形成金融支持海南自贸港现代农业发展的新体系新模式，包括构建海南自贸港普惠型农业保险体系等。

（2）建立面向东盟的热带农产品保鲜、加工、储藏基地。一是率先建设以天然橡胶为主的国际热带农产品交易中心、定价中心、价格指数发布中心。以此为基础，逐步形成热带农产品全覆盖的现货期货交易中心。二是建设进口热带农产品口岸加工区，通过"零关税""加工增值货物内销免征关税""简易通关"等政策进口东南亚国家的农产品在海南进行精深加工，使产品增值30%以上再免关税进入内地。三是按照2025年海南农业产业化水平达到国内平均水平的目标，吸引内地制造业企业在海南建立一批集加工、包装、保鲜、物流、研发、示范、服务等在内的农业产业化项目，有效应对RCEP生效可能对海南农业产生的冲击。

3. 建立以数字服务贸易为主题的自由贸易园区。海南应借鉴新加坡和迪拜的经验，增加对高新技术产业的投资，并结合自身战略新兴产业，如数字经济、石油化工新材料和现代生物医药，以及南繁、深海和航天产业等，优化清洁能源、节能环保和高端食品加工产业。海南需制定高新技术产业政策，推动产业高质量发展。具体措施包括：引导互联网企业建立跨境数字自由贸易园区，开展数字技术自由贸易；提供数字版权服务，打造数据定价交易服务中心；与发达国家合作发展5G应用产业；与新加坡合作推进智慧城市建设和参与重大项目。

（二）形成与产业发展需求相适应的政策体系、服务体系

1. 形成以提升政策落地效果为重点的政策体系

（1）海关监管政策

在通关政策层次上，要立足海南实际，拓展现有由海南省大数据管理局打

---

① 张海东，王俊峰，尹峰，等. 海南热带特色高效农业的发展出路［J］. 当代农村财经，2022（1）：40-44.

② 张治礼. 自贸试验区和中国特色自贸港建设背景下海南热带特色高效农业发展的若干思考［J］. 今日海南，2019（1）：27-29.

造的政务服务品牌——海易办应用程序的功能,这有助于海南自由贸易港通关效率的提升。对标香港,对空港物流等运输业务委托民营企业负责运营,针对大客户进行"一人一方案"的专业服务定制;海港可以采用外包方式,通过公开招标的方式对码头经营权进行合理转让,意在通过市场竞争,使得各企业不断投资改善码头软、硬件基础设施,提升服务效率。

针对海南岛的人流、物流、资金流,需完善"电子围栏"系统,精准掌控进出岛的人员、资金、物品,实现"一线放开、二线管住"的管理策略。迪拜在入境审查方面技术领先,通过高科技生物识别设备采集乘客生物特征数据,加强外来人员管理。自 2008 年起,迪拜机场除了指纹扫描,还引入了虹膜扫描技术,利用其低重复率特性,准确识别有不良记录的外籍人员。①海南自贸港可构建三层防控圈,包括近海、岸线和岛内,通过完善人员管理和物流信息整合,实现人脸识别全覆盖和大数据分析,以应对人流和物流挑战。同时,应完善企业信用评价规则,建立激励与惩戒机制,公开失信名单,并实施市场禁入与退出制度。企业合规性风险控制体系应实施综合达标认证和审计,根据认证等级给予便利。企业应积极申请国际高标准认证,并定期公开经营情况。

(2) 税收政策

自由贸易港的税收政策通常包括零关税、低税率和简化的税制。海南自贸港的建设旨在创建具有国际竞争力的财税体系和一流的营商环境,这需要实现货物和服务的自由流动,并降低整体税负。具体措施包括:减免关税和进口环节税,实行出口退税,对港内企业间交易免征增值税和消费税,对进口货物免征关税和相关税种,以及对高附加值商品提供优惠税收待遇。服务出口增值税政策适用范围将扩大,特定服务跨境行为可享受免征增值税或零税率。在企业所得税方面,海南自贸港将实行较低税率,借鉴新加坡模式,对特定业务提供税收优惠,对技术先进型服务企业境外所得实行优惠税率。此外,对在海南居住的东盟国家企业人才提供优惠个人所得税政策,降低特殊所得税门槛,并研究货物和服务出口退税程序。最后,将加工增值货物内销免征关税政策拓展至洋浦开发区全域,并考虑将研发设计等服务环节纳入加工增值范畴。

(3) 人才政策

海南自贸港要加强对外交流和市场活力,需吸引更多流动人口。实现放宽

---

① 崔凡. 全球三大自由贸易港的发展经验及其启示 [J]. 人民论坛·学术前沿, 2019 (22): 48-53, 158.

签证制度和简化就业许可手续，提升自由流动人员比率和出入境便利度至关重要。首先，改革签证制度，简化外国人入境程序，如为外国实习生等未覆盖类型制定明确政策，提供灵活的工作居留签证制度。其次，简化就业许可手续，延长许可证期限，放宽对特殊专业技术岗位就业人员的学历和居住限制，适度放宽年龄限制，减少审批环节，提高行政效率。

2. 构建以金融、商务为重点的专业、高效服务体系

（1）提升金融服务贸易水平

立足我国国情和海南实际，积极借鉴全球先进自由贸易港经验，在风险可控的前提下，推动海南金融业更好地促进自由贸易港全面发展，可通过提高自由贸易港金融市场的开放程度，为企业提供全方位的优质金融服务，同时解决自贸港内金融机构和金融业务面临的"小、弱、散、缺"问题。

注重政府对国际金融中心的形成与发展的影响，追求"积极干预"监管理念。参照新加坡"政府引导型"模式，加强政府干预，营造良好的金融环境，积极推进金融标准国际化、市场化，同时也要追求政府调节和市场调节相平衡。

海南自贸港正在完善自由贸易账户（HNFT）体系，以提供与国际金融市场直接连通的金融服务，同时与国内金融市场保持隔离。HNFT 体系基于跨境资金宏观审慎管理，允许实行贸易结算资金直通收付制度。港内企业可利用港外金融机构进行有真实贸易背景的本外币融资与再融资业务，并可自主选择融资币种，以支持管理货币风险。

推动国内外双向投资，实行国民待遇，允许通过 FT 账户结汇。外商和金融机构可投资海南关键产业。在旅游业支持下，个人投资者可扩大使用 FT 账户对外投资。符合条件的岛内居民和游客可开立个人 FT 账户投资海外。逐步取消外资金融机构与内资的资格差异，扩大其业务范围。加快人民币资本自由兑换，鼓励金融机构在海南自贸港开展离岸业务，支持发行国家信用支持的法定数字货币。

打造国际性的离岸人民币和境外货币的金融市场，使海南自贸港内金融机构的离岸人民币和离岸外币业务得以开展。对全球金融市场投融资来说，港内企业和个人也均可参与。对于人民币和外币，允许二者在港内开展借贷业务，发行有关债券，设立有关投资基金，打造离岸人民币和货币市场、外汇市场以及人民币衍生品市场。有一定规模的贸易和非银行金融机构在有关部门允许后可参与市场交易，从而形成具有国际影响力的离岸人民币借贷利率、指数和汇率指数。

优化外汇收支手续。对标国际，结合国家外汇管理局海南省分局关于印发《国家外汇管理局海南省分局关于开展优质企业贸易外汇收支便利化试点的指导意见（2022年版）》的通知，为促进海南自由贸易港的建设并提高高质量企业在贸易外汇收支便利化方面的政策效果，国家外汇管理局海南省分局决定对贸易外汇收支便利化试点进行进一步的优化。①

（2）对标最高标准的自由贸易协定发展数字贸易

海南自由贸易港的建设应聚焦于数字服务贸易的优先发展，并积极与国际最高标准的数字服务贸易协定进行对接。

一是面对数字服务贸易时代越发复杂的交易结构设计，海南需构建与之相适应的新规则。国际区域贸易协定（FTA）的发展表明，美国和欧盟在货物与服务贸易上虽有共性，但各自在数字贸易、知识产权保护等领域均秉持高度开放的原则。鉴于中国在数字贸易领域的强大国际竞争力，以阿里巴巴、腾讯、华为等为代表的科技企业已深度参与全球竞争和规则制定，海南应以此为契机，对标国际最高标准，积极参与国际数字贸易规则的制定，支持本土企业融入全球竞争。

二是分析多边自由贸易协定的规则与趋势。审视我国当前与多国签署的自贸协定，不难发现我国在服务贸易领域的开放水平尚未达到高标准自贸区的要求。虽然已签署的服务贸易条款数量有所增加，但内容多局限于传统领域，缺乏深度与广度。相较于新加坡与澳大利亚在数字贸易方面的协定，我国在国际投资和数字贸易规则上存在明显不足。因此，未来在签订双边或多边自由贸易协定时，应更加注重数字贸易和数字经济领域，以推动其深入发展。

三是制定国际数字服务贸易新规则。海南作为中央确定的自由贸易港建设地区，应依据其产业定位，借鉴新加坡等先进地区的数字经济发展模式，积极运用国际数字服务贸易新规则，并在与海南产业发展密切相关的领域进行试点与改革。特别是在旅游医疗产业，应推动博鳌乐城国际医疗旅游先行区的进一步发展，参考国际高标准自由贸易协定中的药品和医疗器械监管制度，形成符合海南自由贸易港特色的监管体系。同时，充分利用海南作为互联网经济新兴地区的后发优势，结合国内领军企业如阿里巴巴、腾讯等的支持，积极参与并推动国际数字服务贸易新规则的制定。

---

① 数据来源于海南自贸港网站。

第九章

优化中国特色自贸港政策供给的建议

优化中国特色自由贸易港政策供给分别从政策内容、政策形式、政策环境、政策过程、保障措施等方面提出建议。

第一节　优化中国特色自由贸易港的政策内容

如前文所述，中国特色自由贸易港政策内容的研究主要参考中共海南省委自由贸易港工作委员会办公室编写的《海南自由贸易港建设白皮书（2021）》中的"海南自由贸易港重点政策文件"的分类标准，即按照产业政策、贸易政策、投资政策、金融政策、税收政策、人才政策、保障政策等方面进行研究。制定产业政策、贸易政策、投资政策、金融政策、税收政策等属于中央的事权，并且在 2018 年之前，海南并没有单独调整这些政策的必要。2018 年建立海南自由贸易试验区（港）后海南才在这些领域实行一些特殊的政策和规定。没有特殊规定的，海南自贸港依然会执行全国层面的政策。《海南自由贸易港建设总体方案》提到的重点产业政策，例如，旅游业、现代服务业、高新技术等属于产业组织政策；而博鳌乐城国际医疗旅游先行区、文化旅游产业园、游艇产业改革发展创新试验区、文昌国际航天城、三亚深海科技城等属于产业布局政策，海洋物流、海洋旅游、海洋信息服务、海洋工程咨询、涉海金融、涉海商务、生物医药、新能源汽车、智能汽车等属于产业结构政策，还缺少产业技术政策。另外，产业组织、产业结构和产业布局之间缺少一定逻辑性。因此，优化政策内容不仅应从整体的角度进行分析，而且应以产业政策为中心，再考虑其他配套政策和保障政策，包括产业园政策、公平竞争政策、离岸贸易和离岸金融政策、总部经济政策、乡村振兴政策、科技创新政策、风险投资政策、人才政策、优化营商环境政策等。

一、产业园政策

根据波特的国家竞争优势理论，优势产业的建立作为国家竞争优势的关键，产业的大多数生产效率都位于较高水平，一个国家要发展产业往往离不开在特定的区域内形成有竞争力的产业集群。政府作用的发挥有利于提高国家竞争优势。在提高国家竞争优势中，政府应该起到一种能够催化和激发企业创造欲的作用。政府政策成功的关键是为企业创造一个公平竞争的外部环境，而不是越俎代庖和无所作为。以上理论为政府制定产业园区政策提供了一定的参考借鉴。

中共海南省第八次党代会报告提出，以重点园区建设为契机推动相关产业的集聚效应和规模效益。重点激发产业园区作为经济发展"主阵地"的驱动作用。同时，发展中还应坚持产城融合的发展战略，在聚人气、增流量两方面发挥产业质效。在聚焦园区产业定位的方面，发展中应逐步推进合理分工，形成错位发展格局，发挥产业间的协同效应，从而培育出若干千亿级产业集群和园区。在优化管理体制机制方面，应循序推进园区的开发、招商和运营三方面的有机融合，充分发挥财政资金"四两拨千斤"增效作用，以财政支持撬动更多的社会资本参与园区的"品牌化"打造。除此之外，还应完善省级重点园区动态调整机制，实现能进能出。结合上述精神，提出制定完善政策的策略如下。

1. 出台产业园区专项扶持政策。一方面，紧跟国内外环境发展特点和全省园区需求，适时对2020年颁布的《海南省产业园区管理暂行办法》进行修订，以更好地推动海南各级产业园区的高质量发展；另一方面，聚焦自贸港"3+1"现代产业体系及园区产业布局定位，分别制定具有针对性的"关于加快高新技术产业园区建设的若干意见"等自贸港四大主导产业的园区专项扶持政策，进一步规范提升海南产业园区的申报、认定、考核等相关管理工作。

2. 制定具有示范和表率作用的扶持政策。一方面，以加快推动政策落地为出发点，研究和制定园区发展建设的相关实施细则；另一方面，以"走在前列，作出示范"为落脚点，支持和鼓励各市县对本市县具有相对优势、功能上细分"3+1"现代产业的园区率先制定专项扶持政策。通过鼓励海南省各级各类产业园区积极搭建信息交流平台、人才培养平台、成果转化平台、科技创新服务平台、金融服务平台、知识产权服务平台等"3+1"现代产业相关服务平台，引导"3+1"现代产业要素向全省产业园区内集聚，从而更好地服务于各产业园区的企业发展。

3. 满足全省各产业园区的合理化政策需求。一方面，在产业园区扶持政策的方案研究过程中，要广泛搜集各方意见，充分倾听园区呼声，避免政策供求的不匹配、不协调、不平衡现象；另一方面，在产业园区扶持政策的方案规划过程中，要反复论证、综合考虑、慎重成文，尤其要充分听取政策方案实施的利益关系方的意见，既要防止出现政策"空转"现象，也要防范出现"断头政策"和"僵尸政策"。在产业园区扶持政策的形成过程中，必须坚持"把社会效益放在首位，社会效益和经济效益相统一"的原则，不能单纯地根据园区建筑面积、入驻机构数量、园区入驻比率、容纳就业人数等量化指标来认定产业园区，而要充分考虑产业园区的实际困难和政策需求。对于达不到产业园区认定条件的产业空间，也可认定为产业空间或产业楼宇，并给予相应的政策扶持。①

4. 精简、制定和适时动态调整园区产业发展负面（正面）清单，在打造具有海南特色产业园的同时，提升园区的国际化水平，吸引更多不同行业的优质企业入驻。

5. 构建完善的产业园区政策体系。产业园区发展政策体系离不开财政、人才、土地、技术市场、风险投资和国际合作等各项政策的支撑。因此，应加快制定针对各产业园区实际情况的财政政策、人才政策、土地政策、技术市场政策、风险投资政策和国际合作政策，构建完善的产业园区政策体系，以保障产业园区可持续稳定发展的迫切需求。②

还有专家提出，海南自贸港在进行新兴产业建设布局时，要高度重视产业集聚，有意识地引导各县区、各园区注重上下游产业、侧向产业、旁向产业等相关产业的协同，依托自身比较优势引进和培育一批技术水平高、产业关联性强、发展空间大的项目和企业，扩宽和延长产业链条，构建完备的产业生态体系。同时，要完善创新产业链项下中小企业、科创型企业的金融服务，以构建功能丰富、多层次、多业态的产业生态体系。③

---

① 苏乾，马健. 成都市文创产业园区扶持政策供给研究 ［J］. 四川省干部函授学院学报，2021（2）：43-49.

② 张飞，平英华，严雪凤，等. 关于完善农业园区科技支撑政策体系的探讨：以江苏南京白马现代农业高新技术产业园区为例 ［J］. 安徽农学通报，2019，25（23）：4-7.

③ 沈继奔. 海南自由贸易港政策效应研究 ［J］. 开发性金融研究，2021（4）：80.

二、公平竞争政策

社会主义制度与市场经济的结合，以及有效市场与有为政府的结合，是实现高质量、高效率、公平、可持续和安全发展的关键。实施公平竞争政策是这种结合的重要表现。强化反垄断、深入推进公平竞争政策实施，是完善社会主义市场经济体制的内在要求。要从构建新发展格局、推动高质量发展、促进共同富裕的战略高度出发，促进形成公平竞争的市场环境，为各类市场主体特别是中小企业创造广阔的发展空间，更好保护消费者权益。[①]

政府通过竞争政策和产业政策调控经济，二者虽主导地位不同，但相互协调。随着经济的发展，这两种政策不断演化和博弈。初期，产业政策占主导；成熟期，则更重视竞争政策，以促进技术创新。[②]

竞争政策随着互联网等新技术新应用的发展，也面临着被提出新的要求的问题。在高质量发展和更高水平开放的背景下，海南自贸港的竞争政策需要如何去设计，值得深思。

产业扶持政策旨在促进关键产业的发展，通过优先支持措施来倾斜资源。海南自由贸易港以旅游、现代服务、高新技术和热带农业为主导，致力于构建多元平衡的现代产业体系。然而，海南目前面临产业结构单一、竞争力不足的问题。传统的扶持政策因选择性支持而违背了市场经济的公平竞争原则。在自由贸易港建设中，产业扶持政策应创新，以公平竞争为核心，逐步淘汰旧有的选择性措施。

第一，加快清理、废除妨碍统一市场和公平竞争的政策措施和规定做法。根据2021年6月29日发布的《公平竞争审查制度实施细则》，政府部门需自我审查产业政策，消除妨碍市场统一和公平竞争的措施。这包括停止对特定企业、技术或产品的不当鼓励，取消歧视性的市场准入条件，禁止限制特定商品和服务的购买与使用，以及停止对外地和进口商品、服务的歧视性定价和补贴。此外，建议停止实施"一企一策"政策和"对赌协议"扶持企业发展，取消行业主管部门对重点企业的扶持计划。

第二，严格审查涉企增量政策文件。针对市场准入、政策扶持、政府采购

---

① 本报评论员. 着力实施公平竞争政策：论学习贯彻党的十九届六中全会精神 [N]. 中国质量报，2021-11-24 (1).

② 刘慧茹. 落实公平竞争审查制度构建功能性民航产业政策 [J]. 民航学报，2022, 6 (3)：113-116.

和招投标等关键领域，依据《公平竞争审查制度实施细则》和审查标准，严格审查新产业政策文件，确保不违背竞争中性原则。未通过审查的政策不得发布，以防止不公平竞争政策的产生。同时，可委托第三方机构评估现有及新政策，以支持政府决策并加强社会监管，确保产业政策不会排除或限制竞争。应该对自身政策，如对竞争中性原则、取消内外资股权比例的限制进行审视，产业政策要由差异化、选择性向普惠化、功能性转变。

第三，将公平竞争审查嵌入产业政策制定的程序与机制中。这样有利于产业政策遵循公平竞争的基本原则，有利于产业政策与竞争政策的互补与协同，有利于产业政策制定者与竞争政策当局更为深入地交换意见及沟通。在制定产业政策采取公平竞争审查例外条款时，如果政策制定者与各方政策参与者及相关利益群体能够进行更为充分的讨论，也有利于竞争政策部门更为准确地判断政策可能带来的社会福利损失与收益。

第四，根据数字经济与平台经济发展的新态势调整完善竞争政策。首先，需加强对数字经济新趋势的研究，并推动多方协同治理。政府应改变监管策略，从"先规范后创新"转向"鼓励创新，事后规范"，为新兴业态提供发展空间，同时促进社会各界参与治理，深化数字经济研究，及时识别并应对潜在的反竞争行为。其次，要规范平台经济，确保市场环境的自由与公平。

政府应深入理解数字经济和平台经济，改革传统监管架构，完善平台分类监管体系。需实施差异化监管策略，确保政策精准有效。同时，制定公开、统一、透明的准入规范，避免干预市场竞争，鼓励创新。此外，政府应明确数字经济中的权责问题，完善相关法律法规。重点是保护消费者个人隐私权益，对侵犯隐私行为采取阻断措施，确保网络信息安全。①

三、离岸贸易和离岸金融政策

针对已出台的离岸金融相关政策，制定细化或配套政策措施，积极贯彻落实已经发布的政策。已出台的海南自贸港相关政策很多带有限定语，如"符合条件""依法合规"或"依法"等，都需要进一步明确其适用的条件或基础。以2021年3月30日中国人民银行等四部门发布的《关于金融支持海南全面深化改革开放的意见》为例，该意见提出关于从提升人民币可兑换水平支持跨境

---

① 江飞涛.中国竞争政策"十三五"回顾与"十四五"展望：兼论产业政策与竞争政策的协同 [J].财经问题研究，2021（5）：30-39.

贸易投资自由化便利化等六方面的 37 条措施，与离岸金融关系密切的措施都包含"符合条件""依法合规"等限定条件。

1. 离岸结算和支付方面。支持符合条件的跨国企业集团在境内外成员之间集中开展本外币资金余缺调剂和归集业务，专户内资金按实需兑换，对跨境资金流动实行双向宏观审慎管理。支持把海南作为探索开展本外币合一银行账户体系的试点，使境外居民在海南使用移动电子支付工具得到便利。

2. 离岸银行方面。扩大银行业对外开放。鼓励境外金融机构落户海南，支持设立中外合资银行。支持海南的银行引进符合条件的境外战略投资者，改善股权结构，完善公司治理，进一步提高海南的银行业对外开放程度。允许已取得离岸银行业务资格的中资商业银行总行授权海南自由贸易港内分行开展离岸银行业务。

3. 离岸保险方面。扩大保险业对外开放，就海南与港澳地区保险市场深度合作加强研究。借鉴国际经验和通行做法，探索制定适合再保险离岸业务的偿付能力监管政策。支持符合条件的保险机构在海南设立保险资产管理公司，并在账户独立、风险隔离的前提下，向境外发行人民币计价的资产管理产品。

4. 离岸证券方面。境外个人在海南自由贸易港可进行证券投资等境内投资。符合条件的境外金融机构可全资或参股期货公司。非银行金融机构在满足条件后，可参与银行间外汇市场，依法合规开展人民币对外汇即期业务和相关衍生品交易。外资机构在海南可依法获得支付业务许可证。海南市场主体可依法在境外发行人民币债券，吸引资金支持高新技术、医疗健康、旅游会展、交通运输等产业发展。

《关于金融支持海南全面深化改革开放的意见》与海南省地方金融监管局等部门制定的《海南省关于开展合格境外有限合伙人（QFLP）境内股权投资暂行办法》和《海南省开展合格境内有限合伙人（QDLP）境外投资试点工作暂行办法》就属于配套使用的政策，相关配套使用就可以使 QFLP 和 QDLP 在海南自贸港进行股权投资真正落地。

因此，建议加快细化相关配套措施，凡涉及离岸结算支付、离岸银行、离岸保险、离岸证券的政策均要制定具体的、科学的、可操作性强的细化政策和配套政策措施。

四、总部经济政策

有专家指出，采用公开透明的税收激励手段鼓励转口贸易和离岸贸易发展符合国际通行惯例。在鼓励类产业 15% 企业所得税、个人所得税最高 15% 的基础上，进一步制订"离岸新型国际贸易总部激励计划"，制定年度进出口货物贸易额、开展离岸贸易比重等具体认定标准，对各类型开展新型离岸贸易的总部给予公平的激励。①

2018 年 5 月 19 日，海南省人民政府办公厅出台《关于促进总部经济发展的工作意见》，意见包括明确发展目标、确定重点区域、加强财力保障、出台扶持政策、加强招商推介、落实人才政策、优化政务服务、建立工作机制等。2019年 9 月 5 日，中共海南省委办公厅、海南省政府办公厅出台《海南省优化总部企业团队引才服务保障办法（试行）》，紧紧围绕总部企业团队引才，有针对性地设计了 10 余项服务保障措施，将一揽子解决总部企业团队引才所涉及的人才落户、购房、购车、子女入学、配偶就业、社会保障、公积金、高层次人才认定等问题，不断增强海南省总部企业对人才的吸引力。除了人才政策的配套，建议仍应围绕着海南自贸港总部经济发展出台其他相应的配套政策。一是积极借鉴北上广深、粤港澳大湾区等地总部经济发展经验，研究出台海南自贸港总部企业的认定方式、认定标准及总部企业落户奖励措施；二是研究出台用地支持政策，包括规划总部基地、强化用地保障、办公用房支持、土地支持政策等；三是研究出台海南自贸港政务等发展扶持政策，包括完善城市配套服务、政务服务、金融服务、监督管理等方面的总部企业持续发展扶持政策。②

五、乡村振兴政策

党的二十大报告指出，全面建设社会主义现代化国家，最艰巨最繁重的任务仍然在农村。坚持农业农村优先发展，坚持城乡融合发展，畅通城乡要素流动。2021 年，海南省农村人口占全省常住人口的 39%，第一产业占地区生产总值的 19%，因此，"三农"问题在海南自贸港建设中占有重要位置。

乡村振兴要靠产业，产业发展要有特色。注意乡村振兴政策和产业政策应保持一致，需大力实施乡村产业发展行动，深入推进一、二、三产业融合发展；在产业生态化和生态产业化上下功夫，做强做大有机农产品生产、乡村旅游、休闲农业等产业，有序发展共享农庄和主题民宿，不断壮大新型农村集体经济。

---

① 詹联科、夏锋．国内国际双循环新格局下海南自由贸易港离岸贸易发展研究［J］．区域经济，2021，37（3）：136-147.
② 张海霞，吴小丽，王泽芬．粤港澳大湾区城市总部经济政策分析［J］．特区经济，2021（2）：21-24.

六、科技创新政策

当前，各行业主管部门制定的产业政策以直接补贴、贷款贴息、认定奖励等为主，有的是一次性的，有的则有一定期限，其实质都是财政资金直接扶持。由于财政能力有限，这种扶持政策只能选择性实施。为快速显现扶持政策效果，政府部门往往会要求享受扶持政策的企业签订"对赌协议"，承诺在完成一个要求较高的投入和产出目标后才能拿到全部扶持资金，但总体而言政策效果不佳，参与企业较少，验收工作缓慢。为增进产业政策的实施效果和公平竞争的市场秩序，产业政策应从传统的财政扶持性政策转变为激励性和普适性政策，以培育企业自身能力和提升市场竞争力，激励企业在公平竞争市场环境中自由竞争、自主发展、优胜劣汰。

一是充分发挥自由贸易港优势激励企业发展。严格财政资金管理制度，无特殊情况，不再新设产业发展专项资金。加快自由贸易港的低税率、简税制落地，从传统的以财政资金扶持和特殊优惠政策招商引资，转向凭借自由贸易港的扩大开放和营商环境的优化招商引资，以自由贸易港的发展预期和发展环境激励企业做大蛋糕、长期发展。自由贸易港的优惠税率是该产业或同类型的所有企业平等享受的，避免选择性产业扶持的不公平性，不仅有利于企业间的公平竞争，还能将有限的财政资金用于需求紧迫的公共投入方面。

二是结合海南发展实际，制定高新技术企业或特定行业税收优惠政策。海南自由贸易港实行减按 15% 征收企业所得税，已经拉平了现行高技术企业享受的税收优惠政策。对高新技术企业或者政府重点扶持的特定产业制定优惠政策是国际惯例。海南省应根据自身实际发展需求和战略目标定位，发挥自由贸易港的制度创新优势，对高新技术产业、战略性产业等海南省急需发展或落实国家重大战略的特定领域制定低于 15% 的更加优惠的企业所得税政策，吸引国内外企业落户，夯实产业基础。

三是优化细化奖补方式。当前产业政策的事后奖补主要是按投资额或营业收入进行奖励或补贴的单一方式。应加强对全产业链、供应链的投入产出效率的分析，准确把握产业和企业发展的实际痛点和瓶颈问题，优化奖补方式，细化奖补对象，针对产业发展的共性难题或痛点问题进行补贴和扶持，同时将技术改造升级、节能减排投入、累计税收贡献、参与就业扶贫等纳入奖补范畴，激励企业从长远考虑做大做强，避免企业追求眼前利益的短期行为，提高财政资金的扶持效率。加强行业研究，科学把握行业发展规律，建立贯穿全过程的固定投资补贴政策实施机制，有效解决企业长周期、高额度投入过程中的痛点问题，变投资完成后的"锦上添花"为投资过程中的"雪中送炭"。比如，针对高新技术产业中的技术要素投资大、风险大、回报期长的瓶颈环节，应将其作为奖补政策的重点对象，从投入初期开始根据预期投资额给予一定补贴，事中加强监督检查，根据投入完成进度给予后续补贴。除了高新技术企业可以通过认定享受优惠政策，还应在科学评估的基础上对一般性企业自主研发投入进行补贴。同时传统产业企业的技术升级改造也应该凭借其高新技术的应用而享受奖补优惠。针对研发环节溢出效应明显的特点，可由政府资金扶持公共研发平台建设，以此吸引自身研发能力不够强的企业落户，夯实产业技术基础。

四是开通企业问题诉求专用信箱。企业可通过专用信箱在线提交问题和诉求，相关部门工作人员将及时整理并分发给相应职能部门处理，以促进政府与企业间的有效对接，解决企业发展中的关键问题。同时，需特别关注并研究企业普遍关注和反映严重的问题，以此促进制度创新。

推动产业结构优化升级，是适应新形势、实现高质量发展的要求，也是提升国际竞争力的关键。一是要强化科技资金的使用，支持科技创新，转变产业扶持资源，促进新技术和产品研发，帮助创新型企业成长。二是完善创新服务体系，包括加强共性技术研发和国际技术转移平台建设，以及建设多类型孵化器，以优化小微企业和高技术企业的创新环境，支持它们在新兴技术和市场中发展。三是务必强化海南自贸港知识产权保护政策措施的贯彻实施，以确保创新成果的权益得到切实保障。在《中华人民共和国专利法》《中华人民共和国商标法》《中华人民共和国海南自由贸易港法》等法律框架下，海南自贸港先后出台了《海南省促进知识产权发展的若干规定（修订）》《关于设立海南自由贸易港知识产权法院的决定》《三亚崖州湾科技城知识产权特区建设方案（2021—2025）》《海南自由贸易港知识产权保护条例》《海南省推进知识产权强省建设强化知识产权保护和运用的实施意见》等法规和政策文件。知识产权保护政策需与公共政策相结合，特别是在大众创业时代，政府应协调与市场的关系，明确指导方向和产业布局。在海南自贸港现有法规政策基础上，应持续完善知识产权相关的公共政策体系，涵盖贷款、税收、人事等方面，以指导商标和专利执法工作，确保政策的协调性、实操性和系统性。① 四是完善科技成果转化政

---

① 郑万生. 基于大众创业的知识产权保护政策研究［J］. 中阿科技论坛（中英文），2020（11）：179-182.

策。建立健全科技成果转化政策的监督和风险管理机制，畅通"技术创新→资金和人才投入→成果转化→收益"链条。首先，应出台鼓励社会资金投入的市场化政策，降低成果转化风险。其次，科技成果转化政策需平衡产业多样性，解决关键问题，同时培育新兴产业，优化产业结构，激发经济动力。最后，完善成果转化机制，区分直接和间接转化途径。直接转化中，科技人员应直接参与企业研发，完善晋升机制，放宽职称评审条件。间接转化中，加强校企合作，减少专利流失。① 五是优化政策工具总体结构，增大需求型政策工具的使用比例。海南自贸港应利用外包提升科研和企业创新能力，引进先进技术，加强对外贸易管制，吸引创新项目落地。同时，鼓励高新技术企业、科研机构和大学在海外设立研发机构，以解决人才和技术瓶颈问题，增强海南的基础研究和科技创新能力。②

海南省针对传统产业技术改造升级的需求和路径进行了调查研究，并利用自由贸易港的税收优惠，加强引进国外先进设备。政府制定了政策和行动方案，推动传统产业利用新兴信息技术和适用技术进行深度改造。在农业领域，加速技术创新；在信息技术应用上，提升各行各业的信息化水平。这些措施旨在提升传统产业的创新能力，促进其转型为新型产业。政府还引导传统企业与高端高新企业对接，搭建平台，提供支持，促进企业改造升级。设立传统产业改造投资引导基金，吸引社会资本参与，为企业技术设备升级提供配套支持。建立融资信用保证基金，搭建金融科技服务平台，引导金融机构开发针对性金融产品。

七、风险投资基金政策

由于扶持资金操作程序简单、决策责任和承担风险小，各行业主管部门仍热衷于研究出台各类产业扶持资金的补助性政策，而对产业基金抱观望态度或避而远之，参与度和积极性都不高，产业扶持资金转化成产业基金的进程并不明显。产业投资基金是借鉴国外政府扶持股权投资的成熟经验而引入的一种政府参与风险投资的手段，是政府扶持产业发展的市场化手段。在自由贸易港建设背景下，政府应尽量避免对企业的直接"输血型"扶持行为，转而利用市场

---

① 苏林，胡涵清，庄启昕，等. 基于 LDA 和 SNA 的我国科技创新政策文本计量分析：以科技成果转化政策为例 [J]. 中国高校科技，2022 (3)：37-43.

② 段利民，邢晓康. 陕西科技创新政策多维度分析与讨论 [J]. 科技和产业，2022，22 (2)：144-153.

化的产业引导基金对企业进行"投资型"扶持。

一是将原本财政预算内用于政府补贴、贷款贴息的分散在各行业主管部门的财政资金整合归集起来，设立统一"海南自由贸易港建设投资基金"，按照"政府引导、市场运作、科学决策、防范风险"的原则，通过专业化投资运营管理，促进基金持续健康运行，服务于建设海南自由贸易港"三区一中心"战略大局，投向重点基础设施和产业项目及创新创业项目。将政府引导基金纳入公共财政考核评价体系，而不作为经营性国有资产进行管理，缓解产业基金运作与国有资本保值增值的冲突。

二是利用自由贸易港建设的优势，以公开竞争性方式选择社会资本，杜绝不合理的准入门槛，大力吸引社会资本以股权形式介入，扩大产业基金规模，参与投资项目的建设和运营。产业引导基金聚焦于科技研发、创业投资、传统产业改造升级、美丽乡村建设等海南自由贸易港建设的关键领域，增强市场主体的金融支持和市场激励。

三是健全政府投资基金的容错纠错机制。政府引导基金主要聚焦于产业链前端的基础性创新和作为中间投入品的设备创新，以及社会投资领域，投资周期较长，在考核政府引导基金绩效时，不应该偏重于短期绩效考核，应建立适合长期目标的考核体系。对于产业基金公司的运行，要用商业银行的"尽职免责"等风险经营理念进行考核，避免有关人员怕担责而"不敢作为"。制定《海南自由贸易港建设投资基金管理办法》及相关细则，建立容错事项清单，对容错机制的适用情况和流程作出详细规定，明确规定哪些错误必须追责，哪些错误可以免责。规范容错纠错的流程和程序，由人事部门、纪检监察部门、组织部门等单位成立具有专门性的容错纠错评定工作机构，拥有错误认定与核实、裁定与反馈等的职责。在容错纠错的过程中，为保证责任人和当事人的合法权利，要逐步健全申诉救济制度，确保其有机会替自己举证解释和申诉申辩。

八、人才政策

中共海南省第八次党代会报告提出，强化关于自由贸易港人才发展顶层设计，坚定不移地实施"双轮驱动"战略，建立健全更具吸引力的引才、用才、留才机制，将重点园区和产业作为载体，使得各类高层次人才、国际化人才、急需紧缺人才得到大力引进；同时注重培养本土人才，深入实施"南海系列"育才计划。以优惠政策推动各类人才流向基层、艰苦地区、民族地区，在人才服务保障方面努力争取水平的提升，营造宜业宜居的人才发展环境，使得在海南的各类人才享受干事有平台、发展有空间、生活有奔头的待遇。

建立更加开放的人才引进机制，以加大人才吸引力度。建立"候鸟型"人才引进和使用机制，建立"候鸟型"人才工作站，允许内地国有企业、事业单位的专业技术人才按规定在海南自贸港兼职兼薪。实行自然人自由进出政策。①

以金融人才政策为例，建议制定完善包括人才分类标准、人才引进补贴、人才培训、人才合作交流、人才评价体系、人才服务环境等方面的政策。

1. 完善金融高层次人才的分类标准。海南省《海南自由贸易港高层次人才分类标准（2020）》"七、现代金融服务业专业和社会认可标准"②，将"金融服务人才"和"会计师、评估师、测量师"等糅合在一起相提并论，也并未在金融服务人才中单设国际金融人才或离岸金融人才的标准，不利于离岸金融人才的培养、评估和使用。建议在今后的"高层次人才分类"中，增设金融服务业高层次人才标准，不一定以诺贝尔奖（经济学奖）作为 A 类人才的标准，而应突出金融人才的实用性、国际性和社会认可度。将金融服务人才与其他人才相区分，设定国际金融人才或离岸金融人才的评价标准。

2. 实行金融人才引进补贴政策，简化就业许可手续。在海南省现有的人才引进政策措施基础上，加大对高端金融专业技术人才的引进激励力度，实施"海南金融人才工程计划"，通过与国际金融人才中介机构合作，精准引进各类高层次紧缺金融人才，放宽学历、居住异地、年龄及就业许可证的期限等规定

---

① 赵晋平. 试论海南自由贸易港［M］. 海口：海南出版社，2020：131.

② （一）A 类人才：1. 诺贝尔奖（经济学奖）获得者。（二）B 类人才：1. 美国高盛、法国兴业银行、德意志银行等国际著名金融机构总部高级管理人才；普华永道会计师事务所、德勤会计师事务所、安永会计师事务所、毕马威会计师事务所等国际著名会计师事务所总部高级管理人才。2. 中国注册会计师协会发布的全国排名前 10 位的会计师事务所总部高级管理人才。（三）C 类人才：1. 美国高盛、法国兴业银行、德意志银行等国际著名金融机构区域总部高级管理人才；普华永道会计师事务所、德勤会计师事务所、安永会计师事务所、毕马威会计师事务所等国际著名会计师事务所区域总部高级管理人才。2. 中国注册会计师协会发布的全国排名前 20 位的会计师事务所总部高级管理人才。（四）D 类人才：1. 取得特许公认会计师、美国注册会计师、加拿大注册会计师、澳洲注册会计师、香港注册会计师、特许注册金融分析师、注册管理会计师、金融风险管理师、国际注册内部审计师、英国精算师、北美精算师、注册国际投资分析师等资格证书者。2. 美国评估协会公认高级评估师、英国皇家特许测量师学会资深会员、香港测量师学会测量师资深专业会员。3. 取得正高级会计师资格且累计从事会计及相关专业技术工作 15 年以上的人才。（五）E 类人才：1. 取得注册会计师、中国精算师等资格证书者。2. 香港测量师学会测量师专业会员、土地评估师、资产评估师。3. 取得高级会计师、高级审计师、高级经济师等相关领域高级职称，并具有相应能力、做出实际业绩者。

并对其 5 年内取得的工资薪金以补贴或奖励等形式给予实质性的个人所得税减免至 15% 以内。

3. 完善金融人才培训服务政策。坚持引进与培养并重，支持海南大学及国内外一流财经院校合作办学，举办高层次金融研修班，开设金融精品课程，培养高端金融人才。推动校企共建金融培训基地，鼓励金融机构依托海南大学等设立全国性的人才培训基地、学术交流中心和高端论坛，广泛引进各类金融教育和认证机构，为金融从业人员获取职业资格提供便利条件。

4. 建立金融人才合作交流机制。突出侨乡优势，用好华侨资源，不断加强对华侨高层次金融人才的引进、交流与合作。拓展区域金融人才交流合作，联动粤港澳大湾区，开展"泛珠三角区域省会城市金融机构互派人才交流试点"，促进区域间人才要素的有序流动。

5. 完善金融人才评价体系。建立全省金融人才数据库，实施大数据统筹管理，发挥市场配置金融人才资源的决定性作用，逐步打破传统人才评价体系制约，促进人才资源合理流动、有效配置。借鉴国际管理标准，推动金融人才价值评估体系与国际接轨，引入第三方专业化独立机构，优化人才评价管理机制。

6. 优化金融人才服务环境，增强人才政策与法治建设、税收政策、其他政策的集成、协同效应。突出机制留人，强化政府金融人才宏观管理、政策制定以及公共服务职能，落实《海南自由贸易港金融人才发展规划》。着力整合落实金融人才落户、购房购车、配偶就业、子女入学等方面配套相应的优惠政策，促进金融机构和金融人才充分享受海南自由贸易港税收优惠政策。对于实践证明比较成熟的人才政策要尽快上升为地方立法，人才政策要与税收政策、安居型住房政策等相互衔接、互相配套。

九、优化营商环境政策

《海南自由贸易港建设总体方案》提出：到 2025 年，营商环境总体达到国内一流水平；到 2035 年，营商环境更加优化。海南省第八次党代会提出的"一本三基四梁八柱"战略框架中，将营商环境作为其中一柱并把"打造国内一流的营商环境"列为海南今后五年的一项重点任务，提出"紧盯法治化、国际化、便利化目标，以公平、透明、可预期为切入点，以市场主体的实际感受为标准，以刀刃向内的勇气打赢优化营商环境攻坚战，实现有事必应、无事不扰、有诺必践，努力使营商环境成为自由贸易港的突出优势"①。由此，加速优化营商环境已刻不容缓。

1. 加强对已出台的重要营商环境法规政策的动态调整。海南已发布多项法规和政策文件，如《海南自由贸易港优化营商环境条例》和《海南自由贸易港营商环境评价工作方案》，并从不同层面制定了评价指标，为改善营商环境提供法律支持。建议深入研究实施中出现的新问题，借鉴国内外经验，适时更新这些法规政策，以更有效地支持海南自贸港建设。

2. 在《海南自由贸易港优化营商环境条例》基础上，积极学习借鉴湖北等省市做法，研究制定海南自由贸易港优化营商环境办法。旨在：一是进一步细化和明确各级人民政府和各部门在优化营商环境方面的具体职能；二是进一步研究实行海南自贸港独具特色的营商环境政策规定，以弥补《海南自由贸易港优化营商环境条例》的不足，更加持续放宽市场准入，提高准入效率；三是对政务大厅等作出更高水平的标准化建设要求，尤其是进一步强调推广告知承诺制度，以提升海南自由贸易港信用体系建设，让诚信成为通行证，从而提升自由贸易港整体营商环境水平；四是推动各级人民政府和有关部门应建立健全调解、仲裁、行政裁决、行政复议、诉讼等相互协调的多元化纠纷解决机制，为市场主体提供高效便捷的纠纷解决途径。同时建立政府部门、工会、企业、劳动者四方参与的劳动关系协商机制，以维护劳资双方合法权益。②

3. 在《海南自由贸易港社会信用条例》框架下加快推进制定出台社会信用体系建设的相关政策。重点优化营商环境，建立社会信用体系，包括分类监管、信用信息共享、数据开放和信用产品创新等。同时，推进政务诚信建设，完善政企沟通机制，确保政策制定符合市场需求。强化政策合法性审核，确保法治保障。实施包容审慎监管，助力市场环境优化。③

---

① 沈晓明．解放思想　开拓创新　团结奋斗　攻坚克难　加快建设具有世界影响力的中国特色自由贸易港：在中国共产党海南省第八次代表大会上的报告［EB/OL］．海南省人民政府网站，2022-05-02.

② 张三保，刘芳瑞，张志学．湖北营商环境政策的优化路径——基于政策比较的视角［J］．长江论坛，2022（1）.

③ 孙婉霞，方雨婷．地方政府优化营商环境政策研究——基于9个省市政策文本分析［J］．对外经贸，2021（7）.

第二节　优化中国特色自由贸易港的政策形式

与前面章节保持一致，本书对海南自贸港政策形式的优化建议主要从政策数量、政策制定主体和政策文本三方面进行讨论。

一、优化政策数量

政策数量无疑会影响到政策的有效性。正如有研究者指出，公共政策有效性是指在社会对公共政策十分需求的时候就恰如其分地实施该项公共政策解决实际问题，公共政策的供给数量、质量和时机都非常恰当，也正好契合资源条件和社会环境的接纳程度，从公共政策的制定者和社会民众的角度来说，都实现了各自的期望和目的，是公共政策制定和实施的最佳状态。①

从本书第四章中国特色自由贸易港政策供给现状的研究中可知，从政策数量分析，税收政策和人才政策所占比例最高，其次为投资政策和产业政策，接着是法律法规和保障政策、贸易政策、运输政策和金融政策，顶层政策所占比例最低。因此，从政策数量这个角度来看，政策制定主体似乎比较关注税收政策和人才政策，其他为投资政策和产业政策，而贸易政策反倒是没有得到应有的重视。对于优化政策数量，本书提出以下建议：

（一）每年制定的自贸港政策应保持合适的数量

从本书对已出台的海南自贸港相关政策的梳理情况来看，2020 年至 2023 年共出台自贸港政策 370 项，平均每年 123 项左右，与 2020 年至 2021 年出台的 143 项重点政策基本持平。换言之，每年制定出台的政策要注意总量控制，保持适度的数量。如果政策过多过滥，一方面不能保证政策的质量，另一方面也不能保证所有政策均能得到有效执行和落实，毕竟政府的政策执行资源也是有限的。因此，从每年制定的政策数量角度出发，应注意保持合适的数量规模。

---

① 高涵．重庆依托自贸试验区建设自由贸易港的政策供给研究 [D]．重庆：重庆大学，2019：12．

（二）在各类自贸港政策中，保持合适的数量比例关系

在各类自贸港政策中，政策主体对于哪种政策最为重要，或者哪种政策所占数量最多，应做到心中有数。根据2020年至2021年出台的海南自贸港143项重点政策的统计情况，政策主体大概率认为税收政策和人才政策最重要，所以其数量也是最多的。那么贸易政策所占比例为4.2%，排名倒数第二就不容易理解了。海南自贸港建设，其名称就直接包括"自由贸易"，可见贸易，特别是服务贸易应属于政策关注之重点，也即应该保持一定数量规模的政策，否则，就会产生政策失衡之风险。当然，顶层设计方面的政策数量也应适当增加。政策数量之间应保持适当均衡，畸少或畸多都不应是常态。

（三）优先出台海南自贸港急需的、具有先导性的政策

不同内容政策之间也会有轻重缓急的区别，政策与政策之间还有先导性、主体性和配套性的区别。因此，政策主体尽可能优先制定出台海南自贸港建设所需、企业和市场主体所盼的政策。包括营商环境建设、产业发展政策、贸易投资和资金流动便利自由、法律法规等方面的政策。

二、优化政策制定主体

（一）继续保持海南省政府和相关厅局的积极性和主动性

从2020年至2021年出台的海南自贸港143项重点政策的统计情况看，中央层面出台的政策有37项，占政策总数量的26%，地方层面制定的政策有92项，占总数量的64.78%。这体现出海南省政府积极发挥主体责任，积极落实各项中央发布的政策。在地方层面制定的政策中，省委（包括办公厅）、省人大常委会、省政府（包括办公厅）和省直属部门所制定的政策数量正好相同，各占一半，这说明省委、省政府积极推动自贸港建设的力度和决心。这种海南省地方党委政府的主动担当和积极性应继续保持。

（二）激发相关政策主体的积极性和主动性

从以上本书关于2020年至2021年出台的海南自贸港143项重点政策的统计情况看，海南省政府（包括办公厅）最为积极主动，发文数量为27项，遥遥领先于其他发文主体，比排在第二位的海南省人大常委会还要多一倍。从数量分布分析，发文数量差别较大。发文数量多的政策主体较少，集中在海南省政府（包括办公厅）、海南省人大常委会、海关总署、海南省市场监管局、中共海南

省委人才工作委员会、国家外汇管理局海南省分局和海南省资规厅，基本上属于地方层面。因此，应进一步激发其他中央部委制定、出台中国特色自由贸易港政策的积极性和主动性。

（三）加强中央部委和海南省的联合制定政策的力度

再从联合发文的情况来看，目前联合制定中国特色自由贸易港政策的大多数属于中央部委之间，或者海南省各厅局之间，中央部委和地方之间联合制定出台政策的情况较少。在143项政策文本中海南省和中央部委联合发文才2项，占总样本数的1.4%，这表明在海南自贸港政策制定方面，中央部委和地方政府部门之间的协调性、联动性和统筹能力比较弱。因此，应进一步提高中央政府各部门和海南省地方政府政策主体间的合作和联动，清晰划分各自的责任，这样不仅有效地避免更多"上下扯皮""政策打架"的不利情况，而且更有利于推进海南自贸港政策落地执行。

三、优化政策文本

政策文本所采取的形式或种类不同，其约束力和可操作性等方面也会有所不同。对此，已有研究者进行了一些有益探索，虽然目前研究成果并不是太多。

有研究者对江苏省发展文化产业的政策文种进行统计后得出以下文种类型表：

表9-1 江苏省发布的文化产业政策文种统计

文种类型	政策特点	
	规范性和约束性	指导性和可操作性
办法	较弱	较强
意见	较强	较弱
通知	较强	较弱
条例	强	弱
规范	较强	较弱
计划	较强	较弱
规范	强	弱
决定	较强	较弱
规定	强	弱

续表

文种类型	政策特点	
	规范性和约束性	指导性和可操作性
决议	强	弱
细则	较弱	较强
措施	弱	强
方案	较弱	较强

以上表格根据史雅文硕士研究生论文《江苏省文化产业政策供给及实施效率评价研究》一文第25~26页整理而得。

还有研究者针对海南自贸港人才政策文本进行分析后得出以下表格①：

表9-2　海南省人才政策的可操作性和规范性

题材类型	涵盖范围	可操作性和指导性	规范性和约束性	频率（%）
实施细则类	细则、工作要点	强	弱	0.96
管理办法类	办法、方案	较强	较弱	16.80
决议决定类	决定、公告、批复	弱	强	9.12
发展规划类	规划、计划	较弱	较强	4.64
指导意见类	意见、通知、函	较弱	较强	67.52
条例法规类	规定、工作规范	弱	强	0.96

从本书关于2020年至2021年出台的海南自贸港143项重点政策的统计情况看，"办法"是海南自贸港政策最常见的形式，以"办法"形式出现的政策文种为39件，占所有政策文种种类总数的27.27%，其次是以"通知"形式出现的政策文种，共24件，占所有政策文种种类总数的16.78%；以"意见"形式出现的政策文种为16件，占比11.18%；以"方案"形式出现的政策文种为13件，占比9.09%；"公告"形式出现的政策文种为9件，占比6.29%；以"条例"形式出现的政策文种为8件，占比5.59%；以"意见"形式出现的政策文种为7件，占比4.89%；以"清单"形式出现的政策文种为5件，占比3.49%；以"规定"和"措施"形式出现的政策文种各为4件，占比2.79%；以"机

---

① 徐增阳，州相宇. 基于建设自由贸易港的海南省人才政策文本分析 [J]. 海南大学学报（人文社会科学版），2021（11）：98.

制"形式出现的政策文种为 3 件，占比 2.09%；以"细则""标准"形式出现的政策文种各为 2 件，占比 1.3%；以"法律""计划""程序""批复""规划""目录""政策"形式出现的政策文种各为 1 件，占比 0.69%。

由此可见，海南自贸港政策的文种较多也比较杂乱，其可操作性和指导性、规范性和约束性也缺乏明确规定。当然，不同研究者统计的口径不一样，导致的研究结果也会有些差别。本书建议对海南自贸港政策文本种类进行规范，明确规定其文种类型。根据政策所需要的可操作性和指导性、规范性和约束性的不同，制定出台合适的政策文本种类。

第三节 优化中国特色自由贸易港的政策环境

通过前文分析政策环境可知，海南自贸港建设面临的外部威胁主要有：

1. 逆全球化思潮抬头，单边主义、保护主义明显上升，世界经济复苏乏力。

2. 与国内其他自由贸易试验区（包括大湾区、横琴开发区等）竞争激烈。

3. 与香港自由贸易港的腹地重合，而香港自由贸易港发展的历史长，基础雄厚，具有先发优势。

内部劣势主要有：

1. 经济基础薄弱，对外开放水平不高，人才短缺。

2. 营商环境建设水平有待进一步提高。

3. 法治建设和政务服务水平有待进一步加强。

4. 软硬件设施配备不完善，协调性不高，无法与国际标准接轨。

本书为此提出的"多元化战略"包括与香港自由贸易港协调分工、与国内其他自贸区功能互补等。"扭转型策略"包括加深与大湾区、其他自贸区合作，对标世界最高水平开放标准等。因此，优化中国特色自由贸易港政策环境应主要包括融入 CPTPP 和 RCEP，加强与大湾区的合作等方面。

一、经济全球化和逆全球化

（一）经济全球化

自 2001 年中国加入 WTO 后，国内学者开始深入研究经济全球化。他们普遍认为，经济全球化涉及生产要素的全球自由流动和配置，以及国家间经济联系的增强。经济全球化既是现实也是进程，自 20 世纪 90 年代起，随着科技进步和国际分工深化，全球经济交流日益频繁，资本、技术、商品、服务和人力等要素跨国界流动，促进了全球经济的相互依存。经济全球化是世界一体化的趋势，是生产力和国际分工发展的必然。它具有市场、信息、资本和生产四个全球化特征。[①]

正如全球化包括政治全球化、经济全球化、文化全球化和法律全球化等多方面的发展趋势一样，经济全球化中也包含贸易全球化、金融全球化等发展趋势和过程。[②]

自 20 世纪 90 年代起，经济全球化加速，跨国公司和资本流动推动了全球产业网络的形成，优化了资源配置并提升了产业结构。发达国家在这一过程中起了主导作用，但新兴国家如中国、印度、俄罗斯等也作出了重要贡献。经济全球化促进了全球产业链的建立，其中产品内分工成为主要形式。全球产业链的完善进一步加强了国际分工与合作，推动了经济全球化的深入发展。

在西方经济学理论中，全球化被推崇为各国共同受益的核心理念。基于这一理论，发达国家积极推动经济全球化，进而使得各国能够最大限度地发挥自身的比较优势。在特定历史阶段，发达国家的比较优势往往位于产业链的高端，而发展中国家则多处于产业链的低端，其显著的比较优势主要体现为低廉的劳动力成本。在这种全球产业链分布和国际分工模式下，发达国家占据了利益分配的主导地位。

（二）逆全球化

逆全球化及单边主义的兴起绝不是为了维护国际关系中的公平与正义，而是资本的逐利本性驱使着西方大国急于从全球化进程中脱身。

自 2008 年国际金融危机以来，以美国为首的西方大国经济复苏艰难、经济形势低迷，而以中国为例的发展中国家不断崛起。西方发达国家认为自己的霸权地位受到挑战，不断鼓吹"逆全球化"浪潮，经济贸易全球化进程严重受挫。

有国内学者认为，当前欧美国家逆全球化主要表现有：贸易保护主义抬头，跨境投资规模和总量缩小；美国接连退出一系列国际协议和组织，沉重打击了国际合作机制；英国全民公投"脱欧"，给欧洲一体化带来了消极影响；欧洲接

---

① 窦金美. 国际经济合作 [M]. 2 版. 北京：机械工业出版社，2010：10.
② 罗晋京. 跨国银行法律规制对国家主权的影响 [M]. 北京：知识产权出版社，2011：6.

连发生一系列恐怖事件，导致反移民运动高涨，民粹主义兴起。①

当前，世界正经历百年未有之大变局，各种逆全球化、贸易保护、单边主义的势头正拔地而起，加上 2020 年暴发的全球新冠疫情的催化，这种现象越演越烈。

在全球化和逆全球化交替进行的过程中，当前国际上自贸协定发展蓬勃。根据世贸组织的统计，到目前为止，国际上达成的自由贸易协定已有 350 多个，特别值得注意的是，一些全球规模最大或影响力较大的自贸协定正式签署并生效。如《全面与进步跨太平洋伙伴关系协定》（Comprehensive and Progressive Agreement for Trans-Pacific Partnership，简称 CPTPP）、《区域全面经济伙伴关系协定》（RCEP）、《欧盟和日本达成的自贸协定》（EPA）、《美国、墨西哥、加拿大达成的自贸协定》（USMCA）等。我国已和 26 个国家和地区签署了 19 个自由贸易协定。其中，我国积极参与的 RCEP 于 2022 年 1 月 1 日正式生效，同时我国在 2021 年 9 月 16 日正式提出申请加入 CPTPP。

CPTPP 和 RCEP 不仅代表了目前国际最高水准的经贸开放水平，而且构成海南自贸港发展的政策环境。因此，海南自贸港政策应进一步加强与 CPTPP 和 RCEP 规则的融合。

二、与 CTCCP 的融合

2020 年 11 月 20 日，习近平总书记在 APEC 领导人非正式会议上强调，中方将积极考虑加入 CPTPP。

2021 年 8 月 23 日，时任商务部副部长兼国际贸易谈判副代表王受文介绍，自 2002 年中国和东盟达成自由贸易协定以来，我国已与 26 个国家和地区签署了 19 个自贸协定。其中，党的十八大以来签署了 9 个自由贸易协定，包括 8 个与单个国家签署的自由贸易协定，同时还对以前达成的自由贸易协定进行升级，如中国和东盟的自贸协定升级，中国和智利、中国和新加坡、中国和新西兰的自由贸易协定都进行了谈判升级。王受文表示，自贸协定扩大了我国同自由贸易伙伴的贸易与投资关系，对于稳定我国的外贸外资基本盘作用非常显著。虽然全球出口贸易受限于 2020 年疫情，总体增长率不尽如人意，但我国同自贸伙伴的贸易情况独树一帜，增长率达到 3.2%，与非自由贸易协定伙伴贸易总量仅

---

① 栾文莲，杜旷. 理性认识和应对逆全球化和单边主义霸权 [J]. 党政研究，2019（4）：56-63.

仅增长 0.8%。王受文表示，下阶段要把现有的自由贸易协定，包括与韩国的自由贸易协定、与新加坡的自由贸易协定进一步升级。同时，要加快新的自由贸易协定谈判步伐，包括中日韩自贸协定的谈判、中国和海合会，以及与以色列、挪威的自贸协定谈判。此外，2021 年 9 月 16 日，中国正式提出申请加入 CPTPP。

（一）CPTPP 产生的背景

2015 年 10 月，12 个国家宣布完成《跨太平洋伙伴关系协定》（TPP）谈判。然而，自 2017 年 1 月，时任美国总统特朗普宣布美国退出 TPP 后，TPP 面临解散的境遇。日本尤其失望，因为它加入 TPP 是为了与美国共同主导该协定，遏制中国在亚太地区的影响力。尽管如此，日本并未放弃，而是积极寻求新的方案。2017 年 4 月，时任日本副首相麻生太郎表达了在没有美国的情况下推进 TPP 的决心。同年 11 月，日本与其他 10 个国家签署了新的自由贸易协定，即《全面与进步跨太平洋伙伴关系协定》（CPTPP）。2018 年 12 月，CPTPP 正式生效，保留了原 TPP 的大部分内容，成为亚太地区重要的多边贸易协定。

（二）CPTPP 的主要内容

1. 货物贸易高度自由化

CPTPP 要求的最终自由化水平很高，接近 100%。各成员平均实现零关税的税目数和贸易额占比约为 99.5%，除日本（零关税产品税目数和贸易额占比均为 95%）外，其他成员零关税产品税目数和贸易额都在 99% 以上。CPTPP 生效后的过渡期短，85% 以上的产品在协定生效后立即实施零关税。在工业品领域，协定生效后立即实施零关税的产品税目数和贸易额占比平均超过 88%。在农水产品领域，立即实施零关税的产品税目数占比达到 81.7%。排除在零关税之外的高度敏感产品极少。被排除在零关税产品范围外的主要是农水产品，但相关成员也多通过设立关税配额、部分降税等方式实现了此类产品贸易的部分自由化。

2. 大幅开放服务和投资市场

（1）在服务贸易和投资领域要求以负面清单方式实施市场开放。即除列入负面清单中的不符措施外，成员必须给予外国服务提供者和投资者国民待遇，取消市场准入限制。

（2）在金融和电信领域做出高水平的开放承诺。例如，电信领域涵盖了"号码可携带""专线服务"和"海底电缆系统"等深度开放内容；金融领域要求取消涉及机构数量、业务量、人员数量和企业形式等方面的市场准入限制。

（3）限制成员对投资者的业绩要求，禁止提出当地成分、技术本地化的要求等。

3. 放宽网络和促进电子商务

（1）确保与互联网和数字经济有关的信息和数据的自由流动，不能阻碍网络服务提供者或消费者跨境传输、获取、加工、存储相关信息。

（2）不得保留计算设施本地化要求，不得要求网络服务提供者必须使用本地计算机设备或者必须在本地进行数据存储加工。

（3）对于向大众销售的软件，不得要求企业向官方提供软件源代码。

（4）给予数字产品非歧视待遇，这些产品包括通过电子传输的，或者存储在一定载体上的程序、音乐、视频、书籍等，给予其他缔约方生产、出版这些产品的待遇不得低于本国产品，也不得低于非缔约方产品。

4. 强化知识产权保护

CPTPP 对知识产权的规定大幅超越世界贸易组织《与贸易有关的知识产权协定》（TRIPS）的范围和水平。

（1）要求加入相关条约和公约，包括我国尚未加入的《保护植物新品种国际公约》（1991 版）和《商标法新加坡条约》。

（2）扩大知识产权保护范围，包括要求各方尽力保护气味商标，对驰名商标不论是否在境内外注册均给予跨品类的保护，对物品及组成部件均给予工业设计保护等。

（3）延长知识产权保护期，将版权和相关权利保护期扩展至作者终生加死后至少 70 年或作品首次出版发行后 70 年。

（4）加大对知识产权侵权行为的民事和刑事处罚力度，包括扩大侵权民事赔偿计算范围，降低对侵犯商标权、版权行为进行刑事处罚的门槛，要求各方对卫星和有线节目加密信号相关侵权行为给予刑事处罚，对故意获取、窃取或披露商业秘密和盗录商业影像等行为无论损失多大均给予刑事处罚等。

5. 加强环境纪律

CPTPP 各方承诺不为鼓励贸易投资而降低环境保护水平，并将共同打击野生动植物非法贸易，制止非法捕捞，并实施高水平的环境保护标准。更为重要的是，CPTPP 强调环境条款内容的可执行性，将环境保护与贸易制裁挂钩。若违反相关义务，成员可依据争端解决条款，对违反义务的一方进行合法制裁（包括中止关税减让等）。

6. 开放政府采购

要求各方全面开放政府采购市场，对其他缔约方的产品和服务给予国民待遇，确保及时发布政府采购信息，承诺公平和非歧视地对待投标者。

7. 对国有企业制定新规则（国有企业和指定垄断）

（1）加强信息透明度，提供国有企业名单。应其他缔约方要求，各国有义务提供政府对国有企业的所有权和控制权，以及对企业提供的非商业性支持程度等信息。

（2）要求确保国有企业经营活动均基于商业考虑，政府对国有企业提供的非商业支持，不得损害其他成员及其产业的利益。

（3）规定各成员国法院对在其境内经营的外国国有企业拥有管辖权，要求各国政府在企业监管方面保持非歧视性和中立性。

（4）明确国有企业有关规定适用于争端解决条款。

8. 劳工权益保护规则

（1）要求遵守国际劳工组织（ILO）确立的结社自由、集体谈判权、消除强迫劳动、废除童工、消除就业歧视等基本劳工权利。越南已在 CPTPP 中承诺允许工人创建独立于越南工会联合会之外的竞争性工会组织。

（2）要求成员国将最低工资、工时以及职业健康和安全等规定置于法律监管之下；禁止强迫劳动或童工生产的产品出口；为违反劳工规则的受害者提供有效的行政和司法救济等。

（3）劳工条款适用争端解决机制，在协定框架下成立劳工事务委员会等机构，审查劳工条款执行情况，允许其他缔约方对违反劳工标准的缔约方进行制裁等。

9. 打击腐败和商业贿赂

（1）承诺有效执行各自反腐败法律法规，同时确保利益相关方在行政诉讼中的正当程序权利。

（2）承诺对主动或诱导腐败的行为进行刑事处罚，对于向公职人员提供或公职人员主动索取有价财物或其他利益的行为，以及以不当优势或其他方式影响国际贸易或者投资的腐败行为，追究相关人员刑事责任。

（3）要求制定或者维持公职人员的行为准则和标准，加强对公职人员的培训，采取行动阻止送礼受礼行为，鼓励举报腐败行为，对涉腐公职人员进行惩戒。

（4）保护举报腐败行为的人员，并加强反腐败的国际合作。

总的来看，CPTPP 在多方面代表了新一代国际经贸规则的发展方向：一是贸易投资规则一体化；二是通过负面清单模式全面扩大市场准入，推动服务贸易和投资自由化；三是边境后措施成为新规则体系中的一个重要领域；四是更加强调"公平贸易"和"公平竞争"；五是消除电子商务及数字贸易壁垒。①

（三）海南自贸港对标 CPTPP

1. 产业方面

CPTPP 协议在技术贸易层面上的开放，可以为海南的高新技术产业带来很多的机遇。在国家政策及省政府的支持下，海南自由贸易港建设的步伐不断加快，其中以高新技术产业发展更为显著，国内或国际部分产业开始持续向自贸港聚焦，聚焦医药与医疗器械、低碳制造业、信息技术等高新技术产业的发展，形成了产业集群发展的态势。如果中国可以顺利加入 CPTPP，海南将更好利用协定，加快进行技术交流和产业汇聚。

海南自贸港为对标 CPTPP 高标准规定，更加积极落实高新技术产业的行业准入，制定行业负面清单，放宽高新技术产业外资进入限制，鼓励国际资本进入行业的"小门"，进而吸引更多优质的国际资源。②

2. 贸易投资方面

CPTPP 投资规则着力于扩大投资自由化和仲裁形式的投资保护。在涵盖内容上，CPTPP 投资这一章的各项条款齐备、内容全面具体，部分条款如业绩要求、负面清单及争端解决机制等设置得非常细致，同时展现了对可持续发展理念的关注。

海南自由贸易港以贸易投资自由化便利化改革证明了中国的开放力度，表明了中国态度，同时放宽海南自由贸易市场准入门槛，减少准入负面清单，强化产权保护意识，加大对侵犯知识产权的处罚力度，维护市场公平竞争。构建和优化开放、简单，营造透明、可预期的投资环境，进一步激发各类市场主体活力。

3. 财政税收方面

CPTPP 协议的税收要求比较严格，规定了东道国在货物贸易、服务贸易和投资等领域采取的税收措施所应当遵循的规则。海南自贸港可以借鉴 CPTPP 的

---

① CPTPP 解读 | 洪晓东：CPTPP 概述［EB/OL］. 世界贸易组织法研究会官网，2021-09-24.
② 陈波. 海南自贸港的区位优势与产业发展方向［J］. 人民论坛，2020（27）：30-33.

税收优惠，设计具有国际竞争力的税收政策。

首先，"零关税"政策方面，《关于海南自由贸易港原辅料"零关税"政策的通知》规定海南全岛封关运作前对在自贸港登记注册企业进口符合要求的原辅料开始免征进口环节增值税和消费税、进口关税，"零关税"正面清单内容可以采取动态调整的措施，将会吸引 CPTPP 成员国企业与中国企业进行贸易时更乐意选取海南作为贸易枢纽。

其次，对企业所得税政策进行大幅度改革，《关于海南自由贸易港企业所得税优惠政策的通知》明确，符合条件的企业按 15% 的税率征收企业所得税，这将会吸引更多国际企业在海南设立亚太地区总部。

最后，个人所得税政策方面，根据《关于海南自由贸易港高端紧缺人才个人所得税政策的通知》，高层次人才个人所得税实际税负超过 15% 的部分予以免征的措施，将会吸引更多国内外高端人才汇聚到海南，持续助力"百万人才进海南"工程建设。[①]

以上足以预见，海南将以更开放的姿态，对标 CPTPP 税收政策。

4. 金融方面

《海南自由贸易港建设总体方案》中的金融支持政策与 CPTPP 规则相似，包括资金跨境流动、数据流动和负面清单制度。然而，海南面临一些挑战，如跨境流动平台未建立、金融争端解决不完善、相关立法不足和金融监管透明度需提升等。海南需针对这些不足，参照国际经贸规则，加速制度创新。具体措施包括制定符合 CPTPP 的金融"负面清单"和"正面清单"，规范金融数据跨境传输，提高数据监管透明度，建立国际金融仲裁中心，以及推动资本账户开放。[②]

5. 监管方面

如前文所述，CPTPP"核心良好监管实践的实施"支持缔约国各方开展监管影响评估，并就与此配套的信息提供、交流反馈、透明度等制定纪律。海南自由贸易港为对标 CPTPP 协议的高标准需要做到以下两方面：

首先，建议制定并完善自由贸易港监管法律体系。《海南自由贸易港建设总体方案》中明确提出，"建立自由贸易港跨境资本流动宏观审慎管理体系，加强

---

① 梁晓冬．海南自贸港税收制度研究［J］．合作经济与科技，2021（13）：168-169.

② 海南省地方金融监督管理局课题组，陈阳．CPTPP 金融规则与海南自由贸易港金融业开放创新［J］．南海学刊，2022，8（3）：37-42.

对重大风险的识别和系统性金融风险的防范"。对此，海南自贸港需要明确监管的基本目标、价值取向、基本原则、宏微观监管主体及其权力配置、市场准入、业务类型、市场监管模式等方面内容。

其次，建立自贸港特色监管机构。随着自贸港金融业态越来越丰富、功能越来越强大、参与主体越来越广泛，海南自贸港政府应科学配置自贸港离岸金融的监管主体及其权限，全方位履行金融监管职责。①

更为重要的是，应充分利用海南自由贸易港法规制定权，构建中国特色自由贸易港建设的金融监管协调机制，对跨境金融活动实施统一监管，推动自贸港金融监管规则与国际接轨。

二、与 RCEP 的融合

《区域全面经济伙伴关系协定》（Regional Comprehensive Economic Partnership，简称 RCEP）是由东盟十国②于 2012 年发起，本质是以发展中经济体为中心的区域自由贸易协定。随后，中国、日本、韩国、印度、新西兰和澳大利亚等先后积极通过谈判加入其中。协定历经 31 轮正式谈判和深入磋商，终在 2020 年 11 月 15 日第四次区域全面经济伙伴关系协定领导人会议正式签署，标志着全球规模最大的自由贸易协定正式达成。协定中 15 个成员国总人口 22.7 亿，生产总值合计 26.2 万亿美元，总出口额 5.2 万亿美元，几项指标均在全球占比约 30%，可见对全球经济影响巨大。在这样的背景下，RCEP 的签署既是区域经济一体化的标志性事件，也是我国继加入世贸组织后又一重大开放成果，对推动新一轮高水平开放、开辟合作共赢新局面产生了深远影响，对促进全球经济复苏、维护多边贸易体制发挥着重要作用。2022 年 1 月 1 日，《区域全面经济伙伴关系协定》（RCEP）正式生效。③

（一）RCEP 签订背景

自 2008 年在美国国内爆发，随之席卷全球的经济危机，导致全球经济增长

① 吴涛翔.海南自贸港离岸金融发展的路径探析［J］.经济管理文摘，2021（17）：32-33.
② 东南亚国家联盟（英文：Association of Southeast Asian Nations，缩写：ASEAN，简称：东盟），于 1967 年 8 月 8 日在泰国曼谷成立，秘书处设在印度尼西亚首都雅加达。截至 2019 年，东盟有 10 个成员国：文莱、柬埔寨、印度尼西亚、老挝、马来西亚、菲律宾、新加坡、泰国、缅甸、越南。联盟成员国总面积约 449 万平方千米，人口 6.6 亿。
③ 钟山.开创全球开放合作新局面［N］.人民日报，2020-11-24（11）.

开始呈现放缓趋势，贸易全球化发展速度减慢，造成世界整体经济呈低迷状态，从而助推逆全球化思潮、贸易保护主义加剧，国际投资贸易规则博弈更趋复杂化。在此背景下，RCEP 首先由东盟发起。历经八年数十次协商谈判，最终由东盟十国以及中国、日本、韩国、澳大利亚、新西兰等 15 个国家牵头组成，并于 2020 年 11 月 15 日签署 RCEP 协议，2022 年 1 月 1 日起协议正式生效。促使 RCEP 能最终达成可能存在以下几方面的因素：

1. 世界贸易组织谈判受阻，全球性贸易投资自由化进程缓慢

世界贸易组织是具有权威性和代表性的全球性组织。长期以来，WTO 通过多轮谈判显著降低了世界货物贸易关税水平和非关税壁垒，大幅提升了服务贸易自由化程度，促进了贸易争端解决机制的建立健全，为世界经济长期繁荣稳定提供了大量公共产品。但是，"多哈回合"谈判失败显著阻碍了世界贸易和投资自由化进程，后危机时代部分国家采用贸易壁垒和片面性产业回流的政策，使得全球经贸体系面临的不确定性大幅上升，WTO 自身也面临推动改革的客观压力。全球性贸易投资自由化进程放缓，客观上提升了区域自由贸易协定签署的必要性和紧迫性，东盟和中日韩"10+3"机制应运而生。在此基础上，2012 年 8 月底，东盟十国与中国、日本、韩国、印度、澳大利亚和新西兰分别签署了 5 份自由贸易协定，构成了 RCEP 签订的外部推力。

2. 东亚区域价值链整合度提升，全球价值链分工格局内卷化

2019 年统计数据显示，15 个 RCEP 成员国人口接近全球三成，GDP 占比 29.3%，区域内贸易额占全球贸易总额 27.4%，东亚区域价值链整合趋势显著提升。与此同时，全球形成了以美国为首的北美区域价值链和以德国为首的欧洲区域价值链，全球价值链正逐步由扁平化和分散化向区域化和集中化方向发展，未来全球价值链的效率优先原则将转向兼顾效率和安全双原则。全球价值链分工格局内卷化反映了各国技术水平和产业升级的动态演进趋势，构成了 RCEP 签订的内部拉力。

3. 逆全球化趋势日益显著，中美经贸摩擦呈现长期性和趋势性

2018 年 3 月 22 日，美国政府单方面基于"232 调查"对中国进口钢铁和铝实施惩罚性关税措施，拉开了中美经贸摩擦序幕。两年多以来，中美经贸摩擦逐步由贸易领域转向技术领域，进一步转向更为深层次的国家竞争领域，美国对华政策出现根本性转变。2018 年和 2019 年全球贸易增速分别为 3.0% 和 -0.4%，显著低于中美经贸摩擦之前的预期值，逆全球化趋势下东亚经济体与欧美经济体双向互动、深度分工和价值链整合格局遭遇重创。中美竞争背景下，

中国产业链"缺芯少魂"和制造业"卡脖子"问题日益凸显，产业链创新链大而不强的困境颇为突出，东亚地区成为优化产业链创新链双向开放的优先选择，构成 RCEP 签订的动力。①

（二）RCEP 的主要条款

第一章　初始条款和一般定义

本章主要阐明 RCEP 缔约方的目标是共同建立一个现代、全面、高质量以及互惠共赢的经济伙伴关系合作框架，以促进区域贸易和投资增长，并为全球经济发展作出贡献。该章节还对协定中的通用术语进行定义。

第二章　货物贸易

本章旨在推动实现区域内高水平的贸易自由化，并对与货物贸易相关的承诺作出规定，包括：承诺根据《关税与贸易总协定》第三条给予其他缔约方的货物国民待遇；通过逐步实施关税自由化给予优惠的市场准入；特定货物的临时免税入境；取消农业出口补贴；以及全面取消数量限制、进口许可程序管理，以及与进出口相关的费用和手续等非关税措施方面的约束。

第三章　原产地规则

本章确定了 RCEP 项下有资格享受优惠关税待遇的原产货物的认定规则。在确保适用实质性改变原则的同时，突出了技术可行性、贸易便利性和商业友好性，以使企业，尤其是中小企业易于理解和使用 RCEP 协定。在本章节第一节中，第二条（原产货物）和第三条（完全获得或者完全生产的货物）以及附件一《产品特定原产地规则》（PSR）列明了授予货物"原产地位"的标准。协定还允许在确定货物是否适用 RCEP 关税优惠时，将来自 RCEP 任何缔约方的价值成分都考虑在内，实行原产成分累积规则。在第二节中，规定了相关操作认证程序，包括申请 RCEP 原产地证明、申请优惠关税待遇以及核实货物"原产地位"的详细程序。本章节有两个附件：（1）产品特定原产地规则，涵盖约5205 条 6 位税目产品；（2）最低信息要求，列明了原产地证书或原产地声明所要求的信息。

第四章　海关程序与贸易便利化

本章通过确保海关法律和法规具有可预测性、一致性和透明性的条款，以

---

① 诸竹君、陈丽芳：RCEP 签署的现实背景、政策特点与经济效应分析。"一带一路"财经发展研究中心，https：//rbrf. xnai. edu. cn/info/1010/1305. htm。访问日期：2022 年 7 月 15 日。

及促进海关程序的有效管理和货物快速通关的条款，目标是创造一个促进区域供应链的环境。本章包含高于WTO《贸易便利化协定》水平的增强条款，包括：对税则归类、原产地以及海关估价的预裁定；为符合特定条件的经营者（授权经营者）提供与进出口、过境手续和程序有关的便利措施；用于海关监管和通关后审核的风险管理方法等。

第五章　卫生与植物卫生措施

本章制定了为保护人类、动物或植物的生命或健康而制定、采取和实施卫生与植物卫生措施的基本框架，同时确保上述措施尽可能不对贸易造成限制，以及在相似条件下缔约方实施的卫生与植物卫生措施不存在不合理的歧视。虽然缔约方已在WTO《卫生与植物卫生措施协定》中声明了其权利和义务，但是协定加强了在病虫害非疫区和低度流行区、风险分析、审核、认证、进口检查，以及紧急措施等执行的条款。

第六章　标准、技术法规和合格评定程序

本章加强了缔约方对WTO《技术性贸易壁垒协定》的履行，并认可缔约方就标准、技术法规和合格评定程序达成的谅解。同时，推动缔约方在承认标准、技术法规和合格评定程序中减少不必要的技术性贸易壁垒，确保标准、技术法规以及合格评定程序符合WTO《技术性贸易壁垒协定》规定等方面的信息交流与合作。

第七章　贸易救济

本章包括"保障措施"和"反倾销和反补贴税"两部分内容。关于保障措施，协定重申缔约方在WTO《保障措施协定》下的权利义务，并设立过渡性保障措施制度，对各方因履行协议降税而遭受损害的情况提供救济。关于反倾销和反补贴税，协定重申缔约方在WTO相关协定中的权利和义务，并制定了"与反倾销和反补贴调查相关的做法"附件，规范了书面信息、磋商机会、裁定公告和说明等实践做法，促进提升贸易救济调查的透明度和正当程序。

第八章　服务贸易

本章消减了各成员影响跨境服务贸易的限制性、歧视性措施，为缔约方间进一步扩大服务贸易创造了条件。包括市场准入承诺表、国民待遇、最惠国待遇、本地存在、国内法规等规则。部分缔约方采用负面清单方式进行市场准入承诺，要求采用正面清单的缔约方在协定生效后6年内转化为负面清单模式对其服务承诺做出安排。

第八章附件一：金融服务附件

金融服务附件就金融服务制定了具体规则，同时为防范金融系统不稳定性提供了充分的政策和监管空间。除了第八章（服务贸易）规定的义务外，本附件还包括一个稳健的审慎例外条款，以确保金融监管机构保留制定支持金融体系完整性和稳定性措施的能力。本附件还包括金融监管透明度义务，缔约方承诺不得阻止开展业务所必需的信息转移或信息处理，以及提供新的金融服务。本附件还规定缔约方可通过磋商等方式讨论解决国际收支危机或可能升级为国际收支危机的情况。

第八章附件二：电信服务附件

本附件制定了一套与电信服务贸易相关的规则框架。在所有现有的"东盟'10+1'自由贸易协定"电信服务附件基础上，附件还包括了监管方法、国际海底电缆系统、网络元素非捆绑、电杆、管线和管网的接入、国际移动漫游、技术选择的灵活性等条款。

第八章附件三：专业服务附件

本附件为缔约方提供途径，以便利本区域内专业服务的提供，包括：加强有关承认专业资格机构之间的对话，鼓励 RCEP 缔约方或相关机构就共同关心的专业服务部门的专业资质、许可或注册进行磋商。此外，还鼓励缔约方或相关机构在教育、考试、经验、行为和道德规范、专业发展及再认证、执业范围、消费者保护等领域制定互相接受的专业标准和准则。

第九章 自然人移动

本章列明了缔约方为促进从事货物贸易、提供服务或进行投资的自然人临时入境和临时停留所做的承诺，制定了缔约方批准此类临时入境和临时停留许可的规则，提高人员流动政策透明度。所附承诺表列明了涵盖商务访问者、公司内部流动人员等类别的承诺以及承诺所要求的条件和限制。

第十章 投资

本章涵盖了投资保护、自由化、促进和便利化四个方面，是对原"东盟'10+1'自由贸易协定"投资规则的整合和升级，包括承诺最惠国待遇、禁止业绩要求、采用负面清单模式做出非服务业领域市场准入承诺并适用棘轮机制（即未来自由化水平不可倒退）。投资便利化部分还包括争端预防和对外商投诉的协调解决。本章附有各方投资及不符措施承诺表。

第十一章 知识产权

本章为本区域知识产权的保护和促进提供了平衡、包容的方案。内容涵盖著作权、商标、地理标志、专利、外观设计、遗传资源、传统知识和民间文艺、反不正当竞争、知识产权执法、合作、透明度、技术援助等广泛领域，其整体保护水平较《与贸易有关的知识产权协定》有所加强。

第十二章 电子商务

本章旨在促进缔约方之间电子商务的使用与合作，列出了鼓励缔约方通过电子方式改善贸易管理与程序的条款；要求缔约方为电子商务创造有利环境，保护电子商务用户的个人信息，为在线消费者提供保护，并针对非应邀商业电子信息加强监管和合作；对计算机设施位置、通过电子方式跨境传输信息提出相关措施方向，并设立了监管政策空间。缔约方还同意根据 WTO 部长级会议的决定，维持当前不对电子商务征收关税的做法。

第十三章 竞 争

本章为缔约方制定了在竞争政策和法律方面进行合作的框架，以提高经济效率、增进消费者福利。规定缔约方有义务建立或维持法律或机构，以禁止限制竞争的活动，同时承认缔约方拥有制定和执行本国竞争法的主权权利，并允许基于公共政策或公共利益的排除或豁免。本章还涉及消费者权益保护，缔约方有义务采取或维持国内法律和法规，以制止误导行为，或在贸易中作虚假或误导性描述；促进对消费者救济机制的理解和使用；就有关保障消费者的共同利益进行合作。

第十四章 中小企业

缔约方同意在协定上提供中小企业会谈平台，以开展旨在提高中小企业利用协定、并在该协定所创造的机会中受益的经济合作项目和活动，将中小企业纳入区域供应链的主流之中。协定强调充分共享 RCEP 中涉及中小企业的信息，包括协定内容、与中小企业相关的贸易和投资领域的法律法规，以及其他与中小企业参与协定并从中受益的其他商务相关信息。

第十五章 经济与技术合作

本章为实现 RCEP 各国的共同发展提供了框架，为各方从协定的实施和利用中充分受益、缩小缔约方发展差距方面作出贡献。根据本章，缔约方将实施技术援助和能力建设项目，促进包容、有效与高效地实施和利用协定等所有领域，包括货物贸易、服务贸易、投资、知识产权、竞争、中小企业和电子商务等。同时将优先考虑最不发达国家的需求。

第十六章 政府采购

协定认识到政府采购在推进区域经济一体化以促进经济发展中的作用，将着力提高法律、法规和程序的透明度，促进缔约方在政府采购方面的合作。本章包含审议条款，旨在未来对本章节进行完善，以促进政府采购。

第十七章 一般条款与例外

本章规定了适用于整个 RCEP 协定的总则，包括缔约方法律、法规、程序和普遍适用的行政裁定的透明度、就每一缔约方行政程序建立适当的审查与上诉机制、保护保密信息、协定的地理适用范围等。同时，本章将 GATT1994 第二十条和 GATS 第十四条所列一般例外作必要修改后纳入本协定。缔约方可以采取其认为保护其基本安全利益所必需的行动或措施。本章还允许缔约方在面临严重的收支平衡失衡，外部财政困难或受到威胁的情况下采取某些措施。

第十八章 机构条款

本章节规定了 RCEP 的机构安排，以及部长会议、联合委员会和其他委员会或分委员会的结构。联合委员会将监督和指导协定的实施，包括根据协定监督和协调新设或未来设立的附属机构的工作。

第十九章 争端解决

本章旨在为解决协定项下产生的争端提供有效、高效和透明的程序。在争端解决有关场所的选择、争端双方的磋商、关于斡旋、调解或调停、设立专家组、第三方权利等方面作了明确规定。本章节还详细规定了专家组职能、专家组程序、专家组最终报告的执行、执行审查程序、赔偿以及中止减让或其他义务等。

第二十章 最终条款

本章节主要包括关于附件、附录和脚注的处理；协定与其他国际协定之间的关系；一般性审查机制；协定的生效、保管、修订、加入及退出条款等。指定东盟秘书长作为协定的保管方，负责向所有缔约方接收和分发文件，包括所有通知、加入请求、批准书、接受书或核准书。条约的生效条款规定，协定至少需要 6 个东盟成员国和 3 个东盟自由贸易协定伙伴交存批准书、接受书或核准书后正式生效。①

（三）海南自贸港与 RCEP 的融合

1. 产业方面

RCEP 生效，区域合作机制强化，有助于我国在更高水平上形成新的产业发

---

① 《区域全面经济伙伴关系协定》（RCEP）各章内容概览［EB/OL］.中华人民共和国商务部，2020-11-16.

展优势,同时为海南自由贸易港带来千载难逢的发展良机。海南自贸港紧扣国家战略定位,凭借中国特色自贸港政策、优越的地理位置等多重优势,叠加发展主导产业。海南重点发展旅游业、现代服务业、高新技术产业、特色高效农业等,利用 RCEP 的叠加效应,加快形成区域产业链贸易的中心枢纽,从而促进海上丝绸之路建设和中国—东盟自贸区共同繁荣,力争成为加强 RCEP 区域合作机制的重要门户。

其一,充分发挥资源优势,建设富有本地特色的旅游产品体系,继续完善岛屿旅游产业体系。RCEP 成员国约占全球人口和贸易规模的30%,蕴含巨大旅游需求,对海南旅游业来说是新的发展机遇。海南依托海岛优势资源,大力发展具有特色的旅游项目,开创更多旅游产品,如会展旅游、购物旅游、特色小镇旅游、婚庆旅游、美食旅游、房车露营等旅游业态。同时,海南可以聚焦"点"的建设,积极发展邮轮产业,建设邮轮母港,开发途经 RCEP 成员国的国际航线邮轮服务业务;利用海南独特生态环境,发展森林—养生文化旅游;加快落实旅游相关保障措施,完善旅游相关配套服务。

其二,完善海南现代服务业体系,优化特色经济结构,提升服务国际化水平。海南自贸港利用 RCEP 的叠加效应,包括"加工增值超30%内销免征关税"及其他"零关税、低税率、简税制"等政策,打通中国内地与区域内产品贸易新渠道,为将海南打造成为商品众多、结构均衡、物美价廉的国际旅游消费中心创造了条件。可以此为契机推进电子商务、航空物流业、现代金融、现代会展业、医疗康养和科技服务业等现代化服务业发展,协调第一、二、三产业内部行业比重,完善海南现代服务业体系。①

其三,注重高新技术产业创新的资金扶持,构建高技术人才引进与培育机制。中国特色自由贸易港谋求可持续发展,需要通过高新技术发展增创产业新优势,提升在 RCEP 区域内的竞争优势。海南稳步增加政府专项资金投入和设立高新技术产业基金,投向优质高新技术企业的优质的项目;利用金融自由便利这一政策,放宽海外资金进入海南自贸港及进一步完善高新技术产业投融资体系。同时,海南需要积极开辟国际合作渠道,加强与国内外一流高新技术园区的合作,建设一批国际化发展服务平台,吸引 RCEP 成员国内一流高新技术人才来琼工作和创业,落实"百万人才"引进琼的待遇。

---

① 傅国华,马恺阳,张德生. 构建现代产业体系背景下海南自贸港产业结构优化研究 [J]. 海南大学学报(人文社会科学版),2022,40(2):92-100.

2. 贸易投资方面

货物贸易方面，RCEP 成功签署类似 5 个"10+1"自贸协定的集体升级，高达 90% 的货物实现贸易开放，超出 WTO 各国的开放水平。这将对海南自贸港对外贸易带来巨大的发展机遇，优化海南自贸港与 RCEP 中重要进出口伙伴的贸易关系。2021 年 2 月 1 日《海南自由贸易港外商投资准入特别管理措施（负面清单）（2020 年版）》发布实施，负面清单缩减为 27 条，"零关税、低税率"贸易便利化模式，叠加 RCEP 规定区域内贸易自由便利、90% 货物零关税，有利于吸引 RCEP 区域内更多的生产要素流动到海南自由贸易港中，优化海南自由贸易港产业结构，促进产业升级。而在服务贸易方面，RCEP 拓宽服务业市场准入范围，有利于海南破除跨境支付、清算和境外消费等服务贸易模式下的各种隐性壁垒，同时，海南可借鉴区域内成熟旅游业模式和现代服务业模式，诸如马来西亚、泰国、新加坡等国旅游发展模式以及日本、韩国的现代服务业发展模式。①

海口海关数据显示，自 2018 年开始，海南自由贸易港与 RCEP 中东盟 10 国的贸易往来更加密切，与日本、韩国和澳大利亚的进出口贸易，特别是进口额也稳步增长。可见，在 RCEP 协定加持下，海南正加快推进自由贸易港建设。具体如表 9-3、表 9-4 所示。

表 9-3　海南自贸港与 RCEP 国家之间出口情况（2018—2021 年）

单位：万元（人民币）

国　　家	出　　口			
	2018 年	2019 年	2020 年	2021 年
日本	126 819.19	93 775.42	71 876.71	48 450.10
韩国	113 495.17	43 337.88	75 922.03	88 972.47
澳大利亚	141 879.93	343 908.72	149 382.6	100 727.10
新西兰	4867.81	4909.65	6700.42	4470.00
文莱	62.14	128.22	260.07	262.95
缅甸	27 047.18	32 423.50	37 669.42	25 966.03
柬埔寨	3142.02	1661.95	5354.52	23 907.94

---

① 韩剑，郑航 . 国内国际双循环发展新格局下的对外开放：RCEP 签署对海南自由贸易港建设的影响［J］. 南海学刊，2020，6（4）：21-27.

续表

国　家	出　口			
	2018 年	2019 年	2020 年	2021 年
印度尼西亚	18 772.77	45 741.65	24 898.90	19 795.92
老挝	147.28	13.00	3880.40	616.85
马来西亚	47 924.45	19 760.62	243 872.61	112 570.14
菲律宾	335 092.12	451 249.01	143 148.63	214 733.41
新加坡	379 129.53	504 263.02	222 731.50	252 899.28
泰国	68 946.87	51 322.53	55 118.14	59 198.77
越南	123 659.72	396 438.33	405 044.20	165 281.57

资料来源：中华人民共和国海口海关（http：//haikou.customs.gov.cn）。

表 9-4　海南自贸港与 RCEP 国家之间进口情况（2018—2021 年）

单位：万元（人民币）

国　家	进　口			
	2018 年	2019 年	2020 年	2021 年
日本	91 311.49	233 818.75	560 267.85	726 056.05
韩国	200 608.36	185 015.83	226 946.34	311 214.87
澳大利亚	148 205.83	325 652.44	472 280.59	2 016 142.47
新西兰	9634.40	16 954.51	19 107.56	19 474.20
文莱	0.00	6847.37	148 728.98	105 690.53
缅甸	1739.45	7170.23	11 572.392	7836.07
柬埔寨	1369.24	6520.84	6317.54	5201.57
印度尼西亚	189 473.29	236 372.72	316 346.74	534 323.67
老挝	45.45	35 806.64	472.65	1346.03
马来西亚	91 971.83	201 041.99	150 764.80	251 977.61
菲律宾	62 206.50	27 983.29	10 944.15	36 538.08
新加坡	193 255.29	266 115.68	138 782.63	162 583.97
泰国	96 165.79	186 260.20	149 232.37	116 410.52
越南	311 387.16	299 315.36	291 010.29	394 966.15

资料来源：中华人民共和国海口海关（http：//haikou.customs.gov.cn）。

在 RCEP 生效后，海南有望成为泛南海经济圈的中心，促进投资的双向流动。首先，RCEP 的负面清单制度将扩大成员国投资市场准入，与海南自贸港政策相结合，降低投资壁垒，促进资本自由流动。海南可利用其地理优势，转移部分产业至邻国，同时发展高端制造业。其次，海南自贸港的"标准制+承诺制"投资制度将吸引高质量外商投资。《海南自由贸易港建设总体方案》提出放宽市场准入、强化产权保护、保障公平竞争，打造透明的投资环境，简化审批流程，吸引 RCEP 区域内的外资企业投资。

3. 财政税收方面

针对 RCEP 协定生效的零关税，海南自贸港的"零关税"又存在何种竞争优势，不少学者针对此类问题进行了探讨。时任海南省开放型经济研究院、海南大学经济学院院长李世杰从四方面分析了 RCEP 协定与自贸港政策在"零关税"方面的差异。

一是"零关税"内容不同。RCEP 协定仅包含了关税，而海南自由贸易港"零关税"不仅包含了关税，还包含增值税和消费税。

二是实施时间不同。海南自由贸易港货物贸易"零关税"在封关以后将全面实施，封关之前是按照"一负三正"四张清单的方式实施；而 RCEP 协定的"零关税"分阶段（立即实施、10 年、15 年和 20 年后）陆续实施。

三是实施方式不同。海南自由贸易港"零关税"对世界各国的商品都无差别对待；而 RCEP "零关税"必须在签约国家范围之内，且必须要依据原产地累计超过 40%方可适用。

四是例外产品不同。海南自由贸易港未来约 2%的负面清单商品不适用于零关税，如烟草、酒精等特殊商品；而 RCEP 的商品零关税例外的清单更大，中国针对不同成员国的例外商品占比从 4.5%至 13%不等。

海南自由贸易港的发展需要税收优惠政策的支持。政府应研究并扩大港区免税范围和种类，推行货物优惠关税政策以降低企业成本。海南可参考新加坡，对于向外国消费者出售的产品和服务免征消费税，逐步减免增值税，减轻企业及消费者负担，促进消费和经济增长。政府还应探索减免住宅租售、金融服务、出口和国际服务等领域的增值税，以优化自由贸易港的营商环境和消费环境。

4. 金融方面

RCEP 的金融服务章节旨在强化金融监管规则，提升透明度，降低风险不确定性，促进资本跨境自由流动。《海南自由贸易港建设总体方案》要求海南自贸港落实金融业扩大开放政策以及便利跨境贸易投资资金流动，意味着海南将会进一步放开资本市场，也指出了海南重要的改革方向。RCEP 生效后，其强化金融监管规则将为海南自贸港跨境资本流动规则制定提供借鉴。

RCEP 生效后，海南将成为泛南海经济圈的重要枢纽。为实现这一目标，海南需专注于贸易投资自由化和便利化，促进资金自由流动。海南自贸港的建设将推动其成为国际上有影响力的自贸港，包括建立国际结算中心、发展金融市场和衍生品市场，以及创新金融产品。随着能源、大宗商品、知识产权等交易平台的建立，海南将吸引 RCEP 区域内的跨国企业，促进资金流动，增强金融交易，增加各类融资业务，从而带动担保、保险、发债、上市等金融需求，吸引多样化金融机构，更新海南的金融生态。①

此外，海南自贸港叠加 RCEP 金融效应，同时在金融风险防控和制度建设方面必须超前布局，建立健全资金流动监测和完善风险防控体系，加强资本自由流动宏观审慎管理，加强对重大金融风险的识别和对系统性风险的防范，实现与国际金融监管规则接轨。

5. 人员流动更加自由便利

RCEP 将自然人流动作为单独章节，从签证、商务访问等规范方面简化区域内人员跨境流动程序，极大降低人员流动成本。②

《海南自由贸易港建设总体方案》强调要根据海南自由贸易港发展需要，针对高端产业人才，实行更加开放的人才引进和停居留政策，打造人才集聚高地，实行更加便利的出入境管理政策。海南自贸港参考 RCEP 规则，吸引全球人才共建自贸港。措施包括：为外籍高层次人才提供出入境便利，实施市场导向的人才机制和国际评估机制；实行外籍人士负面清单制度，放宽专业技术技能人员政策，允许符合条件的境外人员担任企业法定代表人；扩大免签入境政策，简化 RCEP 成员国人员跨境流动程序，提供流畅的出入境管理和服务。

三、海南自贸港与大湾区的联动发展

《海南自由贸易港建设总体方案》明确提出"加强与东南亚国家交流合作，促进与粤港澳大湾区联动发展"。《海南自由贸易港建设总体方案》为海南自贸港与大湾区的联动发展奠定了坚实的政策基础。

---

① 刁璐. 海南自贸港以交易平台为依托的金融创新发展研究 [J]. 中国物价, 2021（10）: 56-59.

② 韩剑, 郑航. 国内国际双循环发展新格局下的对外开放: RCEP 签署对海南自由贸易港建设的影响 [J]. 南海学刊, 2020, 6（4）: 21-27.

　　有研究者指出，海南自由贸易港加强与粤港澳大湾区联动发展的必要性与可行性有：1. 海南自由贸易港加强与粤港澳大湾区联动将形成两大国家级重大区域决策部署的叠加效应；2. 对标国际投资贸易规则，港澳地区先作借鉴；3. 海南经济基础薄弱，建设自由贸易港需要外部资金注入；4. 海南与粤港澳地区具备地理和人文的邻近性；5. 海南所缺与粤港澳大湾区所长合作互补。海南自由贸易港加强与粤港澳大湾区联动发展的对策措施包括：1. 畅通与粤港澳大湾区的基础设施连接；2. 借力粤港澳大湾区打造优势产业体系；3. 促进与粤港澳大湾区的政策相通；4. 加强与粤港澳大湾区的人才流通。①

　　有专家认为，海南自贸港与粤港澳大湾区联动发展要以扩大对外开放、促进区域协调发展和培育新的区域增长极为目标。海南自由贸易港与粤港澳大湾区联动发展是一个特殊的模式，在全球范围内尚无"大湾区＋自贸港"联动发展的可参考案例，而中国特色的制度优势和治理体系为探索"大湾区＋自贸港"联动发展模式提供了必备条件。海南自由贸易港与粤港澳大湾区联动发展的路径：构建海南自由贸易港与粤港澳大湾区合作机制、构建利益协调和共享机制、加快跨区域交通和信息网络基础设施建设、打造区域联动发展金融支撑平台、打造跨区域特色产业集群、加强生态文明建设合作。②

　　还有专家指出，港湾融合发展的战略目标是：面对加速演进的百年未有之大变局，海南自由贸易港、粤港澳大湾区要在"优势互补、联动发展"中合作打造构建面向东盟的产业体系、市场体系、服务体系，努力成为中国与东盟商品要素双向流动的大通道、要素高效配置的大平台。建议以产业合作为重点实现港湾合作的重要突破：1. 以产业协同实现港湾产业发展优势与政策、资源优势叠加；2. 务实推进海南自由贸易港与粤港澳大湾区的产业联动发展；3. 加快建设琼州海峡一体化发展示范区。③

　　①　陆剑宝，符正平 . 海南自由贸易港与粤港澳大湾区联动发展的路径研究［J］. 区域经济评论，2020（6）：132-135.

　　②　裴广一 . 海南自由贸易港与粤港澳大湾区联动发展的实现模式与路径［J］. 经济纵横，2021（2）：91，93-95.

　　③　迟福林 . 港湾融合发展建议：主动与大湾区融合发展，加快形成海南自由贸易港建设的重要力量［J］. 财经界，2024（1）：19-20.

本书基本赞成以上专家学者的建议。粤港澳大湾区对海南自贸港来说属于外部发展环境,正如前文所提到的,从政策外部环境分析,海南经济基础薄弱,法治建设和政务服务水平有待提高,民生和生态环境保护尚需进一步发展。而粤港澳大湾区是我国开放程度最高、经济活力最强的区域之一,其产业发展、营商环境、法治水平、政策体系都走在全国前列,海南自贸港融入大湾区,与大湾区联动发展无疑会尽快缩短海南自贸港与其他经济发达地区的差距,增强自身竞争力,也更能提高政策制定和执行的质量。

第四节　优化中国特色自由贸易港政策供给路径

一、优化自贸港政策制定

公共政策制定是指公共组织特别是政府针对有关的重要政策问题,依照一定的程序和原则制定政策目标,拟订、评估和最终择定有关政策方案并予以合法化的过程。政策制定是政策过程的核心阶段。

政策制定过程包含了议程设立、方案规划和方案合法化等功能活动环节或阶段,而议程设立是政策制定过程中起始阶段的功能活动。

优化海南自贸港政策制定应注意考虑以下方面:

(一) 提高政策制定的科学性

建立市场准入制度,确保公平竞争,简化审批流程,提升效率,降低成本,吸引市场主体。采取措施如降低市场壁垒、提供优惠政策,吸引国内外企业开展服务贸易。出台 QFLP 支持政策,包括股权投资奖励、经营贡献奖等激励措施,增强海外投资者信心。同时,考虑政策间的叠加效应,整合资源,防止浪费。

(二) 提升政策制定的民主性及可操作性

畅通政府与企业沟通渠道,制定涉企政策前应注意倾听和参考市场主体的意见和建议,确实做到政策为企业所需,为市场主体所盼。政策出台后坚持"覆盖式"广泛宣传和"滴灌式"精准宣传相结合的宣传方式,通过线上线下多种渠道,对海南自贸港优惠政策开展宣传辅导。为各类重点行业企业开展

"面对面"座谈，提供"一对一"服务，提供及时准确的政策咨询服务，推动优惠政策应享尽享。

利用好沟通政策工具是增加政策可操作性的较好手段。例如，对于生产设备实行"零关税"政策，加大政策宣传力度，鼓励市场主体尤其是新建企业积极享受自用生产设备"零关税"政策；政策执行、产业主管等部门均有义务指导市场主体用好自用生产设备"零关税"政策，推动持续释放政策红利。

（三）重视政策制定的合法化问题

如前文所述，政策制定的合法化包括主体合法、制定程序合法和政策文本合法等方面，尤其是在涉及外商投资的相关政策中，外商特别关注众多政策中的法律法规的规定。参照新加坡、迪拜等发达的自贸港经验，重点关注海南自由贸易港外商投资准入负面清单的制定、修改，优化制定主体权限和制定程序，规范政策文种，进一步扩大开放领域，特别是限制类和禁止类领域。

（四）加强联动监管和风险防范方面的政策制定

关注风险防范和落实监管责任也是中国特色自由贸易港政策的重点领域。因此，建立健全风险防范机制，加强对外商投资项目的审核和监管，防范潜在风险。例如，在平行进口业务领域，进一步加强市场监管、海关、税务、商务、交通、工信等部门之间的联动监管机制建设，明确企业"营运自用"界定标准，细化完善监管制度，统一政策执行方案，减少政策制定与执行偏差。

二、优化自贸港政策执行

公共政策的实施或执行是政策过程的关键步骤，直接关联于政策目标的达成和政策问题的解决。然而，在公共政策学发展的初期，研究焦点主要集中于政策制定，而对政策执行的重要性则相对忽视。美国公共政策学者兰尼指出："至少从 1945 年起，大部分美国政治科学家把他们的专业注意力放在制定公共政策的过程上，而对于这些公共政策的内容（如何转化为现实）则相对不太关心。"随着政策制定与现实执行层面之间的巨大反差引起人们的关注，从 20 世纪 70 年代开始，发达国家的学者将公共政策研究的主题和重心从政策制定转移到了政策执行上。[1]

---

① 宁骚. 公共政策学［M］. 3 版. 北京：高等教育出版社，2018：287.

　　优化海南自贸港政策执行应注意考虑以下方面：

　　（一）政策执行部门应当明确政策的定位、目标和实施路径，避免模糊性和不清晰性。例如，进一步明确享受"零关税"的标准和提高海关效率，加快推进"零关税"交通工具及游艇通关速度与落地进程。在境外职业资格认可方面，结合海南自贸港建设需求，聚焦四大主导产业发展，动态调整认可目录清单，进一步扩容认可境外职业资格的国家（地区）。

　　（二）政策应当与配套保障相结合，结合目标群体特征，利用目标群体资源，确保政策的实施能够得到充分的资源支持和监管机制。例如，在执行海南自贸港企业所得税和个人所得税优惠政策过程中，应常态化开展事后部门联合核查，切实防范政策执行风险。在事后环节，坚持加强跨部门的数据联动、协同监管，持续完善联合核查工作机制，引导市场主体合规享受所得税优惠。对按照年度新增享受海南自贸港所得税优惠企业实质性运营核查实行"全覆盖"，对存量企业抽取一定比例开展联合核查，确保税收优惠应享尽享，税收风险可防可控。

　　（三）定期评估政策实施效果，及时修正和调整目标群体的界定，需要加强宣传和信息发布，提高目标群体对政策的了解和参与度；要增强外商投资服务意识。应不断提高对外商投资企业的服务水平，加强与外商投资企业的沟通与联系，及时解决外商投资企业遇到的问题和困难。同时，提供更多的支持和帮助，增强外商投资企业在海南发展的信心和归属感。

　　（四）及时评估和调整政策，以确保政策能根据实际情况进行适度的修正和优化，满足所有目标群体的需求，最终实现预期效果。一方面深入分析影响政策效果的因素，对一些政策取得效果的影响因素进一步厘清，另一方面根据影响政策效果的因素进行适度的修正和优化，以充分释放政策红利。

三、优化自贸港政策评估

　　公共政策评估就是评估主体依据一定的标准和程序，使用科学方法与技术，考察公共政策过程的各个阶段、各个环节与各个方面，对政策产出和政策影响进行检测和评价，以判断政策结果实现政策目标、解决政策问题的程度的活动。

　　政策评估是依据一定的标准和程序，对政策的效益、效率及价值进行判断的一种政治行为，目的在于取得有关这些方面的信息，作为决定政策变化、政策改进和制定新政策的依据。

　　政策的执行评估是指在政策执行过程中，将各项指标的执行结果与预期目标进行对比，以评价政策在现实生活中的执行情况。它的主要目的是及时发现政策的缺陷，并对政策加以修订。

对政策执行效果的评估要在政策制定之时确定评估标准，该标准尽量包括定性和定量两方面，确实无法量化的才选择定性的标准。除了预定的评估标准，还应重视市场主体的实际感受，良好的政策执行效果会形成"口碑"，在市场主体之间，乃至国际国内两个市场口口相传，这才是实实在在的社会效果和经济效应。

《海南自由贸易港建设总体方案》提出，国务院发展研究中心对海南自贸港建设开展全过程评估，牵头成立专家咨询委员会，为海南自贸港建设建言献策。2020年11月28日和2021年12月23日分别在海南省海口市召开了海南自由贸易港建设半年和年度的评估工作汇报会。两次评估虽是对海南自贸港建设全过程的评估，但从评估专家关注的焦点看，主要还是集中在"政策落地""推动产业发展""制度集成创新""优化营商环境"等方面，跟政策的制定、实施密切相关。

（一）自贸港政策评估的实践

除了国务院发展研究中心对海南自贸港建设开展全过程评估和海南大学作为第三方机构对海南自贸港重点政策进行评估，中国特色自由贸易港政策评估还包括金融监管政策以及公平竞争审查政策交叉检查和第三方评估等。

1. 金融监管政策的量化评估

2019年海南省地方金融监督管理局制定《海南省交易场所监管评价暂行办法》，针对海南省辖区大宗商品及权益类交易场所，通过定性和定量的方式，建立指标评价体系，对交易场所经营管理的重大方面进行评分评级，并将评价结果运用到交易场所监管中。评价基准分为100分，可有加分10分（产品研发创新）。评价结果分A、B、C、D四档，A档对应评价分90（含）～110分，B档对应评价分75（含）～90分，C档对应评价分60（含）～75分，D档对应评价分60分以下。

海南省地方金融监管部门推出的以上监管量化评估政策均属当时国内金融监管方面的首创，值得肯定和推广。

2. 公平竞争审查政策交叉检查和第三方评估

2021年8月，海南省反垄断主管部门组织开展全省范围的"政策措施公平竞争审查交叉检查"活动。主要抽查2021年以来各市县出台的涉及市场主体经济活动的政策措施，每个单位随机抽查 5 份政策措施。交叉检查安排包括网上抽取、初步审查、整理上报、重点核实、总结通报等 5 个环节。

自 2021 年起，海南省全面审查了增量 5094 件政策措施，其中 1597 件经过审查修改后出台，23 件被决定不予出台。为持续优化政策环境，海南省要求各市县政府和省直单位逐步清理并修订关于招商引资和产业扶持的财税政策。至今，已梳理 5352 件政策措施，发现并修订或废止了 130 件妨碍统一市场和公平竞争的政策。此外，对市县或区政府的 843 份政策措施进行了交叉抽查，对涉嫌违反审查标准的政策措施进行了核实与整改。同时，对省级单位落实公平竞争审查制度的情况进行了第三方评估。①

（二）自贸港政策评估的设想

1. 定性方面

定性方面主要是评估自贸港政策是否符合标准，其衡量标准不能离开海南自贸港建设的目标，也即"不忘初心"。

（1）坚持新时代中国特色社会主义的原则。制定政策要做到"五个坚持"，即坚持中国共产党的领导、坚持社会主义道路、坚持以人民为中心的发展思想、坚持社会主义核心价值观、坚持新发展理念。这"五个坚持"体现了中国特色自由贸易港的正确政治方向，我们不能偏离。

（2）坚持公平竞争原则。2021 年 9 月 21 日海南省人大常委会通过的《海南自由贸易港公平竞争条例》第二条规定：海南自由贸易港借鉴国际通行规则完善公平竞争制度，强化竞争政策的基础性地位，依法平等保护各类市场主体的合法权益，建设统一开放、竞争有序的市场体系。第十二条规定：县级以上人民政府及有关部门应当推动产业政策向普惠化和功能性转型，强化对技术创新和结构升级的支持，加强产业政策和竞争政策协同。县级以上人民政府及有关部门在制定具体的产业政策时，应当坚持以竞争政策为基础，统筹协调产业政策和其他经济政策，充分发挥各类政策在推动经济高质量发展中的相互促进作用，增强产业竞争力，集聚全球优质生产要素。

（3）符合便利化、国际化、法治化一流营商环境原则。要以公平、透明、可预期为切入点。所谓公平，就是内资外资一个样、国企民企一个样、大企业小企业一个样、认识不认识一个样。所谓透明，就是每一个步骤都上得了台面，经得起所有人旁观。所谓可预期，就是对提交的各种申请、投诉、建议，政府

---

① 海南 2021 年修订废止违反公平竞争政策 130 件［EB/OL］. 中国日报网，2021-12-28.

大概会怎样答复以及什么时候答复，要让市场主体心里有谱。

（4）符合生态文明建设要求。《海南自由贸易港法》一共八章五十七条，而设专章（第五章）六条专门规定生态环境保护，其中第二十三条规定，海南自由贸易港健全生态环境评价和监测制度，制定生态环境准入清单，防止污染，保护生态环境；健全自然资源资产产权制度和有偿使用制度，促进资源节约高效利用。海南省第八次党代会报告提出"一本三基四梁八柱"战略，"八柱"包括了生态环境、政策环境、法治环境、营商环境等。可见生态文明建设在自贸港建设中占据较重的分量。

（5）坚持改革创新、高质量发展原则。《海南自由贸易港建设总体方案》突出改革创新，强化改革创新意识，探索建立适应自由贸易港建设得更加灵活高效的法律法规、监管模式和管理体制，下大力气破除阻碍生产要素流动的体制机制障碍。深入推进商品和要素流动型开放，加快推动规则等制度型开放，以高水平开放带动改革全面深化。加强改革系统集成，注重协调推进，使各方面创新举措相互配合、相得益彰，提高改革创新的整体效益。

2. 定量方面

在分析现有文献和研究成果的基础上，建议从自贸港政策的制定、实施和绩效三方面对政策进行评估，进而建立一个完整灵活的政策评估体系。考虑到《海南自由贸易港建设总体方案》颁布时间不长，相关政策颁布和落实效果并不明显。为此，初步提出以下设想：

政策的评估分为三方面，分别是政策的制定、政策的实施和政策的绩效，其分值占比是 3：4：3。比重的分配主要是考虑到自贸港政策颁布不久，主要关注点在实施阶段。

表 9-5　政策评估的内容说明

阶段划分	政策的制定	政策的实施	政策的绩效
该阶段的标准	合理性	高效性	集成性
评估内容	制定主体、政策形式和制定程序	领导机制、统筹规划和工作制度	自由便利、现代产业体系和制度建设

在一级指标下分设二级指标，例如，政策制定分为制定主体、政策形式和制定程序三个二级指标，包括制定主体、政策形式和制定程序三个，分别占 0.5、0.3、0.2 分值，政策的形式往往反映出政策的效力等级，效力越高的政策

越容易得到执行，因此所占分值也是较高的。政策实施下面同样设定三个二级指标，包括领导机制、统筹规划和工作制度，亦分别占0.5、0.3、0.2分值，其中领导机制最为重要，所占分值也最高。领导机制下面设有专门机构、召开会议有会议纪要、安排专项经费三级指标，分别赋予不同的分值。政策绩效下面同样设定三个二级指标，包括自由便利、现代产业体系和制度减损，分别占0.4、0.3、0.3分值，二级指标下面还设有若干三级指标。具体指标和分值如下：

表9-6　政策的评价指标体系

政策评估	一级指标	二级指标	设定分值
政策制定 （0.3）	制定主体 （0.5）	国务院	100
		省政府及其各部门	90
		市政府及其各部门	80
	政策形式 （0.3）	法律形式	100
		行政法规或地方人大立法	90
		部门规章或地方政府规章	80
	制定程序 （0.2）	专家论证	100
		广泛征求社会意见	90
政策实施 （0.4）	领导机制 （0.5）	设有专门机构	100
		召开相关会议有会议纪要	90
		安排专项经费	80
	统筹规划 （0.3）	纳入五年规划或政府年度规划	100
		纳入年度预算经费	90
	工作制度 （0.2）	监管体制	100
		部门间协调机制	90
		专项执行活动	80
		落实政策监管活动	70
		总结案例	60

续表

政策评估	一级指标	二级指标	设定分值
政策绩效 （0.3）	自由便利 （0.4）	贸易	100
		投资	90
		跨境资金流动	80
		人员进出	70
		运输往来	60
		数据安全有序流动	50
	现代产业体系 （0.3）	旅游业	100
		高新技术产业	90
		现代服务业	80
		热带高效农业	70
	制度建设 （0.3）	税收	100
		社会治理	90
		法治	80
		风险防控	70
总分	100 分		

分值设定说明：越重要的事项分值越高，最重要的事项打满分（即 100 分），以十分为一个档次按照重要性依次递减。若一个政策涉及多个二级指标，则取最高的分值来计算。重要性只是我们的暂估，有待最后调整确定。

通过对指标体系的构建，得出每项政策的总分不尽相同。以《海南自由贸易港法》为例：

（1）从政策制定方面分析，由于它属全国人大制定，制定主体得满分（50分）；从政策的形式看，属于法律也得满分 30 分，从制定的程序看，也经过了专家论证得满分（20 分），政策制定方面得满分为 100 分。但政策制定仅占评估总值的 30%，100 乘以 30% 得到 30 分，因此可以获得评估分 30 分。

（2）从政策实施方面看，有专门领导机制得 50 分；假设该法没有纳入五年规划或政府年度规划，也没有纳入年度预算经费，统筹规划的 30 分就得不到。该法有监管体制，得 20 分；政策实施部得到 70 分，因为政策制定占评估总值的 40%，70 乘以 40% 得到 28 分，因此可以获得评估分 28 分。

（3）从政策绩效方面看，该法在自由便利方面涉及贸易得 40 分，现代产业体系方面也涉及旅游得 30 分，制度建设方面也涉及税收得 30 分，也即政策绩效方面可以得到满分 100 分。因为政策制定占评估总值的 30%，100 乘以 30% 得到 30 分，因此可以获得评估分 30 分。将以上三项所得评估分进行加总得到最后的总分为 88 分。

政策评估根据得分划分为四个等级，90~100 分、75~90 分、60~75 分和 60 分以下，分别对应政策的优秀、良好、合格和需要修改完善或废止。

政策评估主体为国务院发展研究中心或其他具有权威性的第三方机构，评估对象为国务院各部委、海南省人大及其常委会、海南省政府及其部门制定和执行自贸港政策的情况。建议每年至少进行一次政策评估，评估结果向社会公布，并作为政策修改、废止的依据。

四、优化自贸港政策修订和终止

美国政策学者琼斯（C. O. Jones）较早提出政策生命周期理论。琼斯认为感知或定义、界定、汇集或累加、组织、确立议程、方案形成、合法化、制定预算、执行、评估和终结是一个完整的政策过程的基本因素。他还根据系统分析的概念将政策分为五个阶段：（1）问题认定，即从问题产生到被决策部门认识并决定予以解决的阶段；（2）政策发展，包括方案规划及其合法性等功能活动，即决策部门为解决问题而采取行动的阶段；（3）政策执行，即解决问题的阶段；（4）政策评估，即政策颁布出去后再次回到决策部门被审视评价的阶段；（5）政策终结，即问题解决或变更阶段。①

政策的生命周期包括制定、执行、评估和终止四个阶段。制定阶段是政策的起点，对政策质量和方向至关重要。执行阶段是政策发挥作用的关键时刻，也是调整政策以达到最佳效果的关键时刻。评估阶段决定政策是否需要调整、变更或终止。终止阶段则是政策生命的结束，需要进行总结并决定是否制定新政策。经济政策为秩序型产业政策创造条件，这些条件又引发可预见的趋势，这些趋势常被忽视，应得到重视。②

---

① Jones C O. An Introduction to the Study of Public Policy（3nd ed.）[M]. Monterey, California: Brooks/Cole Publishing Company, 1984.

② [德] 欧肯. 经济政策的原则 [M]. 李道斌，冯兴元，史世伟，译. 北京：中国社会科学出版社，2014：229.

有国内研究者认为，某些政策生命的终结并不意味着它的死亡，它会通过政策终结过程影响下一个政策周期。新的政策往往不是凭空产生的，而是通过旧政策不断演变进化过来的，从这个意义上来说新政策就像是旧政策的延续，只是新政策比旧政策更适应时代的发展，更符合经济增长和社会进步的要求。因此，政策周期就是政策自身的不断发展运动以适应环境的过程，这个过程的核心在于对政策自身的扬弃，使政策不断从过去的历史发展中取其精华、去其糟粕，从而获得内在的发展力量。[①]

所谓政策终结就是公共政策的决策者通过对政策进行审慎的评估后，采取必要的措施，以终止那些错误的、过时的、多余的或无效的政策、政策功能、政策工具或政策组织的一种行为。从性质上看，政策终结可以区分为完全终结和部分终结。

对于自贸港政策的修订和终止，提出以下建议：

（一）政策制定前期阶段。应考虑政策制定的环境和现有条件，尤其是认真考虑之前是否出台过类似的政策？如果是基于已经终止政策基础上制定的政策，应全面考虑旧政策的实施情况，如旧政策取得的效果及存在的问题等。注意新旧政策间的衔接。同时，应该考虑其实施所需要的资源配置及评估标准，为政策的下一步实施和评估奠定良好的基础。

（二）政策实施落实阶段。加强对政策执行者的培训和激励，确保他们严格执行并有效宣传政策。同时，准备修订政策以应对新问题和潜在风险。必须评估和监督政策实施情况，及时修正或终止不达标的政策。自贸港政策需要建立有效的监控制度，从制定到执行、评估到终结，确保政策适应外部环境变化并解决执行问题。

（三）政策全过程评估阶段。评估是政策修订或终止的基础，可能在政策制定时通过比较备选方案确定最佳方案，即预评估；在实施中评估政策执行与目标的符合度，即执行评估；完成或修订后进行全面评估，即事后评估。政策评估分为外部评估和内部评估，尤其应重视外部评估，包括市场主体的反馈。

（四）政策的修改和终止阶段。一是政策运行具有系统性，所以须用系统的观点来考虑政策的修改和终止，即政策有一个从出生到死亡的过程，政策与外部环境发生能量交换，外部环境的时刻变化会影响到政策的存亡。从已有文献

---

①　蔡荣生．经济政策学［M］．北京：经济日报出版社，2005：101．

对自贸港前后宣布的政策分析可以看出，海南自贸港宣布以前制定的政策，大都不太注重政策的有效期问题，而自贸港宣布以后出台的很多政策，除了正式的立法，基本规定了政策的实施期限，有的规定比较短，只有两到三年。因此，建议今后出台的政策均应规定一个合理的有效期，到期前应开展评估，依据评估结果以决定修订或终止。如《公平竞争审查制度实施细则》第十二条规定：对经公平竞争审查后出台的政策措施，政策制定机关应当对其影响统一市场和公平竞争的情况进行定期评估。评估报告应当向社会公开征求意见，评估结果应当向社会公开。经评估认为妨碍统一市场和公平竞争的，应当及时废止或者修改完善。定期评估可以每三年进行一次，或者在定期清理规章、规范性文件时一并评估。二是政策修订或终止的程序正当性。如前文所述，CPTPP首先细分并强化了程序和透明度义务的要求，对政策措施的信息提供、审议、年度公告等制定了原则，还对政策制定的透明度提出了要求，但针对GATS建立审查影响服务贸易措施的司法、仲裁或行政机制，CPTPP未作类似要求。RCEP要求对协定下产生的争端提供有效、高效和透明的程序。因此，海南自贸港政策修订和终止可参照CPTPP在程序性纪律方面和RCEP在解决争端程序方面的要求。三是海南自由贸易港建设对标的是当今世界最高水平的开放形态，对标的是全世界著名的自由贸易港，但是海南仅仅是一个省级单位，法律授权有限，境外的经验也难以直接拿过来用，这就导致初期建设的风险增大。在风险剧增的情况下，相关政策应有风险处置预案和备用的政策方案，一旦正在实施的政策遭遇风险不能继续进行的时候，可以迅速启动预案或备用政策方案，避免出现被动或者混乱的局面乃至经济效益和社会效益的损失，影响海南自贸港高质量建设。

第五节　优化政策实施保障措施

习近平总书记在十八届中央政治局第四次集体学习时的讲话中指出，全面推进依法治国，必须坚持严格执法。法律的生命力在于实施。如果有了法律而不实施，或者实施不力，搞得有法不依、执法不严、违法不究，那制定再多法律也无济于事。现在，我们社会生活中发生的许多问题，有的是因为立法不够、规范无据，但更多是因为有法不依、失于规制乃至以权谋私、徇私枉法、破坏法治等。① 上述讲话虽然是针对法律实施中存在的问题，但依然适用于海南自贸港政策的实施。有了政策而不实施或实施不力，制定再多再好的政策也无济于事，自贸港政策的生命力在于有效保障政策的实施落地。

一、坚持正确政治站位，强化党的领导

"支持海南逐步探索、稳步推进中国特色自由贸易港建设，分步骤、分阶段建立自由贸易港政策和制度体系"是习近平总书记亲自谋划、亲自部署、亲自推动的改革开放重大举措，也是党中央着眼国内国际两个大局，深入研究、统筹考虑、科学谋划作出的战略决策。海南自贸港政策既是在党的领导下制定，也是在党的领导下实施的，应该坚持由党中央决定重大改革事项和把握整体工作进度，及时向党中央报告政策实施情况，确保始终在思想上政治上以及行动上同以习近平同志为核心的党中央保持高度一致。要在政治方面加强建设，对"两个确立"决定性意义上深化领悟，进一步增强"四个意识"、坚定"四个自信"、做到"两个维护"，才能正确执行政策，达到政策制定的预期目标和效果。

二、深化政府"放管服"改革，提高服务意识

《中共中央　国务院关于支持海南全面深化改革开放的指导意见》《海南自由贸易港建设总体方案》均对"放管服"改革提出了要求。"放管服"三者都同属政府、市场、社会共同创造价值的协同共治（协同治理）理论；都是政府职能转变的一场新革命，致力于建设人民满意的服务型政府，是打造现代政府的必然选择；三者的主要方式都在于降低制度性交易成本；落脚点都在于激发市场活力与社会创造力。就对立性而言，"放"与"管"和"管"与"服"是两对矛盾。前者"管"是矛盾的主要方面，必须以"善管"才能保"宽放"；后者"管"又是矛盾的主要方面，必须以"善管"才能保"优服"。②

做服务为上的政府，把企业放在心上，做到"企业一叫，政府赶到；企业不叫，政府不扰"；做诚信为本的政府，树立"企业至上"理念，做到言必信、行必果；做效率为先的政府，创新体制机制和工作方式方法，提高政府办事效率；做公平为要的政府，对国有企业、民营企业、内资企业和准入后外资企业

① 中共中央文献研究室. 习近平关于全面依法治国论述摘编［M］. 北京：中央文献出版社，2015：57.
② 罗晋京. 国际旅游消费中心之旅游消费者保护［M］. 长春：吉林大学出版社，2020：57.

一视同仁、平等对待。

沈晓明同志在担任海南省委书记期间多次提出,要深化"放管服"改革,重点是优化营商环境。以使市场在资源配置中起决定性作用和更好地发挥政府作用为中心,不断深化相关领域的"放管服"改革,既能够增添市场主体活力和提高人民群众便利度,又能够压缩权力寻租空间,从根源上降低腐败发生的风险。要在党风廉政建设方面推进制度创新,加强诚信政府和法治政府建设,更充分地落实中央关于为企业减负的各项政策。将高高在上的管理者姿态放下来,甘当"服务员""店小二",就是要进一步强化服务理念,更好地服务市场主体。

三、要敢于查堵点、勇于破难题和善于促发展

近年来,海南全省上下深入贯彻落实习近平总书记关于海南工作的系列重要讲话和指示批示精神,积极推进"作风整顿建设年""能力提升建设年"和"查堵点、破难题、促发展"系列活动,这是加快推进海南自由贸易港建设的重大举措,是贯彻落实习近平总书记关于增强"八项本领"、提高"七种能力"指示要求,建设高素质专业化干部队伍,始终保持党员干部队伍纯洁性、先进性的具体行动,意义重大深远。2022 年 6 月 17 日举行了全省"查堵点、破难题、促发展"活动第四次推进会,在会上时任海南省委书记沈晓明指出,在树牢问题意识的同时也应坚持举一反三,动真碰硬解决问题,不断提升服务发展的能力和提高服务发展的实效。同时沈晓明强调,"只动员没推进、只开局没结果"的情况不能出现在"查堵点、破难题、促发展"的活动中。要定期召开"病例讨论会",遴选典型病例解剖"麻雀",全面检视政绩观的正确性、工作开展的到位情况、服务企业和群众的用心情况,提高思想认识,从而达到举一反三的效果,推动活动走深走实。同时强调要处理好四方面的关系,第一方面是处理好个案问题与共性问题的关系,要通盘分析,深挖背后根源,通过制度集成创新等手段解决和预防,防止在同一块石头上绊倒两次的方式来应对容易反复出现的共性问题形成"病例库"的情况,而非简单的就事论事。第二方面是要处理好被动受理与主动排查的关系,第一时间处理好受理问题,同时要主动抓好排查,深入一线、用心用情、设身处地、推心置腹地向市场主体和人民群众了解问题,以用解决问题的诚意和效果取信于民。第三方面是要处理好局部与整体的关系,树立大局意识和增强整体政府观,不能只顾自己无过、不管大局得失;落实容错纠错机制,为敢担当和敢负责的人担当和负责;主动为基

层担责，实施精准问责，不能够上面生病、下面吃药，领导生病、群众吃药，一人生病、大家吃药；强化激励引导，大胆使用真正担当作为、守土尽责以及主动以改革创新精神去破除"堵点""难点"的干部，将他们立为典型、宣传推广、形成导向。第四方面是要处理好能力与作风的关系，提高业务能力，改进工作作风，为企业和群众分别当好"店小二"和"服务员"。①

四、做好风险防范预案

从海南的改革开放史来看，海南曾经经历了"三起"，即 1980 年国务院出台的《海南岛问题座谈会纪要》赋予了海南准特区地位；海南省于 1988 年建省办经济特区；2009 年年底海南建设国际旅游岛。又经历过"三落"：房地产泡沫、汽车走私事件、海南国际旅游岛建设初期房价大涨。经过不断总结，海南的"三起三落"经验教训有三个共同的特征：第一，都发生在政策实施的早期；第二，都是由于风险没有防控好；第三，都一定程度上存在操之过急、急功近利的问题。

海南自由贸易港建设对标的是当今世界最高水平开放形态，对标的是全世界著名的自由贸易港，但是海南的难度更大。世界上的自由贸易港不少都是主权国家，中国香港也是一个独立关税区，不像海南是一个纯粹的行政区域，法律授权有限，加之缺乏经验，境外的经验也难以直接拿过来用，这是海南自贸港发展面临的难题之一。也正因如此，在其他自贸港不算风险的事，或者风险可控的事情，在海南有可能就是风险，并且风险控制手段和力度相对较弱。因此，做好各种风险防范预案及重点领域风险管理显得尤为重要。

---

① 　数据来源于海南省人民政府网站。

参考文献

一、中文专著

[1] ［德］欧肯. 经济政策的原则［M］. 李道斌，冯兴元，史世伟，译. 北京：中国社会科学出版社，2014.

[2] ［英］米德. 聪明激进派的经济政策：混合经济［M］. 蔡晓陈，谢英明，陈浏，译. 北京：机械工业出版社，2015.

[3] 蔡荣生. 经济政策学［M］. 北京：经济日报出版社，2005.

[4] 曹龙骐. 金融学［M］. 5版. 北京：高等教育出版社，2016.

[5] 陈刚. 公共政策学［M］. 武汉：武汉大学出版社，2011.

[6] 陈共. 财政学［M］. 9版. 北京：中国人民大学出版社，2017.

[7] 陈振明. 政策科学：公共政策分析导论［M］. 2版. 北京：中国人民大学出版社，2003.

[8] 窦金美. 国际经济合作［M］. 2版. 北京：机械工业出版社，2010.

[9] 罗红. 公共政策理论与实践［M］. 沈阳：沈阳出版社，2014.

[10] 罗晋京. 国际旅游消费中心之旅游消费者保护［M］. 长春：吉林大学出版社，2020.

[11] 罗晋京. 跨国银行法律规制对国家主权的影响［M］. 北京：知识产权出版社，2011。

[12] 宁骚. 公共政策学［M］. 3版. 北京：高等教育出版社，2018.

[13] 吴元其，周业柱，储亚萍，等. 公共政策新论［M］. 合肥：安徽大学出版社，2009.

[14] 熊安静，李世杰. 对标新加坡建设自贸港：新加坡国家治理体系和治理能力现代化的启示［M］. 北京：中国经济出版社，2020.

[15] 杨道田. 公共政策学［M］. 上海：复旦大学出版社，2015.

［16］张文魁．经济学与经济政策［M］．北京：中信出版集团，2018.

［17］赵德余．经济政策的选择与挑战［M］．上海：上海人民出版社，2016.

［18］赵晋平．试论海南自由贸易港［M］．海口：海南出版社，2020.

［19］中共中央文献研究室．习近平关于全面依法治国论述摘编［M］．北京：中央文献出版社，2015.

二、中文期刊

［1］．李猛．建设中国自由贸易港的思路：以发展离岸贸易、离岸金融业务为主要方向［J］．国际贸易，2018（4）：20-26.

［2］陈波．海南自贸港的区位优势与产业发展方向［J］．人民论坛，2020（27）：30-33.

［3］迟福林．港湾融合发展建议：主动与大湾区融合发展，加快形成海南自由贸易港建设的重要力量［J］．财经界，2024（1）：19-20.

［4］崔凡．全球三大自由贸易港的发展经验及其启示［J］．人民论坛·学术前沿，2019（22）：48-53，158.

［5］单如杨．自贸港：创新数字现代服务业系统工程战略［J］中国经贸导刊（中），2020（9）：27-33.

［6］刁璐．海南自贸港以交易平台为依托的金融创新发展研究［J］．中国物价，2021（10）：56-59.

［7］段利民，邢晓康．陕西科技创新政策多维度分析与讨论［J］．科技和产业，2022，22（2）：144-153.

［8］冯邦彦．香港与新加坡产业结构及经济政策的比较研究［J］．学术研究，2001（7）：42-45.

［9］傅国华，马恺阳，张德生．构建现代产业体系背景下海南自贸港产业结构优化研究［J］．海南大学学报（人文社会科学版），2022，40（2）：92-100.

［10］海南省地方金融监督管理局课题组，陈阳．CPTPP 金融规则与海南自由贸易港金融业开放创新［J］．南海学刊，2022，8（3）：37-42.

［11］韩剑，郑航．国内国际双循环发展新格局下的对外开放：RCEP 签署对海南自由贸易港建设的影响［J］．南海学刊，2020，6（4）：21-27.

［12］胡若晨，朱菊芳．政策工具理论视角下国家体育消费试点城市政策供

给特征与实践研究 [J]. 浙江体育科学, 2024, 46 (2): 41.

[13] 江飞涛. 中国竞争政策"十三五"回顾与"十四五"展望: 兼论产业政策与竞争政策的协同 [J]. 财经问题研究, 2021 (5): 30-39.

[14] 李凯杰. 中国自由贸易试验区向自由贸易港转变研究 [J]. 国际经济合作, 2017 (12): 35-39.

[15] 梁晓冬. 海南自贸港税收制度研究 [J]. 合作经济与科技, 2021 (13): 168-169.

[16] 刘慧茹. 落实公平竞争审查制度构建功能性民航产业政策 [J]. 民航学报, 2022, 6 (3): 113-116.

[17] 陆剑宝, 符正平. 海南自由贸易港与粤港澳大湾区联动发展的路径研究 [J]. 区域经济评论, 2020 (6): 132-135.

[18] 栾文莲, 杜旷. 理性认识和应对逆全球化和单边主义霸权 [J]. 党政研究, 2019 (4): 56-63.

[19] 穆克瑞. 海南自由贸易港现代服务业发展路径研究: 经济自由度视角 [J]. 预测, 2021, 40 (6): 68-75.

[20] 裴广一. 海南自由贸易港与粤港澳大湾区联动发展的实现模式与路径 [J]. 经济纵横, 2021 (2): 91, 93-95.

[21] 阮北平, 危应华. 香港"产业空心化"与"积极有限干预政策" [J]. 当代港澳, 2005 (2): 30-35.

[22] 沈继奔. 海南自由贸易港政策效应研究 [J]. 开发性金融研究, 2021 (4): 80.

[23] 苏林, 胡涵清, 庄启昕, 等. 基于 LDA 和 SNA 的我国科技创新政策文本计量分析: 以科技成果转化政策为例 [J]. 中国高校科技, 2022 (3): 37-43.

[24] 苏乾, 马健. 成都市文创产业园区扶持政策供给研究 [J]. 四川省干部函授学院学报, 2021 (2): 43-49.

[25] 孙婉霞, 方雨婷. 地方政府优化营商环境政策研究: 基于9个省市政策文本分析 [J]. 对外经贸, 2021 (7): 73-77.

[26] 孙玥. TPP 到 CPTPP: 背景、影响及中国的对策 [J]. 商业文化, 2017 (33): 29-33.

[27] 王培, 陈颖, 钟丽娟. 海南自由贸易港税收政策影响效应评估: 基于海南省721家企业的调查 [J]. 海南金融, 2020 (11): 60-64。

［28］吴涛翔．海南自贸港离岸金融发展的路径探析［J］．经济管理文摘，2021（17）：32-33.

［29］徐聪．海南自贸区（港）金融支持现代服务业发展效应分析［J］时代经贸，2020（12）：50-52.

［30］徐增阳，周相宇．基于建设自由贸易港的海南省人才政策文本分析［J］．海南大学学报（人文社会科学版），2021，39（6）：98.

［31］徐志泉．基于海南自贸区建设的海洋现代服务业构建［J］管理观察，2019（35）：97-98.

［32］姚潘美，詹志华．比较视域下中国特色自由贸易港建设［J］．海南热带海洋学院学报，2021，28（4）；68-74.

［33］尤安山．试论沪港产业结构存在的问题［J］．世界经济研究，2000（4）：46-50.

［34］詹联科，夏锋．国内国际双循环新格局下海南自由贸易港离岸贸易发展研究［J］．经济与管理评论，2021，37（3）：136-147.

［35］张飞，平英华，严雪凤，等．关于完善农业园区科技支撑政策体系的探讨：以江苏南京白马现代农业高新技术产业园区为例［J］．安徽农学通报，2019，25（23）.

［36］张海东，王俊峰，尹峰，等．海南热带特色高效农业的发展出路［J］．当代农村财经，2022（1）：40-44.

［37］张海霞，吴小丽，王泽芬．粤港澳大湾区城市总部经济政策分析［J］．特区经济，2021（2）：21-24.

［38］张三保，刘芳瑞，张志学．湖北营商环境政策的优化路径：基于政策比较的视角［J］．长江论坛，2022（1）：23-03.

［39］张治礼．自贸试验区和中国特色自贸港建设背景下海南热带特色高效农业发展的若干思考［J］．今日海南，2019（1）：27-29.

［40］赵祥，李方．粤港澳大湾区产业政策协同研究：基于政策文本的实证分析［J］．特区实践与理论，2024（1）：82.

［41］郑万生．基于大众创业的知识产权保护政策研究［J］．中阿科技论坛（中英文），2020（11）：179-182.

［42］中国税务学会课题组，汪康，邓力平．海南自由贸易港税收政策制度体系评估与完善［J］．税务研究，2024（1）：103-104.

三、其他

［1］高涵.重庆依托自贸试验区建设自由贸易港的政策供给研究［D］.重庆：重庆大学，2019.

［2］张明生.迪拜多样化经济发展研究［D］.北京：北京外国语大学，2015.

［3］张泽一.产业政策有效性问题的研究［D］.北京：北京交通大学，2010.

［4］钟山.开创全球开放合作新局面［N］.人民日报，2020-11-24（11）.

［5］本报评论员.着力实施公平竞争政策：论学习贯彻党的十九届六中全会精神［N］.中国质量报，2021-11-24（1）.

四、英文文献

［1］BILLER R P. On Tolerating Policy and Organizational Termination：Some Design Consideration［J］. Policy Science，1976，7（2）：137.

［2］JONES C O. An Introduction to the Study of Public Policy（3nd ed.）［M］. Monterey，California：Brooks/Cole Publishing Company，1984.

［3］ROTHWELL R，ZEGVELD W. Reindusdalization and Technology［M］. London：Logman Group Limited，1985.

后　记

2018年4月13日，习近平总书记在海南建省办经济特区30周年大会上郑重宣布：党中央决定支持海南全岛建设自由贸易试验区，支持海南逐步探索、稳步推进中国特色自由贸易港建设，分步骤、分阶段建立自由贸易港政策和制度体系。在中国特色自由贸易区（港）建设的背景下，我们于2019年申报并获得了国家社科基金的年度课题支持，本书正是该课题的最终成果。

自2019年年底开始课题研究以后，2020年6月，中共中央、国务院印发了《海南自由贸易港建设总体方案》；2021年6月10日，第十三届全国人大常委会第二十九次会议通过《中华人民共和国海南自由贸易港法》，并自公布之日起施行。习近平总书记关于海南工作的系列重要讲话和指示批示精神、《中共中央、国务院关于支持海南全面深化改革开放的指导意见》、《海南自由贸易港建设总体方案》和《中华人民共和国海南自由贸易港法》是本书研究的基础。伟大的社会实践呼唤理论的支撑和引导，为海南自由贸易港建设贡献海南本地学者智慧是本研究的主要目标。本书不仅希望在中国特色自由贸易港理论上有所建树，而且希望理论与实践能够结合，期待研究成果能够为政府决策提供参考。

在本书即将出版之际，要向众多给予支持与帮助的单位和个人表达深深的谢意。首先，感谢全国哲学社会科学办公室为本课题提供了研究机会，为海南自贸港建设提供国家队支持。海南大学党委常委、副校长高佃恭博士亲自为本书作序，这不仅是对我们工作的鼓舞，也为我们的探索之路提供了动力。需要感谢的还有海南大学国际商学院和人文社科处的领导和同事。其次，感谢我们的研究生张建文、李焕胜和张皓琰，还有海南大学本科生许珊尹、韦美景等。所有这些支持和鼓励最终汇集成支撑我们坚持到最后、砥砺前行的暖流，感恩有你们一路同行、风雨兼程！

祝愿海南自贸港的明天会更好！

罗晋京　唐建荣
2024 年 11 月 27 日于海口